中华当代学术著作辑要

社会保障经济理论

丛树海 著

图书在版编目(CIP)数据

社会保障经济理论/丛树海著.—北京:商务印书馆,2022(2023.6重印)
(中华当代学术著作辑要)
ISBN 978-7-100-20745-4

Ⅰ.①社… Ⅱ.①丛… Ⅲ.①社会保障—经济理论 Ⅳ.①C913.7

中国版本图书馆CIP数据核字(2022)第028159号

权利保留,侵权必究。

中华当代学术著作辑要
社会保障经济理论
丛树海 著

商务印书馆出版
(北京王府井大街36号 邮政编码100710)
商务印书馆发行
北京通州皇家印刷厂印刷
ISBN 978-7-100-20745-4

2022年4月第1版　　开本710×1000 1/16
2023年6月北京第2次印刷　印张15¾
定价:88.00元

中华当代学术著作辑要

出 版 说 明

学术升降,代有沉浮。中华学术,继近现代大量吸纳西学、涤荡本土体系以来,至上世纪八十年代,因重开国门,迎来了学术发展的又一个高峰期。在中西文化的相互激荡之下,中华大地集中迸发出学术创新、思想创新、文化创新的强大力量,产生了一大批卓有影响的学术成果。这些出自新一代学人的著作,充分体现了当代学术精神,不仅与中国近现代学术成就先后辉映,也成为激荡未来社会发展的文化力量。

为展现改革开放以来中国学术所取得的标志性成就,我馆组织出版"中华当代学术著作辑要",旨在系统整理当代学人的学术成果,展现当代中国学术的演进与突破,更立足于向世界展示中华学人立足本土、独立思考的思想结晶与学术智慧,使其不仅并立于世界学术之林,更成为滋养中国乃至人类文明的宝贵资源。

"中华当代学术著作辑要"主要收录改革开放以来中国大陆学者、兼及港澳台地区和海外华人学者的原创名著,涵盖文学、历史、哲学、政治、经济、法律、社会学和文艺理论等众多学科。丛书选目遵循优中选精的原则,所收须为立意高远、见解独到,在相关学科领域具有重要影响的专著或论文集;须经历时间的积淀,具有定评,且侧重于首次出版十年以上的著作;须在当时具有广泛的学术影响,并至今仍富于生命力。

自1897年始创起,本馆以"昌明教育、开启民智"为己任,近年又确立了"服务教育,引领学术,担当文化,激动潮流"的出版宗旨,继上世纪八十年代以来系统出版"汉译世界学术名著丛书"后,近期又有"中华现代学术名著丛书"等大型学术经典丛书陆续推出,"中华当代学术著作辑要"为又一重要接续,冀彼此间相互辉映,促成域外经典、中华现代与当代经典的聚首,全景式展示世界学术发展的整体脉络。尤其寄望于这套丛书的出版,不仅仅服务于当下学术,更成为引领未来学术的基础,并让经典激发思想,激荡社会,推动文明滚滚向前。

商务印书馆编辑部

2016年1月

再 版 序 言

近闻商务印书馆"中华当代学术著作辑要"将我1996年在上海三联书店出版的博士论文《社会保障经济理论》收录,深感荣幸之至。

"中华当代学术著作辑要"意在系统整理当代学人学术成果和当代中国学术演进与突破基础上,展现改革开放以来中国学术所取得的标志性成就。充分体现了商务印书馆"昌明教育、开启民智"的历史担当。

1990年开始,我师从上海财经大学博士生导师席克正教授攻读博士学位,至今31年。1995年完成博士论文《社会保障经济影响的理论分析》答辩至今也有26年。30余年间,我已从青年教师变成了年逾花甲的老年教师。26年间,国家的社会保障制度更是发生了天翻地覆的变化。

1993年,党的十四届三中全会通过《中共中央关于建立社会主义市场经济体制若干问题的决定》,明确指出,我国社会保障体系包括社会保险、社会救助、社会福利、优抚安置和社会互助,并要求将个人储蓄积累和商业保险作为社会保险的补充。由此构建了我国社会保障的体系框架,我国社会保障制度全面改革和全面建设由此进入新的历史阶段。

1995年国务院颁发《关于深化企业职工养老保险制度改革的通知》,率先拉开了统一全国职工基本养老保险的序幕,到1997年,国务院颁发《关于建立统一的企业职工基本养老保险制度的决定》,正式统一了全国企业职工养老保险制度,是年底,全国退休人员3350万人,全国参加基本养老保险职工8670万人。2005年,国务院颁发《关于完善企业职工基本养老保险制度的决定》,明确要求城镇各类企业职工、个体工商户和灵活就业人员都要参加企业职工基本养老保险,到2020年年底,全国参加基本养老保险职工达到45638万人。

1995年,劳动部发布《关于建立企业补充养老保险制度的意见》,要求经营状况和民主管理基础较好企业在加入职工基本养老保险的同时,再自愿加入企业补充养老保险。2004年,我国颁布《企业年金试行办法》,2019年年底,我国企业年金覆盖职工2547.94万人,为职工基本养老保险人数的5.86%。

2015年1月,国务院颁发《关于机关事业单位工作人员养老保险制度改革的决定》,"逐步建立独立于机关事业单位之外、资金来源多渠道、保障方式多层次、管理服务社会化的养老保险体系"。将基本养老保险制度改革范围扩大到行政事业单位,2015年3月国务院办公厅发布《机关事业单位职业年金办法》,开始建立行政事业单位补充养老金制度。由此形成企业和行政事业单位统一的职工基本养老保险和补充养老保险结合的我国职工养老保险制度体系。

2009年国务院发布《关于开展新型农村社会养老保险试点的指导意见》,开始试点和实施"新农保",实行个人缴费、集体补助和政府补贴三方共同筹资,开始了我国农村居民的养老保险制度,至2010年年底,新农保试点地区共有1.43亿人参保。

2011年,国家启动城镇居民社会养老保险试点,标志着我国养老保险开始实现对职工、城镇居民和农村居民的全覆盖。2014年,国务院发布《关于建立统一的城乡居民基本养老保险制度的意见》,将"新农保"和"城居保"合并,统一为城乡居民养老保险制度。到2020年年底,我国城乡居民养老保险制度参保人员达到54244万人。

至此，我国养老保险制度由职工养老保险（包括基本养老和企业年金）和城乡居民基本养老保险制度两部分组成。2020年年底，两项合计参保人员达到99882万人。

1994年，国家体改委、财政部、劳动部和卫生部联合下发《关于职工医疗制度改革的试点意见》，选择江苏镇江和江西九江进行试点。1998年国务院颁发《关于建立城镇职工医疗保险制度的决定》，要求城镇所有企业、机关、事业单位、社会团体和职工个人全部参加基本医疗保险，实行单位缴费和个人缴费"统账结合"的医疗保险制度。2003年，劳动和社会保障部发布《关于城镇灵活就业人员参加基本医疗保险的指导意见》，提出要将灵活就业人员纳入基本医疗保险制度范围。之后，"十三五"期间，城镇医保改革逐步从对象上由职工向非职工的居民拓展。2002年，国务院发布《关于进一步加强农村卫生工作的决定》，明确要求建立以大病统筹为主的新型合作医疗制度和医疗救助制度。2016年，国务院发布《关于整合城乡居民基本医疗保险制度的意见》，将城乡居民医疗保险制度覆盖除职工基本医疗保险制度之外的其他所有城乡居民。由此，我国开始形成了职工医保和城乡居民医保组成的、覆盖全体公民的完整的医疗保障体系。到2020年年底，我国职工医疗保险制度参保人员达到34423万人，城乡居民医疗保险制度参保人员达到101677万人，两项合计达到136100万人。

1993年，上海市率先建立城市居民最低生活保障线制度，1997年全国已有206个城市建立了低保制度，1999年，国务院颁布《城市居民最低生活保障条例》。与此同时，1996年，民政部印发《关于加快农村社会保障体系建设的意见》，提出把农村最低生活保障制度作为农村社会保障体系建设的重点内容。2003年年底，全国已有10个省份全面推行农村低保制度。2014年，国务院颁布《社会救助暂行办法》，将原分散在各部门管理的救助制度，包括最低生活保障、特困人员供养、受灾人员救助、医疗救助、教育救助、住房救助、就业救助和临时救助等八项救助制度,整合起来,并根据社会发展的需要,增加了精神慰藉和关爱等内容,构建统一的社会救助体系。至2019年年底,全国城市低保861万人,农村低保3456万人。

近年来,国家机构改革中组建了"国家医疗保障局",作为国务院直属机构,司职医疗保险、生育保险、医疗救助等医疗保障制度的法规、政策、规划和标准制定并组织实施,进一步强化了医疗保障功能。为强化社保基金管理,将社保基金理事会调整为财政部管理,承担基金安全和保值增值职责。将社会保险费征管职责划转到税务部门,由税务部门统一征收"税"和"费",将社会保险基金预算纳入政府预算管理体系等等。

2018年,根据党的十九届三中全会审议通过的《中共中央关于深化党和国家机构改革的决定》《深化党和国家机构改革方案》和第十三届全国人民代表大会第一次会议批准的《国务院机构改革方案》,成立退役军人事务部。退役军人事务部贯彻落实党中央关于退役军人工作的方针政策和决策部署,在履行职责过程中坚持和加强党对退役军人工作的集中统一领导。主要职责是:拟订退役军人思想政治、管理保障和安置优抚等工作政策法规并组织实施,褒扬彰显退役军人为党、国家和人民牺牲奉献的精神风范和价值导向。负责军队转业干部、复员干部、离休退休干部、退役士兵和无军籍退休退职职工的移交安置工作和自主择业、就业退役军人服务管理工作。组织指导退役军人教育培训工作,协调扶持退役军人和随军随调家属就业创业。会同有关部门制定退役军人特殊保障政策并组织落实。组织协调落实移交地方的离休退休军人、符合条件的其他退役军人和无军籍退休退职职工的住房保障工作,以及退役军人医疗保障、社会保险等待遇保障工作。组织指导伤病残退役军人服务管理和抚恤工作,制定有关退役军人医疗、疗养、养老等机构的规划政策并指导实施。承担不适宜继续服役的伤病残军人相关工作。组织指导军供服务保障工作。组织指导全国拥军优属工作。负责现役军人、退役军人、军队文职人员和军属优待、抚恤等工作。负责烈士及退役军人荣誉奖励、军人公墓管理维护、纪念活动等工作,依法承担英雄烈士保护相关工作,审核拟列入全国重点保护单位的烈士纪念建筑物名录,承办境外我国烈士和外国在华烈士纪念设施保护事宜,总结表彰和宣扬退役军人、退役军人工作单位和个人先进典型事迹。指导并监督检查退役军人相关法律法规和政策措施的落实,组织开展退役军人权益维护和有关人员的帮扶援助工作。

总之,在我于1995年完成本博士论文撰写并答辩之后的26年间,我国社会保障制度建设发生的巨大变化、取得的巨大成就,充分显示了我国社会主义建设蓬勃发展给人民群众带来了越来越多的福祉,充分体现了党和政府"以人民为中心"的发展理念不断贯彻落实,给人民群众带来了越来越多的实惠。

2021年2月26日,在中央政治局第二十八次集体学习会上,总书记就我国社会保障事业发展问题发表重要讲话,对我国社会保障事业发展现状给予高度评价,指出:一个"功能完备的社会保障体系基本建成",我国社会保障已经成为"世界上规模最大的社会保障体系"。总书记强调"社会保障是保障和改善民生、维护社会公平、增进人民福祉的基本制度,是促进经济社会发展、实现广大人民群众共享改革发展成果的重要制度安排,是治国安邦的大问题"。将我国社会保障事业提高到前所未有的高度。作为社会保障领域的一名教师和研究人员,我们受到极大的鼓舞和激励。

总书记提出,要进一步"促进社会保障事业高质量和可持续发展"。学习总书记讲话,深刻领会总书记关于"高质量"和"可持续"发展社会保障事业的讲话精神,我认为,我国社会保障事业的进一步发展,要坚持做好以下几个方面。

其一,高质量社会保障的内涵和目标,是建设"具有鲜明中国特色的社会保障体系"。建设"具有鲜明中国特色的社会保障体系",是在我国已经全面实现小康社会的情况下,迈向社会主义现代化国家进程中的重要任务之一,也是社会保障理论和实践工作者的重大历史使命。正如总书记所说,我们要"立足国情、积极探索、大胆创新,注重学习借鉴国外社会保障有益经验",从而完成"十四五"规划所要求的"实现健全覆盖全民、统筹城乡、公平统一、可持续的多层次社会保障体系",践行党和政府"以人民为中心"的发展理念,即"坚持人民至上,坚持共同富裕,把增进民生福祉、促进社会公平作为发展社会保障事业的根本出发点和落脚点,使改革发展成果更多更公平惠及全体人民"。

其二,高质量社会保障的关键是要解决"人民最关心最直接最现实的利益问题"。党和人民政府"历来高度重视民生改善和社会保障。党的十八大以来,党中央把社会保障体系建设摆上更加突出的位置",实现了一系列的制度建设,从而使得"人民群众不分城乡、地域、性别、职业,在面对年老、疾病、失业、工伤、残疾、贫困等风险时都有了相应制度保障",推进"幼有所育、学有所教、劳有所得、病有所医、老有所养、住有所居、弱有所扶"有了新进展。进一步完善高质量的社会保障制度要在有关民生和社会保障的各个方面,进一步加大建设力度,通过改革创新,使社会保障制度能够适应新时代社会基本矛盾的变化、城镇化不断提高的要求、人口老龄化的趋势和就业多样化的动态,才能"为广大人民群众提供更可靠、更充分的保障,不断满足人民群众多层次多样化需求,健全覆盖全民、统筹城乡、公平统一、可持续的多层次社会保障体系",努力真正解决老百姓的"烦心事、操心事、揪心事"。

其三,高质量社会保障的运行是"在法治轨道上推动社会保障事业健康发展"。社会保障事业的各项制度和工作,最终关系到人民群众的实际利益,关系到老百姓的"养老钱"和"保命钱",因而,必须"从立法、执法、司法、守法各环节加强社会保障工作",才能使得社会保障事业健康发展,才能使得社会保障运行顺畅、安全和各项制度的有效贯彻和执行。

其四,高质量社会保障的实现路径是"系统集成、协同高效"。在我国社会保障体系已经建成,覆盖面基本"应保尽保"的情况下,将各部门分管、主要由省级地方统筹的各个社会保障部分加以集成,形成协同,就可以在人民群众有各种需要时为其提供更充分的保障制度,大大改善社会保障整体效率,从而提高社会保障内在质量。

其五,高质量社会保障的管理和服务要"在提高管理精细化程度和服务水平上下更大功夫,提升社会保障治理效能"。精细化管理是社会保障事业发展到现阶段高度时,必须强调和面对的高质量管理要求,"精准施策"要成为我国社会保障各项事业今后发展和进一步完善之管理工作的"常态",只有切实提高服务水平,才能真正解决老百姓所需所急所盼,才能真正提高老百姓对社会保障的满意度。

其六,高质量社会保障的可持续发展必须坚持"尽力而为、量力而行"的原则。高质量的社会保障制度和体系,并非提供量越多越好,提供水平并非越高越好,只有"把提高社会保障水平建立在经济和财力可持续增长的基础之上,不脱离实际、超越阶段",才能真正保持社会保障的不断增长和持续发展。"尽力而为、量力而行"准确地概括了我国社会保障事业持续发展的精髓,是"实事求是"作风的具体体现。

国家关于国民经济和社会发展第十四个五年规划和2035年远景目标纲要,描绘并开启了全面建设社会主义现代化国家的新征程。提出了健全多层次社会保障体系的新目标。要求:健全覆盖全民、统筹城乡、公平统一、可持续的多层次社会保障体系。推进社保转移接续,健全基本养老、基本医疗保险筹资和待遇调整机制。实现基本养老保险全国统筹,实施渐进式延迟法定退休年龄。发展多层次、多支柱养老保险体系。推动基本医疗保险、失业保险、工伤保险省级统筹,健全重大疾病医疗保险和救助制度,落实异地就医结算,稳步建立长期护理保险制度,积极发展商业医疗保险。健全灵活就业人员社保制度。健全退役军人工作体系和保障制度。健全分层分类的社会救助体系。坚持男女平等基本国策,保障妇女儿童合法权益。健全老年人、残疾人关爱服务体系和设施,完善帮扶残疾人、孤儿等社会福利制度。完善全国统一的社会保险公共服务平台。这为我们的研究和探索指明了方向和重点。

概言之,在我完成本专著出版的 25 年间,我国社会保障制度发生了翻天覆地的变化,不仅取得了增强人民福祉的巨大成就,成为世界最大的社保体系,使全体人民不管面临何种风险之时,总有一种社会保障制度对其进行覆盖并提供相应的生活保障,而且建立了以人民为中心的指导原则和理念。"公平、正义、共享"已经成为社会保障的"天然准则"。就此而言,本专著虽被商务印书馆选入"中华当代学术著作辑要"予以展示,但细细读来,距今天的发展局面和新时代全面建设社会主义现代化国家的要求看,其研究深度、视野宽度和着眼长度,都与高质量社会保障制度有很大差距,汗颜之余,请读者批评指正。

上海财经大学公共经济与管理学院

丛树海

2021 年 5 月 8 日

序

《社会保障经济理论》是丛树海同志的博士论文。这是一篇具有一定理论水平和重要现实意义的著作。

在我国建立社会主义市场经济体制的过程中,建立较为完善的社会保障体系,对于深化国有企事业单位改革,保持社会稳定以及顺利建成社会主义市场经济体制具有重大意义。丛树海同志以社会保障对收入分配、资源配置以及宏观经济均衡的经济影响等为研究课题,大大提高了论文的现实价值。

本书区别于其他有关社会保障问题研究的地方是,它对社会保障制度的具体规章、制度等内容论述较少,而是较多地借鉴西方经济学理论、福利经济学原理以及财政学中有关公共产品理论的合理内涵,从理论角度分析社会保障的经济影响。这种另辟蹊径以建立社会保障理论分析和理论基础的研究,在方法上是有所创新的。

本书对建立社会保障理论框架的分析,占用了不少的篇幅,但作者还是能够联系实际,对今后我国社会保障制度的建立和完善提出了一些具有参考价值的意见。

席克正
1995 年 6 月 6 日

序　言

国际劳动局局长弗朗西斯·勃朗夏（Francis Blanchard）在《展望21世纪：社会保障的发展》一书的序言中指出："社会保障工作是影响几代人的社会进程的一部分，它的许诺一定要在遥远的将来的某个时候实现，而且要求个人在其整个工作生涯中缴纳社会保障费。经验表明：尽管现代社会在急剧地变革，而社会保障法规和机构至少在实质上只是缓慢地变化。""社会保障是一种促使社会变革和进步的手段，理应得到保护、支持和发展。而且，它决不像人们常说的那样是社会进步的羁绊；相反，在坚实健全基础上组织起来的社会保障将推动社会进步。因为一旦男人和女人从日益提高的社会保障中获益，不再为日后的衣食焦虑，他们自然会创造更高的生产率。"为将来的社会保障制定一整套目标和方法，"这可能是二项令人生畏的艰难任务，但也是一项引起强烈关注且有必要完成的任务"。很显然，勃朗夏对社会保障问题提出了几个重要观点：(1) 社会保障制度的完善与否，意义十分重大，关系到几代人的社会进程；(2) 每个个人在劳动期间，都有为非劳动期缴费储备的义务；(3) 社会保障制度是现代社会的长期需要和社会发展的稳定机制；(4) 社会保障制度的健全可以激发劳动者积极性；(5) 保障制度的完善不可能一蹴而就，而是一项艰难的任务。

《中共中央关于建立社会主义市场经济体制若干问题的决定》同样指出："建立多层次的社会保障体系，对于深化企业和事业单位改革，保持社会稳定，顺利建立社会主义市场经济体制具有重大意义。"

而"社会保障水平要与我国社会生产力发展水平以及各方面的承受能力相适应"以及城镇与乡村实行不同的保障办法,正是表明了我国社会保障制度目标模式的实现,有一个逐步到位的过程,体现了"因地制宜""因时制宜"的历史唯物主义观点。

从80年代之后我国经济改革的客观要求看,社会主义市场经济体制的建立,必然要求企业成为独立的经济实体而在市场上进行公平竞争。这使得原有社会保障体制下的我国各行业、各企业,由于就业风险程度不同、劳动防护的要求不同,以及职工年龄构成不同,出现保障负担比重的畸轻畸重。其直接结果是一部分企业负担过重以至难以承受,各企业间的成本核算缺乏社会标准尺度,企业无法公平竞争。其深远影响更表现在劳动力受企业保障、现收现付的制约,无法真正形成流动。劳动力和人才市场不能建立,社会主义市场体系的完善也就失去了一个重要内容。此外,以我国建国40多年的实际进程看,由于50、60年代的人口出生高峰期和70年代后期、80年代初期以来的计划生育政策共同作用,将从21世纪的20、30年代开始,出现劳动人口与赡养人口的大反差。到21世纪中叶,在职职工对老年人口的赡养率将接近50%。如果我们不从现在起就立即着手逐步完善社会保障制度,实行一定程度的基金积累,届时现收现付的保障办法,就难以支撑巨大的保障负担,甚至引起更大的社会问题也并非危言耸听。所以,社会保障制度的改革和进一步完善既是我国经济体制改革的现实需要,又是我国社会发展、人民生活安定的长期利益所在。

社会保障制度的改革和完善,需要有理论指导。

社会保障发展的历史表明,老有所终,壮有所用,幼有所长,鳏寡孤独残疾者皆有所养,乃是人类文明的基本要求。我国古代许多朝代都对老弱病贫的鳏寡孤独者给予必要的物质帮助。《礼记·王制》记载,"凡养老,有虞氏以燕礼,夏后氏以飨礼,殷人以食礼,周人修而兼用之。"古希腊从公元前560年起，向伤残的退伍军人及其遗属发放抚恤金，向失业者、残疾人发放实物，贫穷的病人可以享受医疗救助。20世纪以来，在福利学派的影响下，社会保障制度得到迅速发展和完善。1935年，美国颁发的《社会保障法案》，第一次正式使用了"社会保障"的概念。第二次世界大战后，社会保障逐渐与社会福利相结合，成为高福利国家重要的福利标志。以瑞典为代表的北欧和一部分发达国家实行全过程保障，放弃了社会保险和社会救助模式，实行普遍年金，人人皆保障，结果背上了沉重负担，产生了高福利下的福利大锅饭。高福利"黑洞"使得人们不得不回到现实，重新思考：保障与福利究竟向何处去？

社会保障的实践由来已久，前人对社会保障的研究硕果累累。但笔者通过对社会保障文献的粗浅学习和初步思考，似乎觉得对社会保障政策和制度的研究强于对其理论的研究，特别是对社会保障的经济分析，尚缺乏一条明晰的理论体系。有鉴于此，我在导师席克正教授的帮助下，尝试着从政府的三大经济职能——收入分配、资源配置和经济稳定出发，主要运用经济学、福利经济学和财政公共品理论初步建立起社会保障经济分析的理论框架。并以此作为我的博士学位论文，希望能达到有助于深入研究社会保障经济影响的目的。

论文共分7章21节。

第一章，从我国社会保障现状出发，提出研究社会保障的课题，并将该课题推广到世界范围，进一步认识到不同经济发展水平、不同保障提供程度的国家中，都共同存在一个社会保障的难题。紧接着，作为研究的前提，分析和研究了社会保障的定义和内涵，并以此建立起社会保障本质意义上的体系。

第二章，从保障分配入手，研究其分配学说、保障分配对收入差别的调整效应，以及在整个国民收入运行中的地位、与其他分配范畴的关系。本章目的在于指出社会保障的收入再分配的功能，确立其在收入公平分配中的特殊地位。

　　第三章,作为分配问题的延伸,结合社会保障与社会福利相结合的趋势,运用福利经济学方法,研究社会保障的福利分配。提出,作为福利分配,社会保障谋求公平和享受,但其对效率的替代,使得一些国家业已陷入"高福利陷阱",形成看得见、填不满的"黑洞",这是我国社会保障制度改革和完善的过程中,不能不引起重视的大问题。

　　第四章,分别考察社会保障对储蓄和投资,以及对劳动供给的影响,分析其积极和消极因素产生的原因——替代效应和收入效应。

　　第五章,以整个宏观经济为依据,考察社会保障对宏观经济稳定的几个主要方面即社会总供求均衡、储蓄投资均衡、资金运行均衡,以及经济周期均衡的影响及其过程。证明社会保障成了现代经济中政府调控宏观经济、保持经济稳定的"调谐器"。与"累进所得税"和"农产品价格维持"并称为政府掌握的三大"自动稳定器"。

　　第六章,结合我国社会保障实践,研究我国社会保障制度应选择的模式。分析了我国社会保障为何应以现收现付为主、结合基金积累为辅,并逐步提高基金积累的比重,最终实现部分积累制的目标模式。研究了社会统筹与个人账户相结合的重要性和现实性。讨论了国家、企业和个人在社会保障中的责任,认为在社会保险中企业应承担主要费用,而国家负担的部分应由隐性负担逐步显化。主张政府建立社会保障专项预算——政府账户,将社会保障纳入政府预算管辖范围,并成立相应的专门银行,实施社会保障基金的保值与增值。

　　第七章,在管理理论上,讨论和解决社会保障基金的运行问题,包括基金筹集的原则、方式及其选择,以及储存管理和保值增值的方法。

　　全文以建立社会保障经济分析的理论框架和社会保障经济影响之理论分析的方法为主,以讨论我国社会保障模式为辅。写作过程中,参考了大量文献资料和一些政府法令法规。我尊敬的导师席克正教授从我入学始，就与我共同探讨这一选题，并亲自动手修改和审定写作大纲，讨论和分析其中的主要观点，使我在写作过程中又有了很大的思想升华。在本论文完成之际，我首先要深深地感谢席教授对我的辛勤培养。

我还要感谢博士生导师杨君昌教授在我研究和写作期间，给予的鼓励和帮助。杨教授不仅对论文的许多地方提出了富有启发性的见解，而且直接参与了本文的审定工作。

论文暂告一个段落。但对社会保障问题的研究将不会停止。事实上研究过程中，我对社会保障的兴趣进一步提高了。我将以此为基础，继续开展对社会保障理论、政策和制度的更广泛、更深入的研究。

丛树海

目　　录

第一章　导论 ··· 1
　第一节　问题的提出 ·· 1
　第二节　一个世界性的课题 ·· 9
　第三节　定义、体系和研究范围 ····································· 16
　　一、对社会保障的定义及其理解 ·································· 16
　　二、社会保障体系的建立 ·· 20
　　三、关于研究范围 ··· 27
第二章　社会保障分配对收入分配的影响 ························· 29
　第一节　保障分配的理论依据 ·· 29
　　一、"扣除"说 ·· 30
　　二、"再生产"说 ··· 31
　　三、"国家"说 ·· 35
　　四、"人权"说 ·· 37
　第二节　收入分配差别与社会保障再分配 ······················· 39
　　一、对收入差别的测定：洛伦茨曲线和基尼系数 ············ 39
　　二、保障分配对洛伦茨曲线和基尼系数的修正 ·············· 43
　　三、中国居民收入差别的显示 ····································· 47
　第三节　收入运行中的保障分配 ····································· 49
　　一、SNA 的收入组成 ·· 50
　　二、收入运行中的保障资金 ·· 53

第四节　保障分配与其他分配形式 …… 56
一、社会保障分配与工资分配 …… 58
二、社会保障分配与财政分配 …… 59
三、社会保障分配与信用分配 …… 61
四、社会保障分配与价格分配 …… 62

第三章　保障分配的福利机制 …… 64
第一节　福利偏好的选择 …… 64
一、博弈与投票机制 …… 65
二、福利供给效应 …… 68
三、公共福利的均衡供给 …… 72
第二节　福利函数 …… 75
一、社会福利函数：保障是福利的重要组成部分 …… 75
二、福利极大化：并非多多益善 …… 78
第三节　社会福利的分配 …… 82
一、公平配置：福利分配的基本目标 …… 82
二、平等与效率的替代：遗憾的现实 …… 84
三、福利国家：美好的向往 …… 88
四、"福利病"：福利国家的困惑 …… 90

第四章　社会保障对资源配置的影响 …… 94
第一节　对储蓄和投资的考察 …… 94
一、收入水平、消费倾向与储蓄 …… 96
二、储蓄函数 …… 100
三、社会保险税与储蓄：节俭乎？消费乎？ …… 104
四、保障基金的储存和支付 …… 109
第二节　对劳动供给的考察 …… 112
一、经济增长与劳动供给 …… 113

二、社会保障与劳动供给:劳动乎? 闲暇乎? ……………… 116
　　三、负所得税制度——保障制度与税收制度一体化 ………… 122
第五章　社会保障对宏观经济的影响 …………………………… 127
　第一节　对总供求均衡的考察 ………………………………… 127
　　一、影响总供给的部门——部门之见 ………………………… 128
　　二、总供求均衡的实现——全局观念 ………………………… 131
　第二节　对储蓄-投资均衡的考察 ……………………………… 137
　　一、储蓄与投资的结合 ………………………………………… 137
　　二、引入利率变量的储蓄与投资均衡 ………………………… 141
　　三、引入社会保障的储蓄与投资均衡 ………………………… 144
　第三节　对资金部门流动的考察 ……………………………… 148
　　一、企业部门和家庭部门的收支账目 ………………………… 148
　　二、政府部门、国外部门和金融部门的收支账目 …………… 151
　　三、社会保障与部门账户的变动 ……………………………… 153
　第四节　对经济周期的考察:自动稳定器 ……………………… 157
　　一、经济中的自动稳定机制 …………………………………… 157
　　二、政府设置的"自动稳定器" ………………………………… 159
第六章　社会保障制度的模式选择 ……………………………… 162
　第一节　我国社会保障制度的建立与目标 …………………… 163
　第二节　我国社会保障模式的几个重大问题 ………………… 167
　　一、现收现付制与积累制相结合:立足于当前,着眼于未来 … 167
　　二、社会统筹与个人账户相结合:均衡负担,维护个人利益 … 171
　　三、国家、企业、个人三者分担相结合:各尽其责 …………… 175
　　四、政府账户与保障银行相结合:有账簿,还要有金库 …… 180
　第三节　我国农村社会保障的特殊性 ………………………… 183
第七章　保障基金运行管理 ……………………………………… 193

第一节　基金筹集：从统筹到积累 …………………………… 193
　　一、基金筹集的原则 ……………………………………… 194
　　二、基金筹集的方式 ……………………………………… 196
　　三、筹资方式的选择意义 ………………………………… 204
第二节　基金储存，从保值到增值 …………………………… 207
　　一、储存管理与社会统筹 ………………………………… 208
　　二、基金储存期间的增值 ………………………………… 212
　　三、组合投资管理 ………………………………………… 220

参考书目 …………………………………………………………… 224

第一章 导论

第一节 问题的提出

我国的社会保障制度是新中国成立以来实行最早的一项社会主义国家保护人民生活的福利制度。社会保障制度的根本目的是国家对一部分社会成员提供物质生活帮助,使他们的基本生活水平达到社会所确认的标准,满足其基本物质生活需要。

我国的社会保障长期以来包括社会保险、社会福利、社会救济,以及优抚安置等各个方面,涉及对劳动者生育、养老、疾病、死亡、伤残、医疗等许多项目以及对一部分非劳动者的救济、优抚项目,体现了国家保障公民生活、促进经济稳定发展、实现社会安定的社会政策,是社会主义制度下福利政策的重要表现。

新中国成立以来,党和政府高度重视社会保障问题。几十年间,在国家经济不甚发达,财力十分有限的情况下,仍然花费巨额资金用于社会保障事业。仅国家财政用于抚恤、社会福利救济和自然灾害救济的支出1952年为2.95亿元,1962年为8.14亿元,1970年为6.53亿元,1980年20.31亿元,1990年55.04亿元,1992年66.45亿元。以1992年看,大致相当财政总支出的1.5%。此外,由于我国社会保障的特殊管理体制和统计口径的差别,我国还有大量实际用于社会保障方面的开支无法从财政支出中表现出来。据统计①,我国职工保险福利费用1990年达到937.9亿元,1991年为1094.7亿元,1992年为1309.5亿元,1993年为1670.2亿元。从1992年资料看,财政和企业开支的职工保险合计达1377亿元,相当于同年财政支出的31.37%,若将企业开支部分计入总数,该比例也达到24.14%。

但是,我国长期形成的社会保障制度为了适应高度集中的计划体制和统收统支财政管理体制的需要,基本上实行"供给制"。其主要做法是:1.国家制订保障条例,各地方、各部门、各企业单位组织实施;2.保障提供标准统一;3.劳动保险与就业高度结合;4.企业保障支付列入生产成本或营业外支出;5.行政事业单位保障支付的资金由国家财政统一拨款;6.非劳动者的一部分医疗保障与其配偶、父母或子女的就业相联系;7.农村医疗和其他部分社会保障主要依靠农村集体经济积累的公益金;8.自然灾害救济、无劳动能力者的生活开支、因公致残和革命烈士的家属优抚金等由国家财政拨款支付。

这种社会保障制度与我国建国初期的经济条件和管理体制相一致,为保证一部分社会成员生活,为劳动者提供劳动保险,为经济和社会稳定,做出了很大的历史贡献。然而,进入80年代以后,随着我国经济体制改革和对外开放的进程,"供给制"的社会保障制度已显然不太适应新的经济形势的要求,特别是社会主义市场经济体制建立后,市场成为资源配置的主体,无论是劳动力资源的配置,还是企业作为真正的经营实体的经济核算,都要求社会保障逐步改"供给制"为"社会化"。原有的社会保障管理体制已经对新型的社会主义市场经济体制形成"滞后"作用。其主要表现是:

(1)实行现收现付,企业列支,不能适应市场经济下企业公平竞争

---

① 《1994年中国统计年鉴》,中国统计出版社。

的需要。我国的社会保障长期在统收统支的财政体制下实行现收现付,按实报销。即企业按照国家保障制度规定的标准和对象,在支付需要时,直接从产品成本或企业管理费用或营业外项目中列支。其结果是企业以少缴所得税、少缴利润的形式,向国家财政报销。这种报账方式显然在统收统支下并无明显的不适,或者更确切地说,既然分配体制已经统收统支,社会保障的列支方式就无关紧要,无论采取直接报账还是间接报账,都不会对企业生产经营行为带来特别的影响。但在市场经济中,企业是作为一个独立的经济实体存在的。各企业间在市场上开展公平竞争,因而,继续按企业现收现付、列支报销的方法,就会因各企业职工年龄组合不同而出现保障负担的较大差异,无法进行公平竞争。

(2)企业为主,管理分散,难以真正发挥"保障"功能。实践中,各个企业由于行业和产品生产过程不同,对劳动者的体能要求和年龄要求都不同,有些行业本身具有一定的危险性和危害性。因而所承担的养老金和医疗保护性支出差异很大。即便不考虑行业特征,企业也有规模大小、经济效益好坏,这都会对保障支出的承受能力产生影响。大企业及经济效益好的企业其承受能力强,反之则承受能力较弱。结果是小企业、经济效益不佳企业,其职工的保障需要难以完全到位或不能充分实现。如有的企业职工医药费报销一拖几个月,甚至一年以上。"这种社会化程度很低的社会保障体制,实质上是把社会责任和行为置于企业和家庭,使劳动者的生老病死过多地依附于所在单位和家庭。在实际生活中,经常发生因费用支出过大,使企业或家庭不胜重负,面临困境的事例,这种状况不仅削弱了对劳动者的保障作用,而且已经成为阻碍企业进一步发展和参与市场竞争的重要因素之一。"[①]

[①] 劳动部课题组:《中国社会保障体系的建立与完善》,中国经济出版社1994年1月版,第5页。

(3)保障与就业高度统一,分配原则无法区分按劳分配和按需分配的本质差别。我国的社会保障通常与劳动者的实际职业相联系,企业实行"劳动保险",行政事业单位实行"公费医疗"。个人一旦就业,不仅自己有了劳动报酬,而且能够享受各种劳动保险项目和许多带有重大意义的社会福利,如子女入托、家属医疗保险,以及住房等福利提供。就业与未就业之间形成极为鲜明的差别。虽然,社会保障的提供总要与劳动者就业形成一定的联系,但将保障完全与就业机制相结合,有就业就有保障——不仅本人有保障而且家庭也有保障,无就业就无保障的政策,显然混淆了就业与保障这两种事物的差异。理论上,与就业相联系的应是按劳分配,有劳动能力并现实提供劳动者才能得到分配的报酬,并且报酬量以其劳动的数量和质量为标准,"多劳多得,少劳少得","不劳动者不得食"。但社会保障分配却完全不同,保障在本质上是为无劳动能力者或暂时无条件发挥劳动能力者,在他们的基本生活发生困难时,给予物质帮助的一种社会正义制度,因而保障分配的本质是"按需分配",即"有需要者得帮助","多需要多帮助,少需要少帮助","无需要者不予帮助",而且这种"需要"又是社会道义通过法律程序予以承认的。如果将劳动报酬与保障分配完全统一在一起,不能区分两种不同性质的分配属性,实际上,既不能很好地贯彻按劳分配的个人消费品分配准则,又无法真正发挥社会保障的内在功能。

(4)保障覆盖面小,社会化程度低,广大农村的保障体系很不完善。我国的社会保障制度远没有达到整个社会的程度,由于社会保障的主体——劳动保险与就业紧紧连在一起,广大农业人口的受保范围相当狭小。除农村合作医疗和国家财政直接提供的少量困难补助、优抚、自然灾害救济外,养老保险和失业保险几乎是一个空白。农村老年人尚处于自我保障、家庭赡养的状况。即便是在城镇,国有企业、集体企业、个体户、外商投资企业之间,其职工也实行不同的社会保障办法。

"区县以下小集体企业、乡镇个体劳动者和外商投资企业中方职工的社会保险很不健全,私营企业、城镇个体劳动者和广大农村劳动者基本上还没有建立社会保险。有些新建立的制度,如1993年颁布的失业保险法规仍然限于国有企业范围"[1]。尽管社会保障在这两年中已经得到逐步改善,特别是经济发达地区的一些大城市试行了比较规范的社会保障(其中主要是在业人员的养老保险),但就总体讲,我国社会保障制度"社会化"程度低,地区间、城乡间、企业间差别大的情况,不利于保障功能的发挥,不利于劳动力和人才流动,尚不能适应市场体制的客观要求。

针对我国社会保障制度中存在的问题,近年来,随着经济体制改革的不断深化,特别是社会主义市场经济体制的建立,社会保障制度的完善已被提到极为重要的地位,引起党和政府的高度重视,各地区也开展了各种形式的保障改革试点。党的十四届三中全会指出,"建立多层次的社会保障体系,对于深化企业和事业单位改革,保持社会稳定,顺利建立社会主义市场经济体制具有重大意义"。"社会保障政策要统一,管理要法制化"[2]。七届全国人大四次会议通过的《关于"八五"期间国民经济和社会发展纲要》指出,"八五"期间要努力推进社会保障制度的改革。这项措施对深化企业改革、保障人民生活、维持社会安定等,都有十分重要的意义。1991年下半年,"国务院决定改革职工养老保险制度"[3]。国务院决定,随着经济的发展,逐步建立起基本养老保险与企业补充养老保险和职工个人储蓄性养老保险相结合的制度。改变养老保险完全由国家企业包下来的办法,实行

---

[1] 劳动部课题组:《中国社会保障体系的建立与完善》,中国经济出版社1994年1月版,第5页。
[2] 《中共中央关于建立社会主义市场经济体制若干问题的决定》。
[3] 《新民晚报》,1991年10月9日报道。

国家、企业、个人三方共同负担,职工个人也要缴纳一定的费用。之后,各地以养老和劳动保险为主体的保险制度改革逐渐展开,并取得了一些显著的成果。

据《新闻报》报道,目前,上海市已有一万多个单位,包括国有企业、外资企业、股份公司、私营企业,以及国家机关、团体、事业单位参加了失业保险,覆盖400万职工。414万劳动者设立了"个人养老保险账户",账户上记载着劳动者本人缴费及企业和国家从社会养老统筹中划归个人的款项。整个社会保障工程中"最后的一关"——医疗保险,于1995年春季出台。

《解放日报》报道,上海通过多种形式和渠道帮困解困,全市建立了"社会帮困解困基金",使帮困机制逐步走向社会化。到1994年上半年,已筹措帮困基金共2500万元,并对近5万名未达到最低月生活保障线的居民、10万余名未达到最低月工资总收入线的在职职工、近2万名未达到最低收入线的下岗待业职工进行了生活补助。上海市总工会还建立了"职工物资互助中心",得到社会各界捐赠价值达60多万元的生活必需品[1]。

阿城市是黑龙江省综合改革的试点城市。自1986年以来,先后进行了以国有企业职工待业保险、合同制工人养老保险和全民、集体企业职工退休费社会统筹为主要内容的社会劳动保障制度改革。到1991年初,该市376家国有、集体企业中职工9万余人、退休职工1万余人,全部参加了社会劳动保险。沈阳市从1986年10月起,对全民、集体企业和外商投资企业的中方职工实行退休费统筹,并开展了全民合同制工人养老保险和待业保险[2]。

---

[1] 《上海社会保障体系日趋完善》,载《解放日报》,1994年8月2日。
[2] 《东北四城市改革动态考察》,载《上海体改研究》,1991年2月28日,第152期。

温州市从1991年4月开征地方养老保险基金,先在市区试行,然后于次年1月在全市范围推广。至1993年7月,全市共征收1.6亿元,占养老保险基金总额40%①。

从全国情况看,社会保险费用实行社会统筹,早已在80年代后期开始。到1992年年底,养老费用社会统筹已在国有企业和1700多个市县的城镇集体企业及部分外商投资企业的中方职工中实行,参加统筹的企业达50万户,在职职工8500多万人,离退休人员1700多万人。仅1992年就筹资350亿元,当年支出330亿元,结余20亿元。福建、江西、吉林、山西、河北、四川、陕西、宁夏、北京、天津、上海等地区实现了省级统筹。农村养老保险根据自愿的原则,开始在全国1000多个经济条件较好的市县起步②。1991年底,各类企事业单位中参加失业保险职工共约6615万人,全国30个省(自治区、直辖市)建有失业保险机构2100多所,全国有15个省的81个市县开展了大病医疗费用社会统筹试点,1.2亿多职工实行了医疗制度改革③。

可以这样讲,作为市场经济体制的一个保障体系,社会保障制度的完善与否直接关系到市场机制运行的效率和市场经济运行结果的"后顾之忧"。例如,在没有完善的社会保障体系保护下,企业破产,工人下岗,都有可能给社会带来不稳定因素。养老无保障或无合理的保障机制,企业负担不均,不能展开公平竞争,市场运行也会因此受到伤害。保障问题不解决,劳动者难以充分发挥积极性,国家和社会的"长治久安"也会失去可靠的物质保证。

因此,经济改革以来各地区的社会保障改革相继出台,提出了许多

---

① 《温州市尝试征收地方养老保险基金》,载《中国财经报》,1993年10月30日。
② 令狐安:《中国的社会保障制度改革》,载《经济体制改革》,1993年第2期。
③ 《我国社会保障制度改革问题讨论综述》。

值得学习的有益经验,基本上朝着"社会统筹"的方向前进。然而,我国社会保障改革的步伐,距社会主义市场经济体制的要求,与保障内容面临的现实相比,还有很长的路要走。一方面是党和政府提出了明确的目标要求。"按照社会保障的不同类型确定其资金来源和保障方式,重点完善企业养老和失业保险制度,强化社会服务功能以减轻企业负担,促进企业组织调整,提高企业经济效益和竞争能力。城镇职工养老和医疗保险金由单位和个人共同负担,实行社会统筹和个人账户相结合。进一步健全失业保险制度,保险费由企业按职工工资总额一定比例统一筹交。普遍建立企业工伤保险制度。农民养老以家庭保障为主,与社区扶持相结合。有条件的地方,根据农民自愿,也可以实行个人储蓄积累养老保险。发展和完善农村合作医疗制度。"[1]另一方面是严峻的保障现实的"逼迫"。国有企业的失业者和冗员迟早要转化为失业者,其人数约为3000万人,需保障费用1500亿元。按5年分解消化,到本世纪末,国家每年需支付基本保障费300亿元。[2] 公费医疗人数由1980年的1580万人,增加到1991年的2800万人,劳保医疗人数由1980年的7191万人增加到1991年的13700万人,分别增长77%和90%[3],医疗费用大幅度上升。离退休人数由1980年的816万人增加到1993年的2780万人。国有单位离退休人员保险福利费1990年为375.2亿元,到1993年就增加到740.8亿元,增长近一倍[4]。而且,根据劳动部课题组的预测,2000年至2020年间,每隔五年的退休人数分别为3654万人、4342万人、5147万人、6049万人和7067万人,2035年以后就可达1亿人。养老金总额分别将达到2099.2亿元、4301.8亿

---

[1] 《中共中央关于建立社会主义市场经济体制若干问题的决定》。
[2] 牛仁亮:《论失业保障债权化》,载《经济研究》,1994年第10期。
[3] 《我国社会保障制度改革问题讨论综述》。
[4] 《1994年中国统计年鉴》,中国统计出版社。

元、8384.0亿元、15767.4亿元和28145.4亿元,2035年以后将超过3万亿元。①

中国社会保障应当建立怎样的目标模式,社会保障体系如何划分,特别是社会保障对经济和社会将产生怎样的影响。这些都是社会保障理论和实践亟待解决的重要问题,也是我国经济发展和体制改革现实提出的紧迫任务。

第二节 一个世界性的课题

社会保障体现了社会相互救助的美好品德,也是人类生存和发展的自我保护需要。鲁道夫·吕贝尔特指出,"在18世纪中叶,欧洲各民族主要生活在农村,以农业为主,100个人中有90个人靠农业生产或农业小企业为生。在农民大家庭中,每一成员按其能力,为维持生活作贡献,老弱病残各得其所,直到一旦瞑目为止。"②恩格斯认为,"在大多数情况下,历来的习俗就把一切调整好了,不会有贫穷困苦的人,因为共产制的家庭经济和氏族都知道它们对于老年人、病人和战争残废者所负的义务。"③可见,早期的社会保障思想源远流长。可以说,人类的存在和发展表现在消费品分配方面,从来都离不开人与人之间的相互支持、帮助和生活品的调剂。保障意识是人类自我保护、人与人相互依赖的一种潜意识和本能。

社会保障作为人类的自我保护意识必然要反映到国家和社会的职能上来。"希腊政府从公元前560年起,对伤残的退伍军人及其遗属发

---

① 劳动部课题组:《中国社会保障体系的建立与完善》,中国经济出版社1994年1月版,第58、60页。
② 鲁道夫·吕贝尔特:《工业化史》,上海译文出版社1983年版。
③ 恩格斯:《家庭、私有制和国家的起源》,《马克思恩格斯选集》第四卷,1995年6月,第95页。

放抚恤金;对失业者、残疾人给衣服、食物和津贴;贫穷的病人可以享受医疗救助。在希腊和罗马帝国还先后在政府资助下建立了互济协会,解决贫穷人的医疗和丧葬急需。"[1]中国古代的许多朝代都对老弱病贫或鳏寡孤独给予必要的物质帮助,形式多种多样。有宗族设立的公产、义田和义仓,也有"居养院""普济堂""育婴堂"等。孟子认为鳏寡孤独"此四者天下之穷民而无告者。文王发政施仁,必先斯四者"[2]。《礼记·王制》记载,"喑、聋、跛、躃、断者、侏儒、百工,各以其器食之"。"凡养老,有虞氏以燕礼,夏后氏以飨礼,殷人以食礼,周人修而兼用之。"所以,老有所终,壮有所用,幼有所长,鳏寡孤独残疾者皆有所养,乃是历史上各国政府普遍实施的一项基本制度。

现代社会保障制度更是各国政府高度重视、不断完善的一项基本职能。1572 年,英国开始征收"济贫税",兴办教养院。1601 年,颁布了世界上第一部《济贫法》,并制定了《教区救济贫民税法》作为对《济贫法》的补充。1883 年以后,德国俾斯麦政府开始实行有国家补助的向劳动者提供津贴的社会保险计划,先后通过了疾病、工伤、老年及残疾保险立法,开创了有政府参与的社会保障制度,形成了比较完整的社会保障体系。该体系包括 1883 年的《疾病保险法》,1884年的《工伤保险法》和 1889 年的《养老、残废、死亡保险法》。在德国政府的推动下,西欧国家相继建立了社会保障体系。例如,法国于1898 年实行了工伤保险,英国于 1908、1911 年分别通过了《养老金法》和《国民保险法》,瑞典于 1891 年实行了疾病保险,1913 年实行了老年保险。

进入 20 世纪后,在福利经济学派的影响和推动下,西方国家的社

---

[1] 郭崇德主编:《社会保障学概论》,北京大学出版社 1992 年 8 月版,第 46 页。
[2] 《孟子》,上海古籍出版社 1987 年版,第 12 页。

会保障制度得到进一步的发展和完善。美国罗斯福政府也于1933年12月颁布了《联邦紧急救济法案》,相应建立了紧急救济的行政机关。1935年制定了著名的《社会保障法案》,历史上第一次提出了"社会保障"的概念。"到1940年,世界上已有60多个国家设立了工伤保险、失业保险、家庭津贴等社会保险项目,社会保障事业有了很大的发展。"①与此同时,各发展中国家、社会主义国家也逐步建立起社会保障制度。第二次世界大战以后,社会保障逐渐与社会福利相结合,成为高福利国家重要的福利标志。

全世界各国的社会保障制度在50、60年代达到发展的高峰状态。然而,进入70年代之后,由于受石油危机的影响,西方工业化国家经济发展陷入"滞胀",带有"刚性"特征的高福利开支逐渐成为政府财政赤字的基本因素,不少国家的福利开支占GNP或GDP高达30%。例如,1960—1975年英、法、德、意、比各国GDP年均的增长率是2.6%—4.6%,而社会保障开支的增长率在5.6%—9.1%。英国福利支出1982年比1972年增长4.6倍,法国医疗费用占GNP比重1991年已经高达10%,德国社会保障开支1985年以后一直占GNP的30%,美国1990年福利开支占GDP的比重也达到30%。②

社会保障和社会福利支出的迅速增长,大大超过了经济增长幅度,实际上进一步加重了经济的负担,特别是政府在保障和福利中又承担了很大的责任,保障和福利开支的负担越来越重,并且带着巨大的惯性向前滚动。世界各国政府面临着经济与福利、负担与稳定之间的"两难"选择。

---

① 葛寿昌主编:《社会保障经济学》,复旦大学出版社1990年6月版,第58页。
② 十国社会保障改革项目课题组:《社会保障制度的国际比较》,载《经济学动态》,1994年第8期。

表1-1 1960—1980 福利国家公共支出占 GNP 比重①(%)

	1960年		1965年		1970年		1975年		1980年	
	PWS	GS	PWS	GS	PWS	GS	PWS	GS	PWS	GS
澳大利亚	7.4	22.7	7.6	26.0	7.4	26.0	12.7	32.5	12.8	30.6
加 拿 大	9.1	29.3	9.0	29.3	11.8	35.8	15.4	40.6	15.0	39.9
德 国	18.1	31.4	19.0	35.3	19.5	37.3	27.1	47.4	25.7	46.6
日 本	4.1	17.0	5.5	18.6	5.7	19.5	9.3	26.4	11.9	30.1
冰 岛	11.7	30.0	17.1	35.2	22.5	40.6	29.6	50.4	28.3	56.9
新 西 兰	10.4	29.7	9.6	28.4	9.2	27.2	11.8	30.7	15.2	37.9
瑞 典	10.8	31.3	13.2	36.3	16.7	43.2	21.2	49.0	25.9	61.1
瑞 士	4.9	NA	6.8	NA	8.5	21.3	13.6	29.1	14.5	NA
英 国	10.2	33.0	11.7	35.0	13.2	37.9	15.6	45.6	16.4	44.4
美 国	7.3	28.1	7.9	28.5	10.4	33.0	14.5	36.0	15.0	35.4

资料来源：OECD(1985a. AnnexC)
PWS——指公共福利支出占 GNP 比重,包括现金支出和健康保险
GS——政府全部支出占 GNP 比重

从表1-1反映的情况看,大多数国家仅政府用于保障和社会福利的支出就占 GNP 的 15% 左右,加上私人部门的开支,整个福利开支还要高得多。各个国家为提高居民福利,保障人民生活煞费苦心。各国政府通过对社会保障制度的完善,实现社会稳定,并试图以福利扩张来刺激经济增长。然而,随着社会保障规模的扩大和社会福利制度的不断完善,高福利的负面影响也不断显露出来。其中最主要的消极作用表现在:财政赤字加剧,税负加重,不利于储蓄和劳动力供给等几个方面。

巨额的福利开支,导致或加剧了财政赤字。在福利刚性,能上不能下的效应下,已有的福利水平不能下降,符合法律的福利和保障开支又无法削减,结果形成一个诱人而又苦涩的福利怪圈。政府"进退维谷",只能依靠赤字和进一步加重税收负担来维持福利开支,也就是说,个人和家庭所获得的福利受益增加了,缴税也增加了。"人们从福

---

① Barr:Economic Theory and the Welfare State,from *Journal of Economic Literature*,Vol. XXX,(June 1992)p.759.

利机构收到各种福利收入支票时喜形于色,而后发现税负增加时又骂口不绝。"①

完善的福利提供还可能诱使个人不愿努力工作,特别是不愿从事报酬低、社会地位低和带有危险性的职业,而宁可失业享受救济,或尽早放弃低收入工作,退休领取养老金。养老保障的完善还可以减弱人们为晚年储蓄的愿望,从而导致社会储蓄率下降。

近年来,各国政府针对日趋沉重的福利负担,以及不断显露的高福利对经济带来的负面效应,开始寻求解决"福利病"的良方,纷纷推出对社会保障制度的改革措施。例如,法国在医疗方面试行"高效卡"的新型社会保险工具,医生可以通过"高效卡"直接了解就医者所拥有的权利范围,并用该卡办理计算机登记服务,免去每年7亿张表格的处理,节约管理费用。实行高效卡后,法国的全国患病保险基金会可在5年内节约7亿美元以上。又如,意大利政府通过"政立法"来实施社会保障制度的改革。其主要内容是:把男子和妇女退休年龄分别由目前的60岁和55岁,逐步提高到男65岁和女60岁;把享受养老的资格标准由现行参加保险15年以上,增加到20年;养老金标准原以退休前五年计算,现改为参加保险的所有年份平均收入计算;取消对公务员养老金的优惠;对约三分之一的家庭按其实际收入情况提供医疗保健补助。再如,美国1984年将原由联邦政府负担的食品券和抚养未成年子女家庭补助等44项补助项目,交给州地政府负担。实施过程中,联邦政府先在各州建立专项基金,1987年后逐年减少25%,1991年后这些项目的补助完全由州地政府开支。而英国发放救济津贴的做法是先制定一个低水平的需要额,当这个救济额不足而使有些人陷入贫困时,再通过

---

① 十国社会保障改革项目课题组:《加拿大福利制度及其改革困境》,载《经济学动态》,1994年第3期。

家庭经济情况调查来补发救济津贴。实质是加强了对救济津贴发放的严格控制。

问题是,社会保障为个人和家庭所提供的福利,就如一杯"又浓又香的咖啡",既好喝又很容易上瘾,但却难以戒掉。个人和家庭:一面不断地以愉快的心情收到从政府手中发放的养老和补助支票;一面不停地以严肃的态度批评政府增加税收和滥用钱财。政府:一面深感支出负担沉重,赤字庞大而需要压缩,大叫改革;一面无奈支出项目过多,为保持社会稳定而不敢轻举妄动,深叹两难。"1992年,当时仍处于执政党地位的保守党宣布,要对现行的各项社会福利制度做全面的检讨和改革。但是这一政策主张始终没有得到老百姓的支持,而保守党的失势,在一定程度上与他们不断提出福利改革而使选民不满有关。"[①]

由此可见,现代社会保障制度作为经济运行的保障体系,是战后国际经济迅速发展的客观要求,确实为各国社会经济的稳定发挥着重要作用,成为政府干预经济、维护经济运行秩序的有效机制。社会保障制度的不断完善对缓解收入分配不公、保证一部分社会成员的基本生活,起着不可替代的作用,体现着人类互助互济的美好品德。同时,社会保障在发展过程中有"高福利"发展的倾向。而一旦使"保障"走上了"福利享受"的道路,其对经济的不利影响就日益显露出来。

无论社会保障制度发展的成功,还是其发展过程中存在的问题或弊端,社会保障制度的建立已经现实地成为整个世界普遍存在的事物,社会保障制度发展的兴与衰,无不引起世界各国和国际社会的高度重视。

[①] 十国社会保障改革项目课题组:《加拿大福利制度及其改革困境》,载《经济学动态》,1994年第3期。

1927年,国际劳工组织发起并组建了"国家互助救济金会与疾病保险基金会国际会议"。

1947年,该组织正式更名为"国际社会保障协会"(International Social Security Association),其宗旨就在于促进世界各国之间社会保障事业的发展与合作。

1952年6月28日,国际劳工会议通过了《社会保障(最低标准)公约》,对社会保障补助金的范围作出明确的定义。之后,国际劳工组织先后通过了一系列有关社会保障的专项公约和建议书①。其中主要有:

1952年:《社会保障(最低标准)公约》(第102号)

《生育保护公约修正案》(第103号)

《生育保护建议书》(第95号)

1962年:《平等待遇(社会保障)公约》(第118号)

1964年:《工伤赔偿公约》(第121号)

《工伤赔偿建议书》(第121号)

1967年:《病残、老年、遗属补助公约》(第128号)

1969年:《病残、老年、遗属补助建议书》(第131号)

《医疗照顾与疾病补助公约》(第130号)

《医疗照顾与疾病补助建议书》(第134号)

1980年:《老年工人建议书》(第162号)

1982年:《维护社会保障权利公约》(第151号)

1983年:《维护社会保障权利建议书》(第167号)

必须承认,社会保障制度的基本方面是积极的,其存在的问题大多可以在经济发展中得到解决。国际劳工组织的专家小组曾指出,"所

---

① 联合国国际劳工组织:《社会保障基础》,吉林大学出版社1989年版。

谓的社会保障危机问题,应该明确并强调两个更深刻的要点。首先,现存危机的主要起因既不是领养老基金人数的持续增加,也不是由于逐渐改进医疗技术的结果。最主要的原因是经济发展速度缓慢,失业问题严重。""就社会保障存在的危机而论,不是社会保障结构的危机,而是经济基础由于运营不良而受到侵蚀所造成的危机,社会保障既非经济危机的起因,也非衰退的起因。"[①]

第三节 定义、体系和研究范围

一、对社会保障的定义及其理解

社会保障是一个客观的经济范畴。

作为一种思想,社会保障萌芽于原始社会,是人类生存和发展需要而自发产生的一种"互助""共济"行为,表明了人类与大自然抗争、团结奋进的协作精神和"我为人人,人人为我"的美好品德。作为一种现代制度,社会保障实际上直到19世纪末期才真正建立起来,并在20世纪之后才迅速得到完善。

社会保障又是一个特殊的经济范畴。

与其他经济范畴相比,社会保障与国家政治、社会伦理、人口政策的关系更加密切。正因为如此,社会保障的实践运用中有时甚至不得不"违背"一般的经济规律,如社会保障无法"按劳分配",重"公平"超过了重"效率",不按"等价交换"却"单方面地转移支付","贡献大"者(课税能力强者)却"受益小",无"贡献"者反而多"受益"。似乎社会保障无经济规律可言,也难属经济范畴。

----

① 国际劳工局:《展望二十一世纪:社会保障的发展》,劳动人事出版社1988年版。

其实不然,从经济运行周期和社会再生产全过程看,社会保障确是经济不可或缺的组成部分。无论是从社会再生产包括的生产资料再生产和劳动力再生产的条件,还是从市场缺陷、经济波动所需要的弥补出发,社会保障制度都是稳定经济、保持经济顺利运行的内在机制。正所谓"天有不测风云,人有旦夕祸福","月有阴晴圆缺,此事古难全"。

尽管如此,社会保障制度在各国实践中仍然表现出很大的差异:

(1)各国社会保障制度所覆盖的范围和所列项目不同;

(2)各国社会保障制度奉行的准则不同;

(3)各国社会保障制度具有的规模和提供的程度不同;

(4)各国社会保障制度的社会化程度不同;

(5)各国社会保障制度的管理方式不同;

(6)各国社会保障制度所产生的经济影响不同。

所有这些不同,主要是由于各国经济发达程度和所拥有的福利提供水平,以及管理体制的不同造成的。除此而外,对社会保障内涵和外延的不同理解,也会对社会保障的实际运用产生一定的影响。

"所谓社会保障,就是以社会的力量保证全体社会成员至少都能达到最低生活水平而形成的分配关系。其确切的内涵可以表述为:社会保障是在社会成员暂时或永久丧失工作能力、失去工作机会,或收入不能维持必要生活水平时,由政府负责提供的生活保证。"[1]显然,这一定义下社会保障其范围比较广泛,即以全体社会成员为保障对象,以最低生活水平为保障标准,只要社会成员不能维持必要生活水平时,由政府负责提供。该定义比较注重政府在保障公民生活方面具有的责任。

---

[1] 徐放鸣、路和平、朱青:《社会保障初论》,中国财政经济出版社1990年4月版,第1页。

"依世界各国在社会保障实践已走过的路程,从理论上加以归纳和概括为:社会保障是指社会成员因年老、疾病、伤残、失业、生育、死亡、灾害等原因而丧失劳动能力或生活遇到障碍时,有从国家、社会获得基本生活需求的保障。它大体包括:劳动保险制度即社会保障制度、社会福利制度、社会救助、优待和抚恤制度。"[1]"这个概念基本上定义了社会保障的内容是以人为出发点的生、养、死葬和疾病、灾害等引起人们的生活遇到困难时,从国家和社会给与的基本生活来源"。[2]

"社会保障,是社会(国家)通过立法,采取强制手段对国民收入进行分配和再分配形成社会消费基金,对基本生活发生困难的社会成员给予物质上的帮助,以保证社会安定的一种有组织的措施、制度和事业的总称。社会保障是社会成员应享有的基本权利,是国家应履行的确保社会成员生活权利的一种法律责任。"[3]

显然,对社会保障基本性质的认识比较一致,如对社会保障的对象一般都认为是一部分特定的社会成员,即"在社会成员暂时或永久丧失工作能力、失去工作机会,或收入不能维持必要生活水平时","社会成员因年老、疾病、伤残、失业、生育、死亡、灾害等原因而丧失劳动能力或生活遇到障碍时","基本生活发生困难的社会成员"。又如在社会保障提供的标准上,一般都确认是对基本生活的保障。以"达到最低生活水平""获得基本生活需求"的"最低水平为保障标准","对基本生活发生困难的社会成员给予物质上的帮助"。

但是,从定义规范和准确的要求出发,我认为,在定义社会保障时,

---

[1] 郭崇德主编:《社会保障学概论》,北京大学出版社1992年8月版,第12页。
[2] 同上。
[3] 葛寿昌主编:《社会保障经济学》,复旦大学出版社1990年6月版,第2页。

应注意以下几个问题。第一,应注意区分社会保障与社会福利的不同。尽管社会保障是从属于社会福利的一个范畴,但保障不能覆盖福利。例如,幼儿园、健身房、游艺场所、影剧院、浴室、工作餐、制服等等,虽然可以提高公民的物质文化生活,但不能认为是社会保障,可以划在社会福利范围内。事实上,由各单位和社会提供的集体事业甚多,均不能作为社会保障。所以社会保障与社会福利相比,社会保障属"低层次"的,应指基本生活需要;而社会福利既可以是低层次的基本需要,也可以是较高层次的生活享受;第二,社会保障作为一种特殊的分配形式,只能针对一部分特殊的社会成员,即以特殊对特殊。更确切地讲,是一般个人消费品分配所无法"关照"的那部分社会成员。他们因各种原因,如先天无劳动能力,后天因天灾人祸而失去劳动能力,有劳动能力但暂时无法发挥出来(自然灾害、疾病、失业),虽有劳动能力但有限的劳动能力一时无法完全养活自己或家庭,因自然规律尚未形成劳动能力(未成年)或已丧失劳动能力(老年)而无法保障其基本生活需求时,国家和社会给予物质生活帮助。因此,对不属于这些范围的其他社会成员,即有劳动能力、能发挥劳动能力者,社会保障制度通常是不予"保障"的。也就是说,社会保障的对象不可能是全体公民,而只能是一部分特殊公民,从这个意义上,这部分公民是"享有特权"的阶层;第三,社会保障的对象虽然是一部分特定的社会成员,但其中某些项目如养老,享受保障和参与积累的过程相对分离,在职职工进行养老积累时,他们具有现实的劳动能力。这时,他们只是一般劳动者,而非无劳动能力者。而现收现付时,资金提供者也是在职职工,具有劳动能力。不过,养老保障中的仍然没有改变其受益人是特定社会成员的事实;第四,政府是社会保障的组织者和提供者之一。但若将政府视为保障的唯一提供者,就有可能产生个人不重视自我保障、企业不重视保护员工,从而过分依赖政府,使政府财政不堪承受,反过来,又损害社会保障制度的完善。因此,将保障制度称之为"社会保障",而非"国家保障",是有其道理的。

综上所述,可以将社会保障定义为:

政府依据法律和法规,组织国民收入再分配,向一部分社会成员提供基本物质生活保障的一项福利制度。

该定义在内涵上必须明确以下几个要点:

(1)社会保障依法建立,符合全体社会成员的共同愿望,强制实施;

(2)政府依法组织实施,保障资金来自于国家、企业和个人三个方面。政府具有重大责任,但不排除企业和个人的义务;

(3)向一部分社会成员提供,适用于全体社会成员。任何社会成员只要其符合"一部分社会成员"的标准,即可成为提供对象;

(4)保障所提供的只是或原则上是基本物质生活所需,理论上不承担"享受资料"和精神生活的提供责任。实践中的部分享受资料实际上已超出保障范围,属社会福利问题。也是社会保障实际运用中的现实需要,以及效率准则的具体表现;

(5)社会保障是国家社会福利制度之组成部分。

二、社会保障体系的建立

贝弗里奇(W. E. Beveridge)[1]在其著名的《社会保险和有关福利问题》的报告中提出,社会保障应包括:社会保险——以满足居民的基本需要;社会援助——以满足特殊情况下的需要;自愿保险——以满足较高收入者需要,共三个部分。其中社会保障的对象分为六类:有就业收

---

[1] 贝弗里奇(1879—1963年),首任英国伦敦学院院长和劳工介绍所所长,受英国政府委托起草了《社会保险和有关福利问题》的报告。认为享受社会保障是每个公民的权利,受保者应按统一标准缴款,按统一标准领取津贴,以维持正常生活为准。是现代社会保障制度的先驱者。

入者、其他从事有职业收入者、家庭妇女、在劳动年龄以内的其他人员、未到劳动年龄的人口、超过劳动年龄的人口。根据贝弗里奇理论,英国于20世纪40年代,先后颁布了六项立法:《社会保障法》(1946年)、《国民保险部法》(1944年)、《家属津贴法》(1945年)、《国民健康服务法》(1946年)、《工业伤害法》(1946年)、《国民救济法》(1948年),从而初步建立起比较完整的社会保障体系。

美国的第一个社会保障法案其内容最初也是由失业保障、老年保障和其他津贴组成的保障体系。"到今天,美国的社会保障制度包括的大小项目达300余项,囊括了人的劳动、失业、疾病、生育、教育、住房、年老、死亡等方面的保障,成为一个社会安全网,将全国90%以上的就业者都吸收在这个网内,号称为西欧福利国家的代表。"[1]

苏联在取得苏维埃政权后,逐步建立起新的社会保障制度。从1917年至1922年,列宁签署了100多项关于劳动者社会保险和福利方面的法令。其特点是:社会保险适用于所有职工及其家属;集体农庄社员与职工统一保障制度;保险费用由企业和单位支付,不从工资中直接扣除社会保险费;社会保障费用由社会总产品中扣除并由国家实施,建立统一的机构办理。[2]

各国社会保障制度建立和发展的过程不同,其内容体系也必然存在差别。但各国社会保障的发展仍然表现出范围从小到大、标准从低到高、制度由单一到完善的趋势。这为建立我国社会保障体系奠定了基础。

---

[1] 郭崇德主编:《社会保障学概论》,北京大学出版社1992年8月版,第8页。
[2] 姜维壮主编:《比较财政管理学》,中国财政经济出版社1992年6月版,第372页。

22 社会保障经济理论

```
                         中国社会保障体系
    ┌──────────────┬──────────────┬──────────────┐
 社会救助        社会保险        社会福利        社会优抚
(面向贫者)   (面向工资劳动者)  (面向全体居民)  (面向军人及军烈属)
```

社会救助	社会保险	社会福利	社会优抚
保障无依无靠的绝对贫困者的生活	保障女职工生育期间生活的生育保险	公共卫生设施	退伍军人就业安置
保障家庭因天灾人祸使生活暂时陷于拮据	保障退休工人生活的养老保险	居民住房	现役军人及其家属优待
保障家庭和个人生活水平低于国家最低标准的	保障失业者生活的失业保险	财政补贴	烈属抚恤
	保障患病职工生活的医疗保险	生活补贴和津贴	退休军人生活保障
	保障工伤致残职工生活的工伤保险	集体福利设施	

图 1-1　中国社会保障体系

在对我国社会保障体系框架的研究方面,劳动部课题组业已做出卓有成效的工作。根据该课题组的建议,"一个具有中国特色的科学的社会保障体系设想应由四大部分组成:社会救助——最低层次的社会保障,保障最低生活;社会保险——基本保障,保障失去劳动能力的劳动者;社会福利——增进城乡全体居民生活福利的最高层次的社会保障;社会优抚——特殊性质的社会保障,保障社会上备受尊敬的军人及其眷属的基本生活。"[1]其中,面向工资劳动者的社会保险显然是社会保障体系的重点和核心。它由工伤、医疗、失业、养老和生育五项组成。

在课题组对社会保障体系划分方法的启发下,通过对世界主要国家社会保障体系的研究,并基于对社会保障属性的认识,笔者以为,在建立社会保障体系的同时,应注意把握社会保障定义的内涵,注意区分社会保障与社会福利,社会保障与社会安全之间的区别和联系。根据笔者的定义:社会保障应为政府依据法律和法规,组织国民收入再分配,向一部分社会成员提供基本物质生活保障的一项福利制度。因此,似乎不应把社会福利划为社会保障的一个子体系。恰恰相反,作为一项福利制度,社会保障却是社会福利体系的一个子体系。

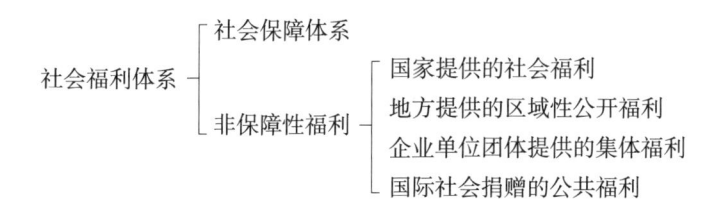

社会福利体系 ┬ 社会保障体系
　　　　　　 └ 非保障性福利 ┬ 国家提供的社会福利
　　　　　　　　　　　　　　 ├ 地方提供的区域性公开福利
　　　　　　　　　　　　　　 ├ 企业单位团体提供的集体福利
　　　　　　　　　　　　　　 └ 国际社会捐赠的公共福利

建立社会保障体系之前,还要解决社会保障与商业性契约保险的关系。商业保险是根据概率原理,实行个人储存、到期支付的一种"有

---

[1] 劳动部课题组:《中国社会保障体系的建立与完善》,中国经济出版社 1994 年 1 月版。

偿"契约。现代商业保险中的人身险、养老险,已非完全依靠保费收入,而是通过保险公司将保费收入进行再投资营运,用保费收入及其投资回报作为保险基金,支付给投保人。从这个意义上,现代商业保险已接近于社会保险的做法,同样对社会安定起到很大作用。但社会保险与商业保险仍然存在本质区别。因为:第一,社会保险作为社会保障制度的组成部分,国家财政作为后盾,并提供一部分资金,政府承担着很大责任。商业保险是一种金融活动,保险公司是一种先收后付的经营活动,保险公司破产,投保人自行承担风险;第二,社会保险是国家依法统筹的强制行动。商业保险是个人的自发行为;第三,社会保险是一种社会政策,其资金来源于个人和企业的缴纳以及政府财政提供,体现着一项社会政策中国家、企业和个人各自承担的责任。其目的在于保证一部分社会成员的基本生活,体现了社会互助互济、一人有难八方支援的道德风尚。而商业保险却是自我保护意识和消费积累以备将来享用的个体行为。

尽管社会保障与商业保险之间存在性质差异,但它们都对经济和社会的安定起到"调谐"作用。所以,从社会安定角度看,两者又有内在联系。共同构成了社会安全体系。即:

社会安全体系 ⎡ 社会保障体系
　　　　　　 ⎣ 商业保险

明确了社会保障与社会福利、社会保障与商业保险之间的相互关系,就可以进一步讨论社会保障体系本身。

社会保障体系应由三个部分组成,即社会保险、社会救助和社会优抚。

(1)社会保险。社会保险是社会保障的主导环节,以劳动人口为保障对象,因而直接影响到劳动供给的积极性,关系到劳动者的生、老、病、死、伤残、失业等各种"后顾之忧"。社会保险制度可以使劳动者在发生以上情况而出现生活困难时,得到有效帮助,保障其基本生活水平的需要。社会保险的特点是国家从劳动者和企业(雇佣劳动者)所得的国民收入份额中扣除一部分,加上政府的财力帮助,集中形成专门基金,在全体劳动人口和退休人口之间进行统一调剂,旨在创造一种稳定的经济秩序和生活环境,有利于劳动者的生存、发展和延续。社会保险可由三个部分、五个项目构成,三个部分分别是:劳动保险、失业保险和养老保险。再将其中的劳动保险进一步划分为三个项目,即生育保险、医疗保险和工伤保险,加上失业保险和养老保险共计五个项目。

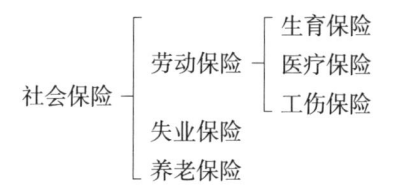

$$
社会保险\begin{cases} 劳动保险 \begin{cases} 生育保险 \\ 医疗保险 \\ 工伤保险 \end{cases} \\ 失业保险 \\ 养老保险 \end{cases}
$$

所以,社会保险是以劳动自然过程为标准予以划分的,劳动期间有劳动保险,暂时失去劳动机会有失业保险,劳动期间完成之后有养老保险。对各个项目的具体内容本节则不作展开讨论。如失业保险项下应有失业救济、再就业培训,医疗保险项下可有一般医药品和住院,以及健康保健检查等等。

(2)社会救助。社会救助是社会保障制度对一部分特殊的社会成员,通常是指先天无劳动能力者、因病祸致残无劳动能力者、因自然灾害暂无法发挥劳动能力者,或鳏寡孤独无劳动能力者,向其提供基本物质生活所需的一种保障制度。社会救助的具体项目很多,大致可分为三类,即:Ⅰ类救助——指对鳏寡孤独聋盲哑的救助;Ⅱ类救助——指对自然灾害救助;Ⅲ类救助——指不区分情况家庭绝对收入在国家规定的贫困线以下时提供的救助。确切地讲,社会救助是一种纯人道主义的救助。

（3）社会优抚。社会优抚是指对革命军人及军烈属给予优待和安抚的一项社会保障措施，具有重要的意义。表现了国家和社会对子弟兵及其家属的尊敬和爱护。社会优抚通常可以划分为现役军人及其家属优抚、军人退休生活保障、退伍军人就业安置和烈属抚恤。

综上所述，社会保障既分属社会福利体系和社会安全体系，又独立成为一个完整的保障系统。在社会保障系统中又有三个子系统，即社会保险子系统、社会救助子系统和社会优抚子系统。详见图1-2社会保障体系划分。

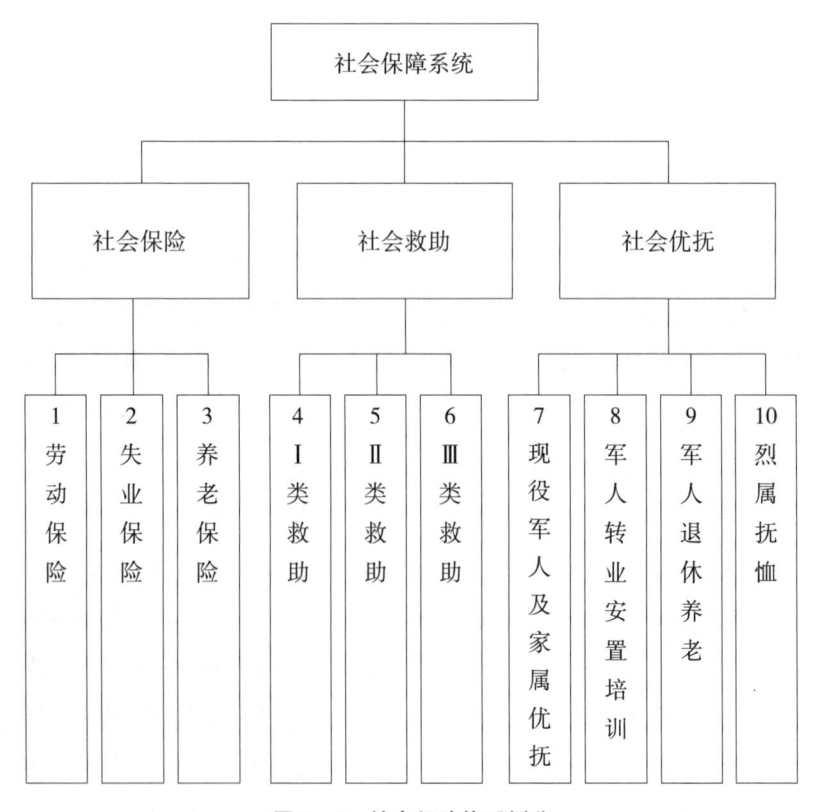

```
                        社会保障系统
         ┌──────────────────┼──────────────────┐
      社会保险            社会救助            社会优抚
    ┌────┼────┐      ┌────┼────┐      ┌────┬────┬────┐
    1    2    3      4    5    6      7    8    9   10
   劳   失   养      Ⅰ   Ⅱ   Ⅲ      现   军   军   烈
   动   业   老      类   类   类      役   人   人   属
   保   保   保      救   救   救      军   转   退   抚
   险   险   险      助   助   助      人   业   休   恤
                                       及   安   养
                                       家   置   老
                                       属   培
                                       优   训
                                       抚
```

图1-2 社会保障体系划分

图1-2注解:
1. 劳动保险包括劳动者生育、医疗、保健、工伤等;
2. 失业保险包括失业救济、再就业培训;
3. 养老保险包括基本养老金和附加养老金;
4. Ⅰ类救助指鳏寡孤独聋盲哑和其他残疾;
5. Ⅱ类救助指自然灾害中灾民基本生活,不包括生产自救;
6. Ⅲ类救助指家庭绝对收入在国家规定标准以下;
7. 现役军人及家属生活补助、医疗、教育支持等;
8. 军人转业安家、就业培训等;
9. 军人退休基本养老金和附加养老金,包括荣军养老;
10. 烈属抚恤金和残废军人津贴等。

三、关于研究范围

社会保障问题涉及面甚广,需要研究的课题很多。

从社会保障从属的体系看,社会保障既是社会福利制度的组成部分,又是社会安全制度的主要内容。因而,有必要从社会福利体系和社会安全体系上分别研究社会保障的地位、作用,及其与各体系其他范畴的相互配合。然而,本文兴趣所在仅为社会保障体系自身,并不纠缠于社会保障与更大系统之间的联系。只是将社会保障作为一个独立的系统加以分析和研究。特别将社会保障体系中的核心——社会保险作为本书研究的重点。

从社会保障问题的层次看,社会保障既有理论问题,也有政策制定和制度设计问题。只有将理论、政策和制度三者结合起来,才能形成完整的学科体系。但作为一篇研究论文欲实现这一完整的目标,有相当大的难度。通过对国内外论著、教材和研究报告的反复学习和体会,我似乎觉得已往对社会保障问题的研究,制度多于政策,制度和政策多于理论。换言之,社会保障理论的进展有慢于或落后于制度应用之嫌。因而,本书斗胆进行理论分析,以期抛砖引玉,企望能对社会保障理论的不断发展——进而更好地为实践添砖加瓦。

社会保障理论又与经济、社会伦理、人口政策、人权以及政治等各个方面有关。本书无法一一而论,只能择其与经济之间的内在联系,分析社会保障运行对经济运行的各个方面所产生的效应。主要是指社会保障与收入分配,社会保障与资源配置,以及社会保障与宏观经济稳定的关系。

理论毕竟是要用于指导实践的。建立一个具有特色、比较完善的我国社会保障模式,也是本书尽力所求的目标。

第二章　社会保障分配对收入分配的影响

无论怎样定义社会保障,无论社会保障的体系如何划分,事实上,社会保障的基本功能离不开对社会分配的参与,并通过其分配机制的特有功能,缓解社会分配的不公正状态,为一部分特殊的社会成员提供基本物质生活的需要。本章研究社会保障参与收入分配和再分配的理论依据、参与过程、其对收入再分配的效应,以及如何与其他分配形式协调配合。本章暂不考虑效率准则对分配机制的约束,更多地从社会道德和人类文明所要求的"公正"目标出发,以求得国民收入的"合理分割"。

第一节　保障分配的理论依据

"在不同社会的基础方面,总可以发现一些共同的经济情况。某些基本问题,在现在和它们在荷马与凯撒大帝时代同样是极其重要的。这些问题在将来的新社会也仍然会是极其重要的。"[1]经济运行如同自然界的变化,有其特殊规律,由于人类和社会行为十分复杂,经济学难以达到自然科学的精确程度,但只要能够决定因果关系的正确方向就是取得了巨大的进步。

---

[1]　萨缪尔森:《经济学》,高鸿业等译,中国发展出版社1992年3月第12版,第37页。

社会保障作为对收入再分配的特定形式,在"社会扣除"、保障人权、维护安全,以及有利于再生产等方面,表现其规律性。社会保障的各种学说虽然从不同角度出发,强调了保障分配规律的某一个侧面,但仍不难从中找到保障分配"因果关系的正确方向",并由此建立社会保障分配学说的理论依据。

一、"扣除"说

社会总产品经过分配和再分配,最终将会形成补偿基金、消费基金和积累基金,这是社会得以发展的必要条件。马克思在批判拉萨尔的"劳动所得应当不折不扣和按照平等的权利属于社会一切成员"的观点时指出:"如果我们把'劳动所得'这个用语首先理解为劳动的产品,那么集体的劳动所得就是社会总产品。现在从它里面应该扣除,第一,用来补偿消费掉的生产资料的部分。第二,用来扩大生产的追加部分。第三,用来应付不幸事故、自然灾害等的后备基金或保险基金。从'不折不扣的劳动所得'里扣除这些部分,在经济上是必要的,至于扣除多少,应当根据现有的资料和力量来确定,部分地应当根据概率论来确定,但是这些扣除要根据公平原则无论如何是不能计算的。剩下的总产品中的其他部分是用来作为消费资料的。把这部分进行个人分配之前,还得从里面扣除:第一、和生产没有关系的一般管理费用,和现代社会比起来,这一部分将会立即极为显著地缩减,并将随着新社会的发展而日益减少。第二、用来满足共同需要的部分,如学校、保健设施等。和现代社会比起来,这一部分将会立即显著增加,并将随着新社会的发展而日益增加。第三、为丧失劳动能力的人等等设立的基金,总之,就是现在属于所谓官办济贫事业的部分。"[①]显然可见,根据马克思的见

---

① 马克思:《哥达纲领批判》,《马克思恩格斯选集》第3卷,1972年5月,第9—10页。

解,在国民收入分配(包括初次分配和再分配)的全过程中,社会保障具有十分重要的地位,"保障"不仅表现在再分配环节"扣除""为丧失劳动能力的人等等设立的基金",而且还要在初次分配环节"扣除""用来应付不幸事故、自然灾害等的后备基金或保险基金"。马克思主义的分配理论从产品分配的"扣除"出发,将产品分配进行了两次扣除,分别满足生产正常运行的需要和社会稳定的需要。所以,"扣除"理论事实上提出了广义的社会保障学说,使社会保障成为积累与消费,也即成为整个社会再生产的"蓄水池"。

"扣除"说从社会产品分配的角度高度地概括了社会保障的性质和内容,成为社会保障的重要理论依据和实践指导。但"扣除"说仅仅从社会再生产的一个环节即分配环节上把握社会保障的实质,还不能从社会经济运行的总体上进一步认识社会保障问题(参见图 2-1)。

二、"再生产"说

从社会再生产不断运行的角度看,社会保障基金又是社会再生产得以正常运行的基本条件之一,特别是劳动力再生产所必需的条件。社会再生产的全部过程,包括生产、分配、消费各个环节的运行,最终都要求有物质资料的再生产和劳动力的再生产。物质资料生产过程的不断更新在任何一个社会都有相同的表现,而且是不断地向高级阶段发展。任何一个社会不能停止消费,也就不能停止其物质资料的生产。每一个社会的生产过程,从经常的联系和不断更新来看,同时也就是再生产过程。每一次生产过程都要消耗掉一定的物质资料,它既包括生产资料,如被磨损的机器、设备、工具和被消费掉的原材料、燃料、辅助材料等等,也包括生产人员消费掉的各种消费资料。"如果我们再把剩余劳动和剩余产品,缩小到社会现有生产条件下,一方面为了形成保险基金的准备金,另一方面为了按社会需求所决定的程度来不断扩大

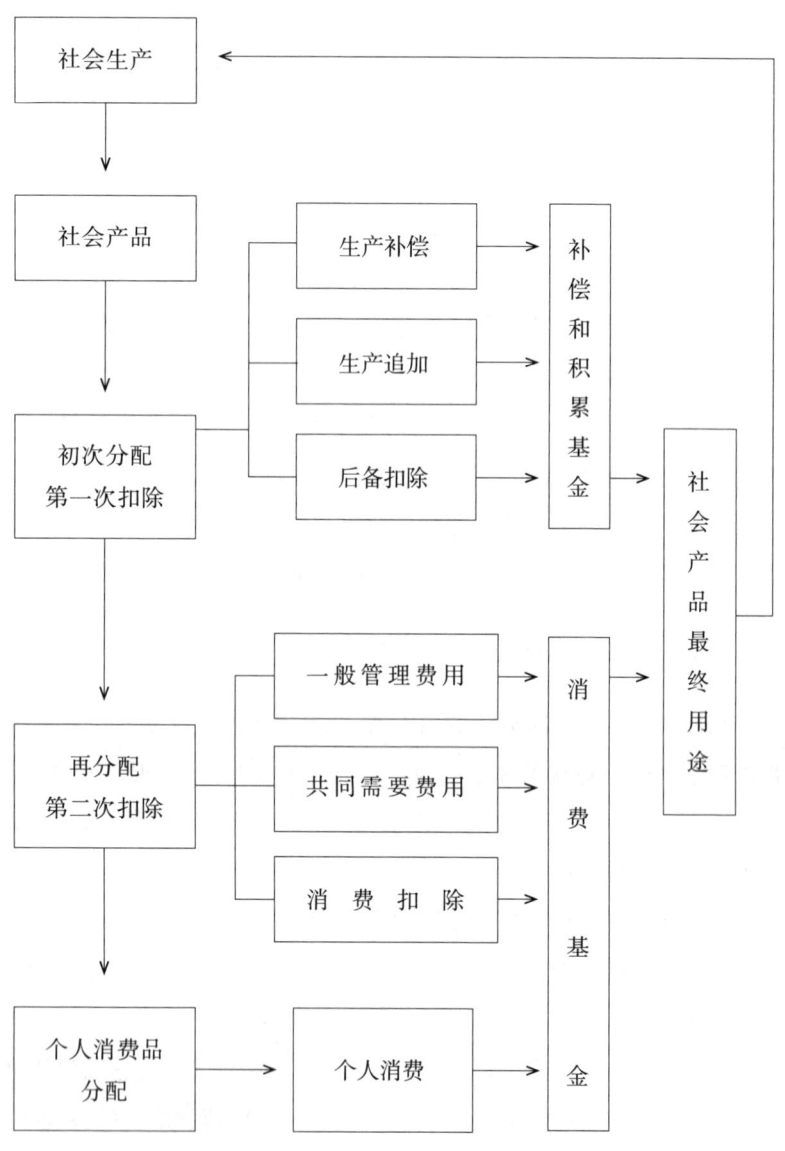

图 2-1 社会产品分配和"扣除"流程

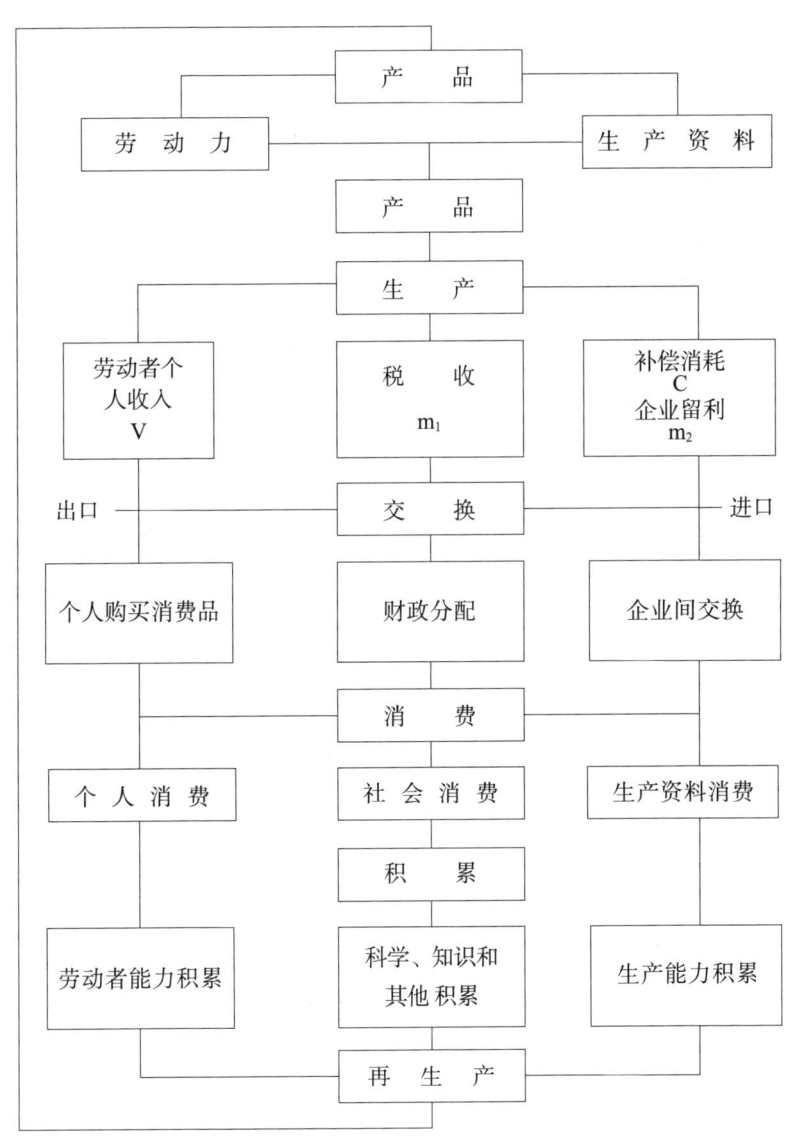

图 2-2　社会再生产循环与社会保障

参见周豹荣编著:《非平衡系统经济学与经济计量学概要》

再生产所必要的限度;最后,如果我们把那些有劳动能力的人必须为社会上还不能劳动或已经不能劳动的成员而不断进行的劳动,包括到(1)必要劳动和(2)剩余劳动中去,也就是说,如果我们把工资和剩余价值、必要劳动和剩余劳动的独特的资本主义性质去掉,那么,剩下的就不再是这几种形式,而只是它们的为一切社会生产方式所共有的基础。"①也就是说劳动者所从事的社会劳动,"一方面为自己的养老、疾病和各种福利性质的享受创造后备金的价值,一方面也为他人在丧失劳动能力时的社会生活基金,从而作为人类社会人与人之间相互依存的条件,实现人的社会化。"②按照"再生产"学说的理论,社会保障成为再生产的基本条件之一,这就进一步提高了社会保障的"社会地位",增强了社会保障的理论价值和实践意义,社会主义条件下,劳动者的劳动是人人为我、我为人人的社会性劳动,"然而,就其社会保障的实质意义仍是社会再生产的必备条件"③,也是社会经济得以顺利运行的"调谐器"。

从再生产运行的要求出发,社会保障可以分为两个层次,并在三个环节予以实施(参见图2-2):

第一层次:直接为社会再生产所必需

　　第①环节:建立生产后备,防止再生产间断;

　　第②环节:劳动者个人保障,包括生产过程中的劳动保险、医疗保险,生产间断过程中的待业保险,劳动能力丧失以后的自我养老保障;

第二层次:间接为社会再生产服务

---

① 马克思:《资本论》第三卷,人民出版社1975年版,第990页。
② 郭崇德主编:《社会保障学概论》,北京大学出版社1992年8月版,第35页。
③ 同上。

第③环节:非直接劳动者的社会保障,包括社会为无劳动能力者提供的社会救济、优抚,为其他社会成员提供的养老保障、医疗保障等等。

所有这些社会保障的实施,对于社会再生产所需要的生产能力积累、劳动者能力积累,以及社会安全积累,都是完全必要的。显然,"再生产"说是从动态上进一步说明了社会保障的基本任务。

三、"国家"说

社会保障不断发展和完善的历史表明,国家在社会保障实施和组织管理中承担着主要责任。这是由于社会保障所具有的"社会性",使得任何个人或民间团体都无法承担大部分保障内容,无法实现保障功能社会化。列宁早在1912年1月俄国社会民主工党第六次"布拉格"全国代表会议上指出:"最好的工人保险形式是国家保险;这种保险是根据下列原则建立的:(一)工人在下列一切场合(伤残、疾病、年老、残疾;女工还有怀孕和生育;养育者死后所遗寡妇和孤儿的抚恤;)丧失劳动能力,或因失业失掉工资时国家保险都给工人以保障;(二)保险要包括一切雇佣劳动及其家属;(三)对一切保险者都要按照补助全部工资的原则给予补助,同时一切保险费都由企业主和国家负担;(四)各种保险都由统一的保险组织办理,这种组织应按区域或被保险者完全自理的原则建立。"[①]实际上,社会保障客观具有的社会性,决定了社会保障的范围相当广泛。它必须由国家出面以立法形式固定下来,并强制实行,才能成为全体人民共同遵守、共同享受的"安全性福利"。

社会保障的"国家"说,或政府在保障中的特殊地位和特殊作用,

---

① 《列宁全集》第17卷,人民出版社1959年版,第449页。

还可以在保障发展的历史进程中得到进一步的证明。恩格斯在《家庭、私有制和国家的起源》中指出:"一切问题,都由当事人自己解决,在大多数情况下,历来的习俗就把一切调整好了。不会有贫穷困苦的人,因为共产制的家庭经济和民族都知道它们对于老年人、病人和战争残废者所负的义务。"①"同氏族人必须相互援助、保护……个人依靠氏族来保护自己的安全,而且也能做到这一点。"②我国自汉唐以后,对于老弱贫病无依靠者,大都由乡里和宗族所设立的公产、祠产、义田、庙产和义仓予以救济,由乡耆、族长主持。《周礼·地官·司徒》记载:"遗人掌邦之委积,以待施惠;乡里之委积,以恤民之艰阨;门关之委积,以养老孤;郊里之委积,以待宾客;野鄙之委积,以待羁旅;县都之委积,以待凶荒。"其后,唐太宗贞观二年,亦实行义仓制度。"宋、元、明、清,均沿袭此制。"我国历代由政府设立的社会保障机构有唐代的"悲田院""福田院",宋代的"居养院""养济院",明代的"惠民药局",清代的"普济堂""育婴堂"等。希腊政府从公元前560年起,对伤残的退伍军人及其遗属发放抚恤金,对失业者、残疾人给衣服、食物和津贴,贫穷人可享受医疗援助③。1572年,英国开征"济贫税",兴办"教养院",把中世纪的私人自愿施舍和行会内部的互助共济,改为由政府管理。1601年,英国颁布了世界上第一部《济贫法》,使社会慈善救济过渡到国家实施的社会救济。19世纪80年代,德国相继颁布了《疾病保险法》、《工伤保险法》,以及《养老、残废、死亡保险法》,形成了较为完备的社会保障体系。

社会保障的"国家"说,从理论上阐明了国家在具有"社会性"的社

----

① 《马克思恩格斯选集》第4卷,人民出版社1975年版,第83、92—93页。
② 同上。
③ 郭崇德主编:《社会保障学概论》,北京大学出版社1992年8月版,第44—45页。

会保障问题上负有的历史责任。把社会保障从民间推向了政府,从自发推向了自觉,从零星分散推向了完备体系。

四、"人权"说

"1929年以来有着巨大增长而在将来仍会扩大的一种政府活动,即政府福利支出。这种支出把购买力转移给有困难的或合乎规定的人,而又不让他们提供劳务作为补偿。""转移支付在近年来有着很大的增长。增长的部分原因在于那次大萧条,萧条使得救济费成为必要。然而,大部分的增长是由于美国人民集体良心所制定的保健、营养和安全的新的最低标准。现在,社会认为,儿童不能有软骨病,不管是由于运气不好,或是由于双亲供养得不好。社会认为穷人不能由于无钱做手术或进行医疗而在年轻时死亡。社会认为,老年人应该具有某种最低标准的收入,以终天年。"[①]"政府在补助医疗服务方面的作用日愈增强,主要是因为政府对不平等程度非常关心。人们普遍认为任何个人,不管其收入是多少,都应该接受充分的医疗保健。""这种观点认为,医疗服务不同于衣服、电影、汽车和大多数其他商品。就像选举权力不应当受市场因素影响,就像有战争时不允许居民在军事契约之外买通行权一样,生活的权力不应当受市场控制。这种观点称为特种平等主义。""许多西方民主分子倾向的观点就是每个人都有权得到某一最低水平的保健,医疗补助计划的实行可以认为是这种观点的反映。""西方民主国家一致认为,不应该使其公民因缺乏收入而挨饿、缺少住房或其他生活必需品。"[②]

"人权"说强调人与人之间的基本权利平等,生活权力不受市场控

[①] 萨缪尔森:《经济学》上册,高鸿业译,商务印书馆1979年11月版,第217—218页。
[②] 约瑟夫·斯蒂格里兹:《政府经济学》,曾强、何志雄等译,春秋出版社1988年9月版,第277、332页。

制,是现代人类文明和进步的一种客观要求。"人权"说在社会保障实践中的表现,则是不断地提高福利水平,国家和社会向其成员提供"从摇篮到坟墓"的全过程福利和保障。瑞典学派的奠基人魏克赛尔认为,人与人之间在享受生活的能力与愿望方面是一样的,而人们在财产分配方面却存在很大差别或不平等。"自由竞争通常是一个现实最大化生产的条件。但是,这个生产最大化却总和劳动这个要素在分配中的份额的减少相结合着。这表明那些把自由竞争视为能使社会全体成员的需要或愿望都获得最大满足的充分手段的人,犯了何等严重的错误。"①魏克赛尔主张收入和财产应实行均等化分配,给所有的人,无论其社会阶级、种族、性别、语言或信仰如何,带来尽可能大的幸福。而这种均等化分配的实现,还可以提高社会经济福利的总水平,因为"穷人和富人之间交换,可以导致双方合计起来的总效用,从而全社会的总效用,要比一切都听任自由竞争摆布时所获得的总效用大得多。"②

  第二次世界大战之后,西方资本主义国家相继得到了20年左右的经济发展黄金时代,经济上为提高福利水平创造了条件。从社会发展看,各国又把社会保障制度的完善作为缓和阶级矛盾,维护社会安定的重要手段,从而一个建筑在高福利经济基础上的社会保障不断得到完善。1948年瑞典对老年保险进行了改革,放弃了社会保险和社会扶助方式,实行普遍年金制,以后又对疾病保险进行了同样改革。挪威、丹麦、芬兰也仿照瑞典在50年代中期完成了改革。其他西欧国家也纷纷扩大保障范围,增加保障项目,提高保障待遇。

---

  ① 黄范章:《瑞典"福利国家"的实践与理论》,上海人民出版社1985年版第144—145页。

  ② 同上。

第二节 收入分配差别与社会保障再分配

收入分配差别通常具有两层含义。其一是收入水平的绝对差异。一部分社会成员因劳动能力或天灾人祸限制,其劳动所得相当有限,无法满足基本生活需要,甚至根本没有任何收入。另一部分社会成员在为社会提供较多较高质量的劳动后,取得了与其劳动数量和质量相适应的收入,生活比较宽裕。其二是收入水平的相对差异,即社会成员都取得了基本生活保证以上的收入水平,但生活的享受程度不同,贫富差别仍然存在。从社会保障的根本属性看,保障分配所涉及的主要是前一种收入根本差别,可以称之为对"绝对贫困化"的保障调整。但同时"绝对贫困"的标准又是一个经常变化的定额,一般地,随经济发展水平的提高,"基本生活"的水准会提高,因而保障标准也是在不断提高的。

一、对收入差别的测定:洛伦茨曲线和基尼系数

现实经济中,社会各成员在国民收入初次分配和除社会保障外的再分配中形成的收入水平,存在很大差异。这种差异是由于人们劳动能力的差异和按劳分配准则决定的。计划经济也好,市场经济也好,经济效率的实现都必然要求个人消费品按劳动数量和质量进行。显然,按劳分配存在"资产阶级法权",但按需分配只有在物质高度丰富、精神文明高度发达的共产主义才可能实行。

对收入分配差别的测定,通常是指收入相对差别,即按居民人均收入水平将总人口分组,计算各人口组的收入份额。设 P、Y 分别表示总人口和总收入,总人口分为 n 组,就有:

$$P = (P_1, P_2, \cdots, P_n)$$

$$Y = (Y_1, Y_2, \cdots, Y_n)$$

$$p_i = \frac{P_i}{U_P}, U_P = \sum_{i=1}^{n} P_i \quad (i=1,2,3,\cdots,n)$$

$$y_i = \frac{Y_i}{U_Y}, U_Y = \sum_{i=1}^{n} Y_i \quad (i=1,2,3,\cdots,n)$$

$$p_1 + p_2 + \cdots p_n = \sum_{i=1}^{n} p_i = 100$$

$$y_1 + y_2 + \cdots y_n = \sum_{i=1}^{n} y_i = 100$$

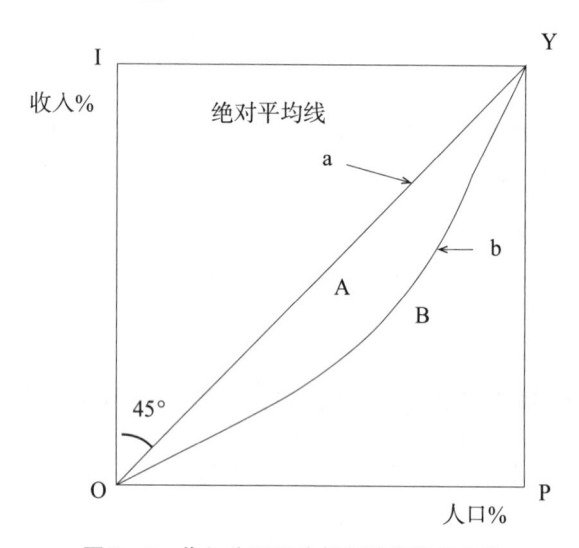

图 2-3 收入分配平均状况的洛伦茨曲线

反映收入分配平均状况的洛伦茨曲线(Lorenz curve)如图表2-3所示。OI表示收入百分比,OP表示人口百分比,联结两对角的45°直线OY表示收入分配绝对平均时的曲线a,由于a曲线上的任何一点距纵轴OI和横轴OP的距离相等,就表明总人口中每一定百分比人口所拥有的收入,在总收入中占同样的百分比。收入分配绝对平均。OPY是绝对不平均线c,由于c曲线表示社会成员中,除一人之外,其余人的收入为零,因而从理论上表明了收入分配的绝对不平均。但绝对不平均的 c 曲线分配状态和绝对平均的 a 曲线分配状态,在实际中都不存在。实际的收入分配曲线通常介乎绝对平均线 a 与绝对不平均线 c 之间,如图为曲线 b。在实际分配曲线 b 上,除起点和终点外,曲线的任何一点都与两轴(OI 和 OP)距离不等,每一点都表明了占总人口一定百分比的人口所拥有的实际收入在总收入中所占的百分比状况。很显然,实际收入分配曲线 b 越是接近于绝对平均线 a,社会收入分配就接近于平均状态。反之,实际收入分配曲线 b 越是远离绝对平均线 a,即越是靠向绝对不平均线 c,则说明实际的社会收入分配越是不平均。

基尼系数(Gini Coefficient)以一个数值来反映收入分配差别的程度。也就是要计算出洛伦茨曲线与平均线所形成的面积 A 同 45°线和不平均线 OPY 所形成面积 A+B 的比值,即 G = A/(A+B)。基尼系数越大,表示收入分配的差别越大,越趋向于不平均分配。反之,基尼系数越小,表示收入分配的差别越小,越倾向于平均分配。基尼系数的最低值为 0,即分配绝对平均,最大值为 1,即分配绝对不平均。基尼系数的计算,可以有不同的方法。①

1. 万分法。设:分组数为 n,y_i 为第 i 组的收入比重,U_i 为第 i 组的向下累加收入比重,P_i 为第 i 组的人口比重,P_i 和 Y_i 分别为第 i 组的人口和收入。

基尼系数为:$G = \dfrac{10000 - S}{10000}$,

其中:

$$S = \sum_{i=1}^{n} p_i \times V_i \quad (i=1,2,3,\cdots,n)$$

$$V_i = U_{i-1} + U_i$$

---

① 陈宗胜:《经济发展中的收入分配》,上海三联书店 1991 年 12 月版。

$$U_i = \sum_{i=1}^{n} y_i$$

$$p_1 + p_2 + \cdots + p_n = 100$$

$$p_i = P_i / (\sum_{i=1}^{n} P_i)$$

$$y_1 + y_2 + \cdots + y_n = 100$$

$$y_i = Y_i / (\sum_{i=1}^{n} Y_i)$$

万分法可以不受人口和收入等分的限制,因而适用范围较广,但在分组较多时,因需计算各组累加收入百分比并按收入等级两两相加,所以计算比较复杂。

2. 等分法。设:λ_i 为各组收入等级。

$$\text{基尼系数为}: G = \alpha U_y - \beta$$

$$\text{其中}: \alpha = 2/n, \beta = (n+1)/n$$

$$U_y = \lambda_1 y_1 + \lambda_2 y_2 + \cdots + \lambda_n y_n$$

限制条件是:$y_1 \leq y_2 \leq \cdots \leq y_n$,

$$y_1 + y_2 + \cdots + y_n = 1$$

$$y_i = Y_i / (\sum_{i=1}^{n} Y_i) \quad (i=1,2,3,\cdots,n)$$

$$\lambda_1 = 1, \lambda_2 = 2, \cdots, \lambda_n = n$$

同时假定:

$$p_1 = p_2 = \cdots = p_n$$

$$p_1 + p_2 + \cdots + p_n = 1$$

$$p_i = P_i / (\sum_{i=1}^{n} P_i) \quad (i=1,2,3,\cdots,n)$$

与万分法相比,等分法的计算比较简便,但分组必须等分,并按单调非递减顺序排列各组收入比重,这又会限制其有效使用范围。

3. 回归法。设:i 为人均收入水平,p_i 为某收入水平的人口比重,y_i 为相应的收入比重,A、b 分别为回归系数和参数。

回归方程为：$y_i = Ap_i^b$

基尼系数为：$G = (1/2 - S)/(1/2)$

其中：$S = \int_0^1 Ap_i^b \, dp_i \dfrac{1}{b+1}$

所以：$G = 1 - \dfrac{2A}{b+1}$

回归法因为不对资料的分类和整理作任何限制,因而适应面广泛,但在测算回归方程时比较麻烦,可借助计算机处理。

4. 差值法。差值法简单地将人口分为贫困和富裕两个阶层,设：p_p 表示贫困阶层的人口比重,p_r 表示富裕阶层的人口比重,y_p 表示贫困阶层的收入比重,y_r 表示富裕阶层的收入比重。只需将各阶层的收入比重减去人口比重,就可得到基尼系数。

$$G = p_p - p_r, \quad p_p + p_r = 1, \quad p_i = P_i / (\sum_{i=1}^{n} P_i) \quad (i = P, r)$$

或 $G = y_r - y_p, \quad y_p + y_r = 1, \quad y_i = Y_i / (\sum_{i=1}^{n} Y_i) \quad (i = P, r)$

二、保障分配对洛伦茨曲线和基尼系数的修正

国民收入在物质生产领域进行了初次分配。经过初次分配,国民收入分解成职工工资和企业纯收入两大部分,即 V+M。工资部分根据按劳分配的原则,分配给本企业职工,满足他们个人及其家庭的生活需要。企业纯收入部分是生产劳动者所创造的、用于社会需要的那部分产品。其中,一部分以税收形式或利润上缴、股息、分红、租赁费、承包费等形式(国有企业)集中到国家,构成国家集中的纯收入,由国家根据国民经济和事业发展和需要,统一安排和使用。另一部分则以税后利润的形式留在了企业,由企业自主支配。国民收入经过初次分配,形成了国家、企业和物质生产部门劳动者的原始收入。

国民收入在初次分配的基础上,还要进一步进行分配,即再分

配。国民收入之所以要进行再分配是由于:第一,社会除了工业、农业等物质生产部门外,还存在着许多非物质生产部门,如文教卫生以及军队和国家行政管理机关等。这些部门虽不直接创造物质财富,但却是国民经济和人民物质文化生活必不可少的组成部分。因而这些部门的所需经费,只能由国民收入再分配提供;第二,社会对于丧失劳动能力的公民、军烈属、困难户和人员,生活上要给予必要的帮助,对职工也要建立公费医疗制度等,为此而建立的社会保障基金的一部分,也离不开国民收入再分配的支持;第三,国家有计划地发展和调控国民经济,补充市场机制的缺陷,需要通过国民收入再分配,扶持国民经济短缺部门。总起来看,在国民收入再分配过程中,政府具有提供公共品、提供转移支付、维护垄断产业、实施宏观调控的基本职能。

国民收入再分配主要通过两个途径进行。一是国家预算,国家把集中起来的纯收入,通过预算支出,转变为扩大再生产基金、非生产部门及其职工的收入,并建立社会保证基金,以满足一部分特殊社会成员的需要。对社会保障的大部分基金则以专门的预算形式,为社会成员提供待业、劳动保险和养老等福利需要。二是劳务和价格支付,初次分配形成的原始收入还要以支付劳务和商品消费价格的形式,形成第三产业职工工资和企业收入,满足非物质生产部门及其劳动者的派生收入。

国民收入的初次分配和再分配涉及国家、企业、个人,以及国民各阶层的利益,形成方方面面的利益格局,或居民和家庭所占有的收入份额。这决定了洛伦茨曲线的图形和基尼系数的数值。

社会保障分配以其特有的方式,可以对已经形成或正在形成中的收入分配格局,进行必要的调整和修正。

首先,社会保障以"社会扣除"的形式将一部分国民收入集中到政府预算,通过转移支付来保障一些特殊社会成员的基本生活需要。从一个社会来看,总会由于各种原因,如先天疾病、后天天灾人祸,使得一部分人因残、病而无或失去劳动能力,无法通过向社会提供劳动取得消费物质的满足。也有一部分人可能因自然灾害而暂时失去了原有的生活资料,并一时无法接济。当然,还有一些人是因公或因为国服务而致残或牺牲后本人和家庭生活发生困难的。政府在社会产品和国民收入分配过程中,凭借其政权力量强制参与,以所得税形式把社会成员中的高收入者份额集中一部分到国家,再通过社会救济、优抚等方式支付给上述无收入保障的另一部分社会成员,使他们能在国家福利保障制度下得到基本生活所需的物质条件。《中华人民共和国宪法》第五十条规定:"劳动者在年老、生病或者丧失劳动能力的时候,有获得物质帮助的权利。国家逐步发展社会保险、社会救济、公费医疗和合作医疗等事业以保证劳动者享受这种权利。"1991年我国国家财政用于抚恤和社会福利的支出达到67.32亿元,其中抚恤支出17.2亿元,社会福利救济费13.2亿元,自然灾害救济费22.5亿元。

其次,社会保障以"专项预算"形式把分散在各个企业和居民手中的自我保障资金,通过基金征集或特种税收如社会保障税(费)集中起来,形成国家"社会保障基金",建立国家"社会保障预算"或"社会保障特别账户"。改变社会保障分散零星、负担不均、缺乏规范和实报实销的局面,实行全社会统一管理,使之逐步走上法制道路,实现均衡负担、权责发生的统一给付化。"社会保障特别账户"主要用于劳动者待业、劳动保险和养老年金。"专项预算"条件下,政府是作为社会保障的组织者出现的,属于国家的社会化职能。而国家的社会救济和抚恤支出是国家以"公民权益保护人"的身份具有的内在职能。

然而,仅仅从社会产品分配和国民收入占有份额变化的角度看,不管是公民权益保护的政权支出,还是社会集中管理的特别账户,都会对没有社会保障的原有收入分配格局产生"再分配作用"。即社会救济和优抚使一部分收入最低的居民增加收入份额,保证基本生活需要。同时,改善了分配效率,符合帕累托最适条件。而社会保障基金又为劳动者提供全过程的生活和劳动保障,免除后顾之忧,全身心地投入劳动过程,调动劳动积极性。并且,社会保障也改变着社会不同阶层、不同成员及同一阶层、同一成员在不同时期——劳动前、劳动中、劳动间断、劳动后的收入分配状态,调整了洛伦茨曲线和基尼系数。

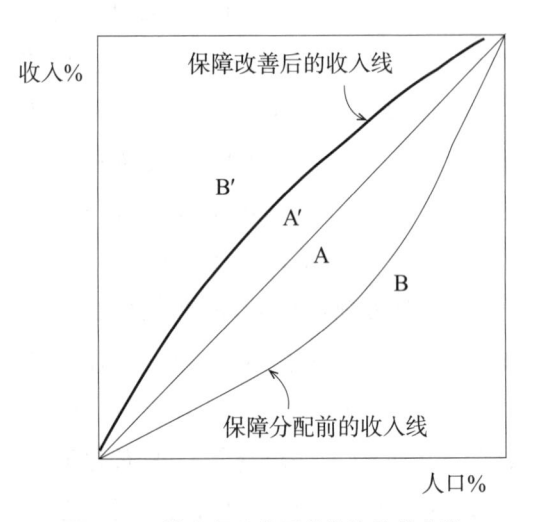

图 2-4 社会保障分配前的洛伦茨曲线

如图 2-4 所示,社会保障分配前的洛伦茨曲线(图形右下方)较远离绝对平均线,A 部分的面积较大,表明分配不够公平。现经过社会保障分配的调整,A′部分的面积较 A 缩小,洛伦茨曲线更接近于绝对平均线(图形左上方),收入分配格局得到了改善。

从基尼系数看:

保障分配前基尼系数 G=A/(A+B)
保障分配后基尼系数 G′=A′/(A′+B′)
由于:(A+B)=(A′+B′)
    A>A′
所以有:G′<G
即:A′/(A′+B′)<[A/(A+B)]

基尼系数数值的减小,同样证明了分配状况的改善,证明了社会保障分配具有对洛伦茨曲线和基尼系数值的修正作用。社会保障的分配功能得到了发挥。

三、中国居民收入差别的显示

1. 城市居民的收入差别

我国城市居民的收入水平自 80 年代以来,有了较大幅度的提高。统计资料表明,我国城镇居民家庭人均生活费收入以绝对额计算,1978 年仅为 316 元,1980 年 439.4 元,1985 年 685.3 元,1986 年 827.9 元,1988 年 1119.4 元,1989 年 1260.7 元,1990 年 1387.3 元,1991 年 1544.3 元,1992 年达到 1826.1 元。1992 年是 1978 年的 5.78 倍[①]。

但与此同时,收入的不平均状况也有所加剧。见表 2-1,库兹涅茨指数呈现上升趋势,1981 年为 0.2631,1988 年为 0.2660,1988 年比 1981 年上升了 1.1%(0.0029);而阿鲁瓦利亚指数呈明显下降,1981 年为 0.334,1988 年为 0.3205,1988 年比 1981 年下降 4.04%(0.0135);收入不良指数也呈较明显上升趋势,1981 年 1.691,1988 年 1.845,1988 年比 1981 年上升 9.11%(0.154)。

---

① 《1993 年中国统计年鉴》,中国统计出版社。

表 2-1 1981—1988 年城市居民家庭收入的几个指数*

指数	1981	1982	1983	1984	1985	1986	1987	1988
库兹涅茨	0.2631	0.3153	0.2650	0.2665	0.2686	0.2620	0.2645	0.2660
阿鲁瓦利亚	0.3340	0.2674	0.3297	0.3277	0.3202	0.3270	0.3246	0.3205
收入不良	1.6910	2.7440	1.7130	1.7250	1.8450	1.7470	1.7910	1.8450
库氏/阿氏	0.7877	1.1796	0.8038	0.8132	0.8389	0.8012	0.8148	0.8300

* 资料来源:《经济发展中的收入分配》。

直接采用一定百分比人口或家庭的收入份额来测定收入分配差别。其中,以最富有的 20% 的人口的收入份额来表示,通常称为库兹涅茨指数,这指数的最低值为 0.2,指数越高,收入差别越大;以 40% 最贫困人口的收入份额来表示,通常称为阿鲁瓦利亚指数,其指数的最高值为 0.4,指数越低,说明收入差别越大;以最高收入的 20% 人口的收入份额与最低收入的 20% 的人口收入份额之比表示,通常称为收入不良指数,这一指数的最低值为 1,指数越高,说明收入差别越大。

2. 农村居民的收入差别

与城市居民的收入水平相比,我国农村居民家庭的人均纯收入的绝对数额虽然较低,不足城市居民家庭人均收入的一半。但其增长速度在近 10 多年来超过了城市,而且需要特别强调的是,统计反映的农村收入是一种纯收入,其自产自销的那一相当大部分无法在统计数据中予以表现。所以,若以城市相同口径计算,农村收入水平恐怕不亚于城市居民收入水平。我国农村居民家庭人均纯收入,1978 年仅为 133.6 元,1980 年 191.3 元,1985 年 397.6 元,1986 年 423.8 元,1987 年 462.6 元,1988 年 544.9 元,1989 年 601.5 元,1990 年 686.3 元,1991 年 708.6 元,1992 年 784.0 元,1992 年是 1978 年的 5.87 倍[1]。但人均收入不足 100 元的收入阶层的家庭相对收入率[2],却由 1981 年的 0.457 下降到 1988 年的 0.220,人均收入不足 100 元的收入阶层的人口相对收入率[3],由 1981 年的

---

[1] 《1994 年中国统计年鉴》,中国统计出版社。
[2] 家庭相对收入率是一定阶层的收入百分比与家庭百分比的比值,反映某阶层一定比重的家庭所得收入的相对份额。
[3] 人口相对收入率是一定阶层的收入百分比与人口百分比的比值,反映某阶层一定比重的人口所得收入的相对份额。

0.411下降为1988年的0.177。收入分配在农村同样表现为扩大差别的倾向。所以,可以这样认为,随着农村收入水平的绝对值提高,由于包产到户和劳动能力的影响,农村收入分配的差别也在同时扩大。

另据有关统计资料,我国职工工资水平在近年稳步提高的同时,由于地区经济和行业经济发展的不平衡,地区之间和行业之间的工资水平差距也在明显扩大[①]。从我国29个省级地区看,工资水平最高的地区和最低地区之间的差距已由1990年的1.69∶1,扩大到1994年上半年的2.34∶1。而从国民经济12个行业看,交通运输、邮电通讯、地质勘探、建筑、综合技术服务等行业工资水平较高,农林牧渔业的工资水平最低,约比全国平均水平低30%,工资水平最高行业与最低行业的差距由1990年的1.58∶1,扩大到1994年上半年1.86∶1。全国职工工资水平地区间和行业间差别的扩大,不管是由贡献差异引起的,还是由于经济不平衡导致的,都表明了收入分配差别的存在及不断扩大。特别是一部分收入过低、无法保证基本生活的家庭和人口的增加,离退休人员生活水准的下降,都为社会保障调整和改善已有的收入分配格局,提出了理论和实践的重大课题。

第三节　收入运行中的保障分配

经济的运行、社会再生产的往复,总是由生产到消费,再由消费引致新一轮的生产,形成"生产—消费—再生产—再消费"的循环运动。马克思说:"不管生产过程的社会形式怎样,它必须是连续不断的,或者说,必须周而复始地经过同样一些阶段。一个社会不能停止消费,同

[①] 《新民晚报》,1994年10月9日,第九版"经济不平衡导致单位效益不平衡,中国职工拉大收入差异"。

样,它也不能停止生产。因此,每一个社会生产过程,从经常的联系和它不断更新来看,同时也就是再生产过程。"①而在每一个"生产—消费"的运动中,都离不开分配和交换的媒介作用。

就分配而言,首先是分配决定于生产。作为联结生产和消费的中间环节,分配把年度内经济创造出来的全部产品和国民收入划分给社会各阶层及其各成员,形成国家、企业、个人的收入份额,形成补偿、积累、消费的比例。显然,没有产品生产,便没有产品的分配,而且分配的性质、原则和方式,也只能是由占统治地位的生产方式决定的。因此,生产规律、生产运行方式决定着分配规律、分配渠道和分配手段。其次,分配是社会再生产过程的重要环节,产品生产出来以后,必须通过分配和交换,才能最后进入消费,从而完成一个生产过程和一次经济运行,并使经济重新进入新的运行过程。分配包括生产资料的分配和生活资料的分配。其中先于生产的生产资料的分配,又属于生产行为本身,因而它决定着消费品分配。分配对于生产具有促进或制约的作用,分配问题解决得好,可以充分调动生产要素的积极性,激发劳动者的创造欲望,从而推动社会生产的发展。分配还要通过社会保障的特殊形式,来满足一部分特殊社会成员的需要,实现社会道德、社会文明,保持经济和社会稳定。

研究社会保障,研究分配问题,离不开对经济运行、收入运行的分析和了解。

一、SNA 的收入组成

广义的国民收入,"代表一个经济社会在每年中的产品和劳务的流动总量。"②根据国民账户体系的标准,广义国民收入由 GNP、NNP、

---

① 《马克思恩格斯全集》第 23 卷,第 621 页。
② 萨缪尔森:《经济学》上册,商务印书馆 1979 年 11 月版,第 252 页。

NI、PI、PDI等五个总量指标组成。其中国民生产总值GNP或国内生产总值GDP综合反映了国家经济的基本规模:在生产方面,表现为整个经济新增加的产品和劳务价值的总和;在分配方面,表现为各生产要素所有者得到的各种收入总和;在使用方面,表现为政府、企业和个人为消费和积累而购买商品和劳务的支出总和。国民生产净值NNP是国民生产总值扣除了当年固定资产消耗以后的净余价值,说明了该国实际能够用于消费和追加固定资产投资及用于储备的商品和劳务的总量。国民收入NI(狭义)表明了劳动、资本和土地所有者,在年度内从生产商品和劳务中所获得的全部收入,包括劳动者工资、投资利润、土地利息和租金,以及其政府的转移支付即社会保障和财政补贴。个人收入PI是一个国家内所有个人、家庭和私人非营利机构在一定时期内,从各种来源所得到的收入总和。个人收入包括了很大一部分国民收入,但有一部分国民收入不能计入个人收入。如公司利润只有在扣除公司所得税、社会保障税(费)和追加投资后,才能以股息形式分配给股东,形成股东个人收入。反过来,也有一些个人收入不属于国民收入如政府对个人的转移支付,而是再分配收入。个人可支配的收入PDI则是个人可实际用于消费和储蓄的收入,很显然,个人收入的一部分可能构成个人所得税、财产税、各种罚款、教育费和医疗保险而"转移"到公共部门或某种基金。所以,个人可支配的收入是个人用于衣、食、住、行、娱乐,以及购房房屋、债券的投资支出和用于储蓄的部分。

国民收入数字关系见图2-5所示。[①]

[①] 《资本主义国家经济统计》,上海人民出版社1983年5月版,第254页。

52 社会保障经济理论

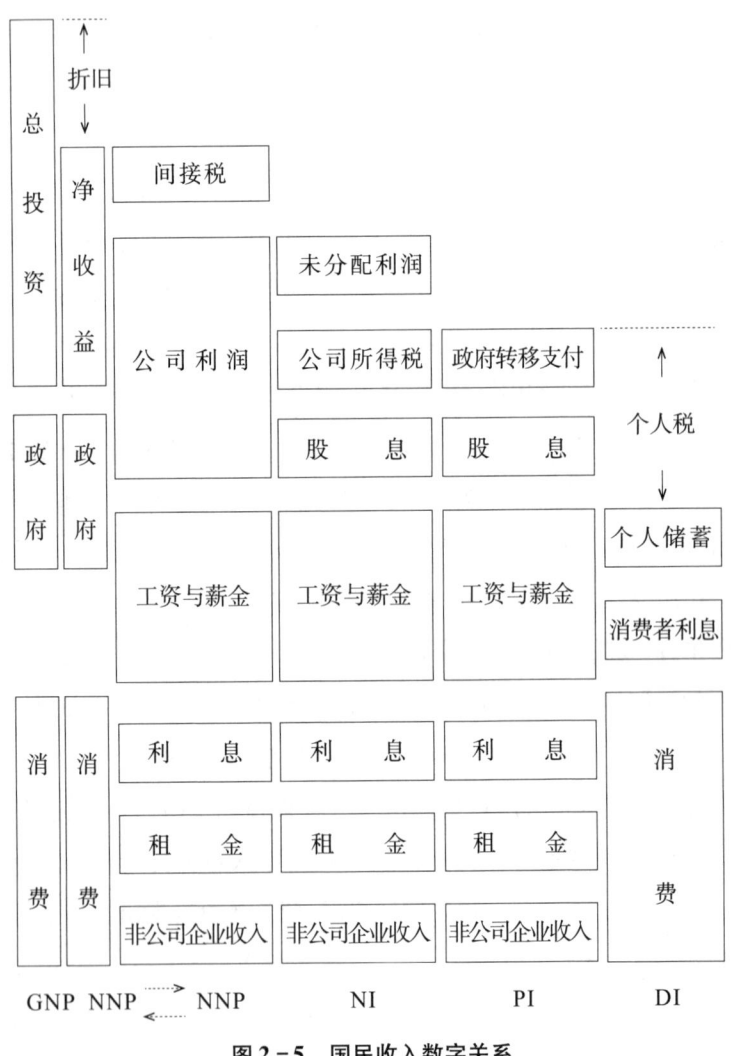

图 2-5 国民收入数字关系

图 2-5 注解：
按支出法计算：
　　GNP＝个人购买商品和劳务＋政府购买商品和劳务＋国内私人总投资＋劳务进出口
　　　　　净值
按收入法计算：
　　GNP＝雇员报酬＋业主收入＋个人租金收入＋公司利润＋净利息＋折旧＋间接税
　　NNP＝GNP－折旧
　　　　＝工资＋利润＋利息＋租金＋间接税
　　NI＝NNP－间接税＋企业津贴①
　　　＝工资＋利润＋利息＋租金＋津贴
　　PI＝NI－（公司未分配利润＋公司所得税＋公司和个人缴纳的社会保险）＋（政府对个
　　　　人支付的利息②＋政府对个人的转移支付③＋企业对个人的转移支付④）
　　　＝工资和薪金＋业主收入＋个人租金收入＋股息红利＋个人利息收入＋政府和企业
　　　　对个人的转移支付－缴纳的社会保险金
　　DI＝PI－（个人税负⑤＋非税支付）
　　　＝个人消费支出＋个人储蓄＋个人投资
注：①政府对企业的转移支付，如亏损补贴等；
　　②政府对个人债权人支付的债息；
　　③政府对居民个人的价格补贴、副食品补贴，以及社会保障支付；
　　④企业对个人债权人（公司债券）支付债息，提供捐赠等；
　　⑤包括个人所得税、（个人）房地产税、赠予税等。

国民收入的五大指标反映了经济运行的概貌及其各要素、各部门（公共部门与私人部门）之间的关系，也同时指出了社会保障在其中的地位和作用。数字关系表明，社会保障的主要内容：公司和个人缴纳社会保险金、政府对个人支付保障金，这一收一付的过程，构成着狭义国民收入的分配，直接影响到个人收入水平。

二、收入运行中的保障资金

现代经济是私人部门与公共部门的"混合经济"。如果舍弃公共部门，私人部门就依据完全的市场规律运行，形成由企业与家庭之间物资流和货币流组成的循环运动，即如图 2-6 所示，企业与家庭之间：家庭对企业提供生产要素，企业对家庭提供商品劳务；家庭向企业支付商品劳务价格，企业向家庭支付要素报酬，勾画出一幅简单再生产的"理想经济王国"。然而，人类要进步，物质要丰富，经济就必须追加投资，私人部门经济由此产生了融资和投资中介。如图2-7所示，金融中介的产生为私人部门经济的扩大再生产提供了可能，满足了需要。

公共部门的产生打破了原有经济的均衡方式，改变了纯私人经济运行的轨迹。如图2-8所示，公共部门加入经济运行之后，首先是公

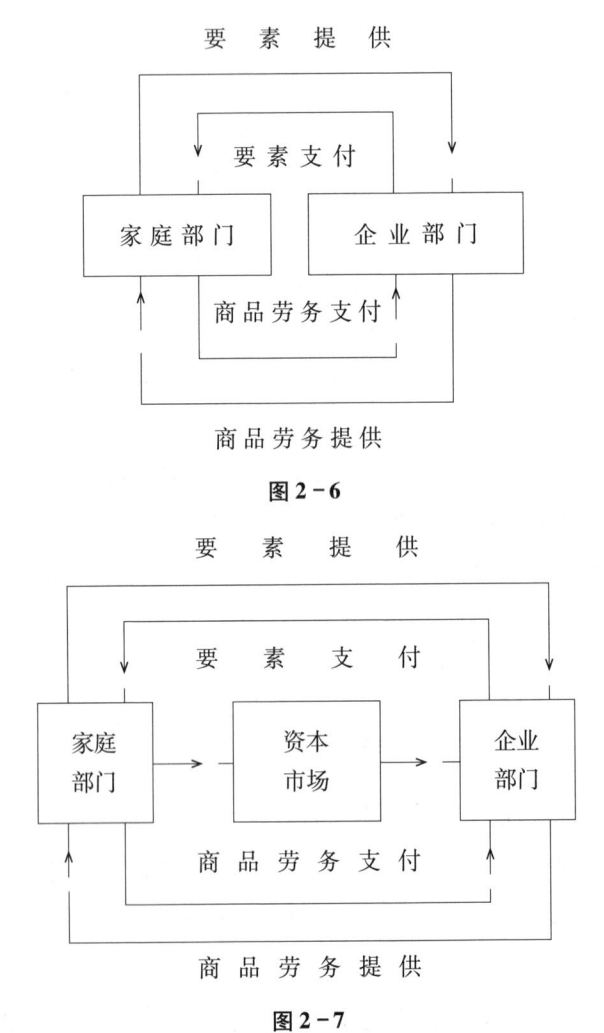

图 2-6

图 2-7

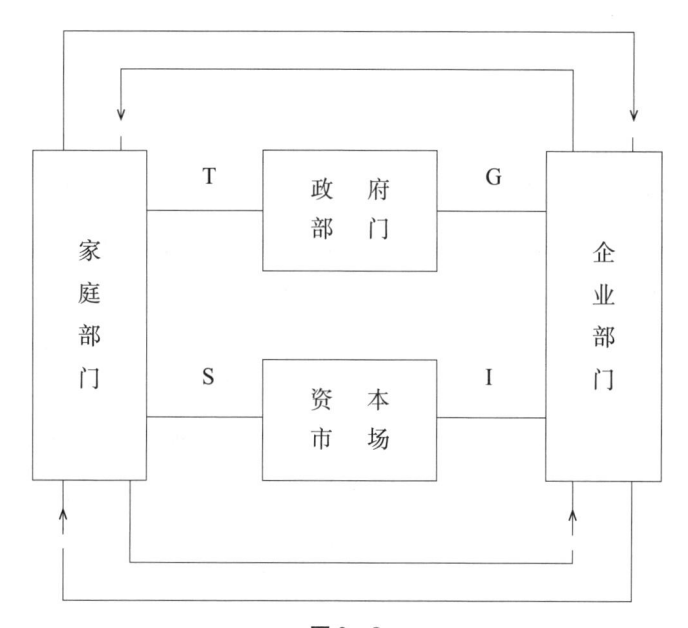

```
            ┌─────────────────────────────┐
            │     ┌──────────┐            │
            │   T │ 政  府   │ G          │
   ┌────┐   │     │ 部  门   │    ┌────┐
   │家庭│───┤     └──────────┘    │企业│
   │部门│   │                      │部门│
   └────┘   │   S ┌──────────┐ I  └────┘
            │     │ 资  本   │
            │     │ 市  场   │
            │     └──────────┘
            └─────────────────────────────┘
```

图 2 - 8

共部门生存本身需要消耗一部分物质产品，因而需要向家庭征税，取得收入来源，并将所筹资金用于向企业购买商品和劳务；其次，公共部门的收支活动改变了原消费市场均衡和资本市场均衡，经济中的私人部门收支流向公共部门，形成了公共部门的收支均衡。从而整个宏观经济均衡要取决于消费市场、金融市场和政府收支三个部分的各自均衡及其统一均衡；再次，政府为实现调控经济运行的目标，主动介入经济过程，以其财政政策和货币政策，通过公共部门的活动，调控经济产出能力和各部门、各阶层、各社会成员之间的收入份额。

公共部门与私人部门之间存在着广泛的内在联系。这种联系首先表现在公私产品的配置上，按市场竞争规律，市场只提供竞争性产品，这决定了市场品只能是具有相克性、排斥性，能够直接进行成本效益对比的一部分产品，而对具有非排斥性、非竞争性，无法建立直接的成本效益对应关系的另一部分产品即公共品，市场无能力提供。显然这部分公共品的社会需要,只能通过社会程序,由政府以预算方式提供。其次是市场在进行要素分配时,对劳动力要素实行按劳分配原则,即按社会成员提供的劳动数量和质量支付劳动报酬,"多劳多得""少劳少得""不劳动者不得食"。然而,社会中确实存在一些由于各种原因而无劳动能力,或劳动能力极弱无法养活自己和家庭,或虽曾经有正常劳动能力但已逐步丧失,或由于天灾虽有劳动能力但仍无法养活自己和家庭的特殊成员。对他们而言,市场机制失去了分配功能,不能提供他们生活所必需的物质条件。为弥补这部分市场缺陷,公共部门以其转移支付机制,给予特殊分配,为他们提供基本物质生活保证。再其次是政府对私人部门征税(严格讲,政府同样也要对公有企业进行课税,但这时的公有企业只是作为一个普通的经济组织,而无异于私人部门的任何企业。所以,此处对私人部门征税包括着对公有企业的课税),既为公共部门提供公共品和实行转移支付筹措资金,又在征税过程中进一步"课富济贫",缓解社会分配不公。

如图2-9所示,收入运行的各个环节展示了公共部门与私人部门的广泛联系,其中就社会保障而言,国民收入形成时对企业(雇主)及个人(雇员)征收的社会保险税,对家庭实施的社会保障支付,对工商企业和个人征收的其他税收的一部分形成的社会救济,都从不同内容上建立起社会保障体系,完成着社会保障资金的筹集和给付过程。

第四节 保障分配与其他分配形式

社会保障分配是国民收入分配的组成部分。它对于整个经济运行,对于保证社会成员的基本生活,解除劳动者后顾之忧,对于保持社会安定,都具有重要作用。这种作用的发挥寓于国民收入分配和再分配的全过程。例如,在国民收入初次分配阶段,社会保障要求劳动者对

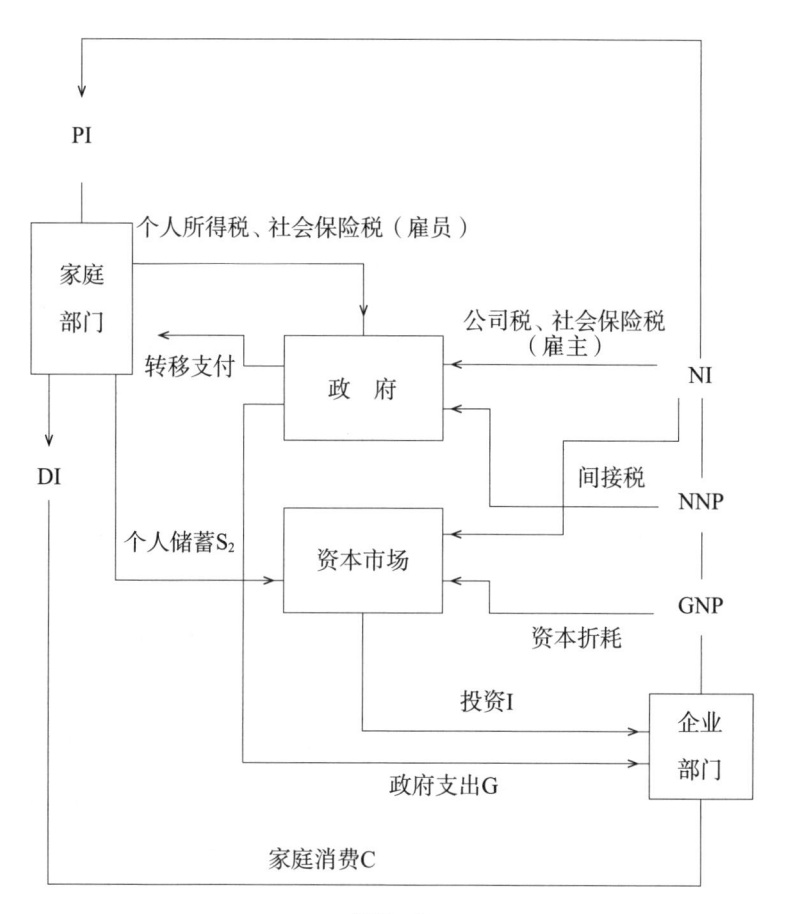

图 2-9

必要劳动作出一定比例的扣除和储备,以备在暂时或永久丧失劳动能力时保证基本生活之需,而且,物质生产部门的劳动者还要在其劳动创造的价值中,进行社会扣除,用于非物质生产部门劳动者和无劳动能力社会成员的保障需要。又如,在国民收入再分配环节,社会保障通过国家预算对社会各种成员进行基本生活保障。所以,社会保障分布在国民收入初次分配和再分配的整个过程。

国民收入的分配和再分配,需要通过许多种分配形式和途径才能完成,包括工资分配、价格分配、信贷分配、企业财务分配,以及财政分配和社会保障分配等。这种分配渠道和形式各有特点,功能不同,只有相互配合和补充,才能实现分配和再分配目标,社会保障分配在诸多分配形式中具有特殊意义和作用,因而是不可替代的重要分配形式。

一、社会保障分配与工资分配

社会保障分配和工资分配,都是对社会成员的个人消费品分配,因此,就社会产品的最终用途看,社会保障分配和工资分配的结果,都会最终形成个人消费基金。尽管如此,社会保障分配与工资分配,仍然存在着重大差异。首先,就两种分配的具体对象看,社会保障分配主要是以非劳动者或退役劳动者,即无现实劳动能力或即使有劳动能力但无法实际付出劳动去取得社会报酬的那部分社会成员为对象的,而工资分配正相反,它是以有现实劳动能力,并实际付出劳动的那部分社会成员为主要对象的。其次,由于分配对象的区别,使得两种分配所依据的基本原则完全不同。在社会主义社会,劳动者的个人消费品分配,即工资分配,是依据按劳分配的原则,即实行不劳动者不得食、多劳多得、少劳少得的差别激励原则。社会保障分配则是根据基本生活需要,按均等的原则进行分配的。社会保障的分配不仅不可能按"劳"进行,相反,正是对按劳分配客观存在的某些不足,予以必要的"社会补充",换言之,保障分配的领域,正是按劳分配所无法或无能力涉及的领域。再次,社会保障分配只是保证社会成员,在生存发生困难时的最基本的生活需要,而工资分配不仅可以满足劳动者的基本生活需要,而且,还可以满足劳动者日益增长的物质和文化生活的享受需要。最后,以分配的时间顺序考察,一般地表现为,工资分配在前,社会保障分配在后,社会保障分配是对工资分配的补充或弥补。

必须指出,工资分配与社会保障分配,不是平等的相互补充关系。

在社会主义国家,实行按劳分配的工资分配是劳动者消费品分配的第一分配和主导分配,社会保障分配无论从属性上,还是从数量上,都只能是工资分配的补充形式。只有真正认识到这一点,正确处理好工资分配与社会保障分配的关系,才能真正坚持社会主义按劳分配原则。

二、社会保障分配与财政分配

财政分配是一种以国家权力为主体的分配。财政产生和发展,都是由于国家需要的产生和发展,国家根据其职能实现的需要,凭借政权力量参与一部分社会产品的分配,并用这部分社会产品作为国家机构运行的物质消费需要。财政分配表现出以下几个显著特征:第一,财政分配涉及的分配关系,必以国家为一方,并且在分配双方中,国家居高临下,只要财政分配所依据的客观经济现象和经济规律一定,国家可以"主宰分配",国家处于无可争议的主导地位,成为分配双方的主体;第二,财政分配具有明显的强制性。由于财政分配是以国家为主体的,所以,国家凭借政权的强力,强制地占有一部分社会产品。当然,社会主义国家财政,还以生产资料所有者的地位,取得一部分社会产品;第三,财政分配是以无偿原则进行的。国家的许多大类项目的支出,如国防费用、行政管理费用、科学文教卫生等事业费,一般都不可能带来收益,属消耗性支出。因此,为满足国家的这部分支出,财政分配包括收入和支出两个方面,都必须以无偿为基本原则,不直接返还;第四,财政分配的实现,一般都通过国家预算有计划地实现。

社会保障分配与财政分配的关系十分密切。首先,就社会保障分配的特征与财政分配特征看,社会保障分配也以国家为主体,任何个人和集体都没有力量,担负全体社会成员的各种保障。劳动者的自我保障和保险公司的人身或养老保险,从质的规定性上只能成为社会保障体系的补充环节,尽管这两种保障或保险,在量上都是十分重要的。事实上,如果存在劳动者完全可以自我保障的可能性,就根本不需要建立任何形式的社会保障了。保险公司的人身或养老保险,性质上是一种投保人与承保人的契约关系,属商业性质,实际上,仍是劳动者的自我保险。因此,商业保险从性质上无法取代社会保障。所以,比较完善形式的社会保障分配,也是一种强制性和无偿性的分配。国家或社会为了达到对全体人民基本生活保证的目的,不得不以强制性措施建立保障基金,即使是劳动者的自我保障部分,也必须强制地"自愿"执行。只有如此,国家才有可能运用保障基金,在被保障者必需时,通过又一次的无偿给付行为,实现"保障"。

其次,就社会保障的分配内容与财政分配的内容看,社会保障分配是分配意义上的财政分配的组成部分。因为,社会保障分配的一部分社会产品,在价值构成上由必要劳动 V 和剩余劳动 m 组成。其中,劳动者的养老保障中相当大的数量是属于 V 的部分,其余的则主要属剩余劳动性质。以社会保障再分配的 m 部分考察,其分配的实现基本依赖于财政分配,即通过国家的财政预算,予以有计划地集中和给付。社会保障分配的劳动者必要劳动部分,虽然在我国几十年社会保障实践中并未通过财政预算体现出来,但劳动者的养老保障金,现实地影响着国家财政规模。实际上,我国职工的养老保障,不仅通过财政法规和财政制度,在全社会范围内达到了统一标准,统一给付,而且通过养老金列支生产成本或营业外支出,都与国家财政收支紧密联系在一起。从我国社会保障制度改革的方向看,包括职工养老在内的整个社会保障基金,从累积到增值,又由增值到给付,及其全过程管理,必将最终纳入国家财政预算范畴。这一点已为世界大多数国家的保障实践和财政实践所证实。当然,社会保障分配与财政分配,也存在着某些区别,如部分社会保障基金是以社会有关方面、有关人士自愿赞助,以及有奖募捐和个人积累的形式筹集的,这与财政资金的强制性征集是有区别的。

财政分配,其资金收与支一般情况下不发生直接联系,也不存在交纳义务与享受权利之间挂钩关系,而劳动者的社会保障,如养老保障基金,不仅在收支之间,即扣除交纳与分配给付之间发生着直接联系,而且其权利与义务亦是紧密挂钩的。

三、社会保障分配与信用分配

信用是一种借贷行为,也是一个分配机制。这是由于,作为以偿还和付息为条件的价值单方面转移,信用所改变的是价值量的再分配。信用分配虽然没有最终改变资金的所有权,但它改变了资金的实际占有权和使用权,通过对社会资金各组成部分的重新组合,实现了资金在一定时期,即偿还期内的再分配。在既定时间里,改变社会各阶层、各集团和各成员对社会产品和国民收入的原有占有比例。同时,信用关系的重要内容之一,利息的支付也会最终改变一部分国民收入分配份额。信用分配具有三个显著特点:其一,它以偿还为基本条件,从总体看,信用并不最终改变所有权关系;其二,信用分配具有时效性,本金在一定时期内实现临时性再分配,利息在一定时期后实现永久性再分配;其三,信用关系是有偿性的。

与信用分配相比,社会保障分配表现出截然不同的特点。首先,社会保障分配与货币流通没有直接关系,不会引起和改变货币所有者的债权债务关系;其次,社会保障分配的一部分,即使是数量较大的劳动者养老保障部分,虽然最终返还给被保障者或退休劳动者,但就一般而言,社会保障分配的这种"返还性"与信用分配的偿还显然是完全不同质的,信用关系表现出"借"与"还"的关系,保障分配则是国家或社会"取之"或"予之"的关系,不存在"偿还"问题,再其次,社会保障分配是无偿进行的,保障分配的无偿性,在许多保障项目中直接表现出来。例如,对因受自然灾害而暂时丧失劳动可能或生活发生困难的社会救济,对因公或其他各种原因而丧失劳动能力者及其家属的社会优抚、抚恤、救济,及对社会成员的医疗保障、教育保障等等,都不需要被保障者付任何报酬,即使是对劳动者的养老保障,也是按无偿原则分配的。至于保障基金储存过程中的增值,保障基金给付中与劳动贡献、劳动时期长度的相互结合,也只是社会保障的管理问题,其目的在于提高社会保障分配的效率作用,通过提高社会保障分配的效率性来弥补社会保障分配追求公平准则带来的某些不足,以达到公平与效率相结合的目标,并不是保障分配本质上具有任何有偿性。事实上,社会保障分配既不会要求被保障者偿还本金,也不可能要求被保障者支付利息,社会保障分配自始至终就无借贷关系可言,也不存在债权人和债务人。

但是,社会保障分配又与信用分配有一定联系。例如,社会保障基金可以通过信用形式进行增值,即参与了信用分配。又如劳动者可以通过储蓄,建立个人层次的补充保障,以补充法定基本保障和企业补充保障的不足。

四、社会保障分配与价格分配

价格是商品价值的货币表现,价值规律的作用主要通过价格作用表现出来,在分配领域,价格是国民收入再分配的重要手段。价格参与国民收入的再分配,主要通过价格与价值的关系变化来实现,即价格以低于其价值或高于其价值的变化,与价格价值一致的商品进行交换,就可以把国民收入的一部分,由价格偏低的商品生产者和生产部门,转移到价格偏高的商品生产者和生产部门,从而实现国民收入的再分配。此外,国民收入再分配的另一种重要渠道——劳务分配也离不开价格分配。换句话说,商品经济条件下,劳务分配的实现不可能以物物交换的形式,而必须借助于价格分配才能同时实现。

价格分配的一个显著特点是,价格分配的实现与交换相联系。交换的一方在交换过程中,取得代表商品价值的货币 G,另一方则在交换中得到了商品的使用价值 W,是商品价值与使用价值的互换 G—W。因此,价格分配在形式和本质特征上,都表现出"等价"关系。价格分配另一个特点是,价格分配在交换过程中一次完成,即使存在分期付款或赊账的支付形式,但它们也都以所有权转移为前提,债务人即便可以得到一定期限的支付宽容,然而,延期支付都是以有偿为条件的。因此,从这个意义上讲,价格分配仍然是在交换中一次完成的。

社会保障分配与价格分配相比,在许多方面存在差异。主要表现在:(1)社会保障分配与交换过程无关,仅在分配领域里就可以完成;(2)社会保障分配的全过程,包括资金累积和给付两个过程,一般情况下,难以一次完成;(3)社会保障分配是对个人消费品分配的补充。对物质生产领域劳动者和非物质生产领域劳动者来说,社会保障分配都是劳动者个人消费品分配的延续过程,对非劳动者包括各种原因丧失劳动能力的人来说,社会保障分配是这部分社会成员个人消费品分配的全部内容;(4)社会保障分配不存在"等价"概念,这在医疗保障及其对无劳动能力者的各种保障中,表现得十分明显。即使是对劳动者的养老保障,也不是等价的累积和给付。在社会统筹的情况下,劳动者的养老保障,同样必须按照社会制定的统一标准,包括基本生活费、贡献因素等各种条件予以发放,而非"扣除"多少,"返还"多少。

尽管社会保障分配与价格分配,是两种性质和特点完全不同的再分配形式,但是,社会保障分配却在一定程度上需要借助于价格,或与价格形式有紧密联系。因为,在商品经济下,商品价值以价格形式表现出来,社会保障分配期望达到的保障目标,无论是被保障者的基本物质生活需要,还是一部分超过基本需要的物质享受,都离不开价格的衡量。社会保障基金的累积和给付过程,也必须借助货币形式来计量累积或给付的那部分社会产品价格。事实上,社会保障基金的使用和增值过程,同样需要价格形式,医疗保障、优抚、救灾、培训等,也无不与价格相联系。社会保障基金的筹集和分配,都要考虑价格的变动情况。

第三章 保障分配的福利机制

作为一种分配机制,社会保障可以改善和增进社会福利。因而,保障又是一个福利经济学问题。

福利经济学着重于解决三个问题:①在一个买卖竞价的经济体系中,能否产生符合共同利益的结果?②从公平分配看,共同利益的取得是应通过市场机制,还是其他途径如公共提供?③社会福利或共同利益的一般性后果是由通过市场或经由一种政治集中的过程,还是通过投票表决的过程?经济学家对福利国家形成截然相反的两种认识:一种认为福利制度是经济增长和社会稳定的重要机制,另一种却认为现行水平的福利活动已经导致政府"失灵"和"超载"。福利国家既需要经济商品化,以保证市场机制的作用,又需要使经济非商品化,以解决市场机制无法作用的问题。

本章将社会保障与社会福利制度结合起来,研究社会保障的福利选择,福利极大化的保障制度及因其"过度"而产生的后果。

第一节 福利偏好的选择

根据帕累托效率原则的理论,只要一种福利再分配能够使一部分社会成员改善福利水平,而又不致使其他社会成员福利水平下降的,其再分配的实施和结果都是有效率的。但是,同样在有效率的情况下,也会出现不同的分配方案,或者说,经常会出现几种分配组合都符合帕累托效率条件的情况。因而就存在一个效率前提下的福利偏好的选择问题。

一、博弈与投票机制

通常我们假定偏好是变化着的。若以 X 代表一种特定组合消费的投票,Y 代表另一种特定组合消费的投票。每个个人 i 都可以选择 X 或者选择 Y。如果每个人都能充分表达自己的偏好,就可以通过总计(纵向叠加)而得到一种社会偏好。也就是说,如果我们知道所有的个人偏好是如何排列的,我们就能够根据各种偏好的排列而推导出社会偏好。这就产生了社会选择问题。

汇总个人偏好的一种方式是进行个人投票。如果大多数人宁可选择 X 而不是 Y 的话,我们就应认定 X 是社会偏好。然而,多数选择法的难题在于其不具有传递社会偏好的机制,因而,多数投票表决制最终也很难选举出均衡结果。假定有三个选民 A、B、C,和三个方案 X、Y、Z,选民 A 的偏好顺序是 X-Y-Z,选民 B 的偏好顺序为 Y-Z-X,选民 C 的偏好顺序为 Z-X-Y。如图 3-1 所示。

个人 A	个人 B	个人 C
X	Y	Z
Y	Z	X
Z	X	Y

图 3-1 非传递投票的偏好

显然,一部分人宁可选择 X,不选择 Y 和 Z,另一部分人宁可选择 Y,不选择 Z 和 X,还有一部分人宁可选择 Z,不选择 X 和 Y,其结果是无法汇总出社会偏好,投票机制失灵。即便是在多数决定论下,也会产生"投票悖论"而无法得出均衡结果。如,若在 X 与 Y 内进行投票,选民 A 和 B 都偏好 X,结果 X 胜。再在 X 与 Z 内进行投票,选民 B 和 C 偏好 Z,结果 Z 胜。结论似乎是 X 优于 Y,Z 优于 X,按传递性结论讲,应当必有 Z 优于 Y。但若继续将 Z 和 Y 进行投票,选民 C 和 A 可能偏好于Y,结果Y胜。形成循环选举悖论,出现Y优于Z,Z优于X,X优于Y的连环套。根本无法产生真正的"共同偏好",社会偏好仍然无法通过总计个人偏好而获得。社会福利的提供受到个人偏好及其表达困难的阻碍。其原因在于个人偏好无法传递。

顺序分值	个人A	个人B
1	X	Y
2	Y	Z
3	Z	X

图3-2

改善投票机制的另一种方法是给投票的排列顺序记分。即每个人都根据其个人偏好排出方案选择顺序,最优选择的顺序分为1,第二选择的顺序分为2,第三选择的顺序分为3,余类推。然后,根据每个个人偏好的顺序分总计出各个方案的得分值,分值较低的方案优于分值较高的方案,从而被选择成为社会偏好。如图3-2所示,若个人A偏好顺序为X-Y-Z,个人B偏好顺序为Y-Z-X,则X、Y、Z三个方案分别是X=1+3,Y=1+2,Z=2+3。所以,Y方案以其最优选择,成为社会共同的福利偏好。但是,排列顺序的投票机制同样存在多数投票的非传递问题,即若由A和C,B和C另两个人来进行选择的话,即便使用顺序记忆方法,仍然无法得出最优方案,而使社会偏好的显示出现困难。

选举悖论告诉我们,没有一个法则可以满足所有的理想。这被称为"阿罗不可能性定理"。[1]

选举悖论的现象并非一定出现。实践中,公共福利水平的提供决策应当取决于中位数投票者的偏好。

---

[1] 阿罗不可能性定理:"如果一个社会决策机制同时满足属性1,2和3,那么它一定是独裁的:所有的社会排序都是一个个体排序。"《微观经济学》,第二版,哈尔·R.范里安。

同时,为了更好地解决投票悖论问题,必须寻找公共偏好显示的新机制,以促使个人对福利提供水平有一明确的"态度"。事实上,只有将个人的支付成本与其可能的受益结合起来,才能真正使每个人对福利提供的偏好表明真相。

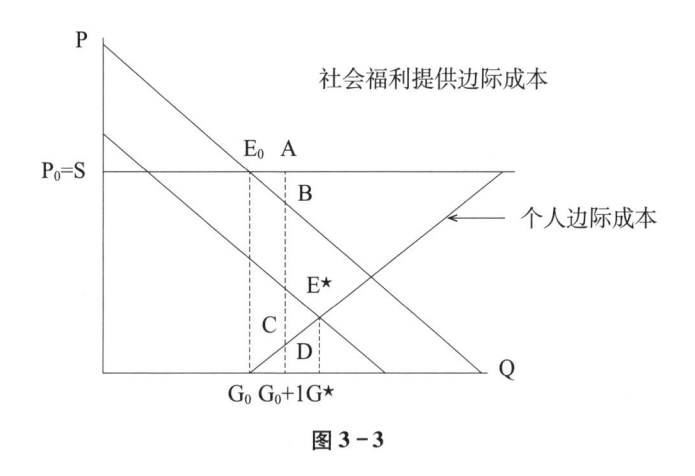

图 3－3

众所周知,福利作为公共品提供,其均衡产生在总需求与供给线的交点。假定福利提供的成本是个常量,即供给曲线是条水平线。如图 3-3 所示,内侧为个人需求线,外侧为除该个人外的社会需求线,显然,社会福利的需求与供给相交于 E_0 点,均衡福利供给量为 G_0,而从该个人看如果政府的福利提供超过 G_0,对每单位福利的边际成本,他必须支付 AB 成本——社会福利提供的边际成本与社会总需求的差额部分,这时,新的均衡出现在 G_0+1。从该个人讲,他是否愿意支付这增加的成本,取决于增加的福利与其损失福利的比例。边际福利大于边际成本时,他同意(明确表态)支付税款以取得该福利。反之,边际福利不足以弥补边际成本时,他肯定表态反对纳税。无论何种情况下,他都不会隐瞒对福利提供的偏好。所以,按受益原则课税有助于解决投票悖论和阿罗不可能性定理,从而真正改善投票机制。

二、福利供给效应

公共福利的提供,尤其是社会保障的无偿支付,很有可能引起居民对福利的过度消费。对一部分公共福利性的社会保障,虽然需要支付一定的价格,如医疗保险的个人承担部分,无偿提供住房中的低租金制度等等,但不管政府在提供这些公共福利过程中真正花费的成本有多大,如提供一套住房的边际成本可能是几万,甚至十几万,几十万,个人实际支付的边际成本很小,或者根本是无偿获得,所以,对个人来讲,在边际成本甚小的情况下,往往毋须注重其消费所带来的边际利益如何,更确切地说,由于边际成本甚小或者无成本,就助长了个人对福利提供的过度消费,所谓"多多益善",扭曲了正常的消费行为,造成公共福利的"浪费",即福利损失。

公共福利提供过程中的福利损失,其程度因公共福利的品种及其不同品种的不同属性而有所差异。一般讲,消费量小、需求弹性小的福利,其公共提供的福利损失较小,而消费量大、需求弹性大的福利,其公共提供的福利损失较大。如图 3-4 所示:

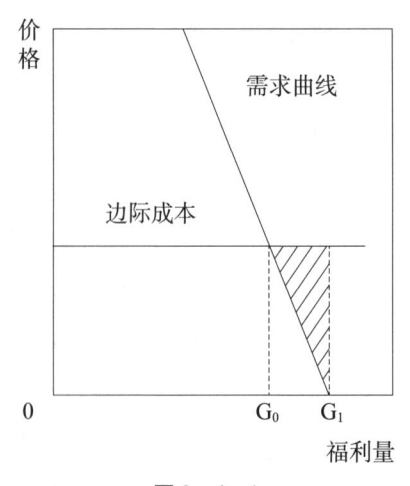

图 3-4-1

图 3-4-2

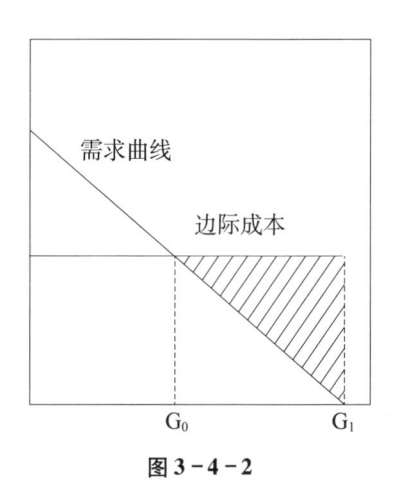

图 3-4-1 系指需求弹性较小的公共福利如水、电、煤气或交通等公用事业，人们对其消费能较快地得到满足和基本满足，因而其过度消费相对较小。按支付边际成本与消费所得边际利益相等法则，人们对该福利的消费数量应为 G_0，过度的实际消费数量为 G_1，过度消费了 G_1-G_0，造成福利损失为小三角形的阴影部分。

图 3-4-2 系指需求弹性较大的公共福利，如医疗特别是带有营养性保健性的医疗品和医疗服务，住房特别是超过基本生活所需的享受性住房面积，以及其他带有较大享受性质的社会福利提供，人们对这种消费的满足程度很高，似乎是越多越好。因而在公共福利的情况下，其消费的过度往往很大，造成社会福利损失。从图看，边际成本与边际利益相对效率提供量 G_0 之外，人们实际消费的社会福利达到 G_1 水平，过度消费，形成福利损失为较大的三角形阴影部分。显然，图 3-4-2 的福利损失大于图 3-4-1 的福利损失。

为了减少福利损失就有必要以控制过度消费为标准，采取一些有效的政策手段。其中主要是定量配给和排队供给制度。

定量配给是指把公共福利按一定的标准，如一定的数额或一定的比例提供给全体社会成员或一部分特定的社会成员。例如,对适龄儿童和青少年统一实行义务教育制度,给全体公民以一定标准的健康保健制度,为一部分灾民或生活无保障者提供基本物质生活条件等等。但是,定量配给制度仍然远未达到消除福利损失的目的。因为很显然,每个个人的偏好或对公共福利的需要程度并不会因定量配给而发生变化。即在一定数量的定量配给制度下①,必然会出现一部分人的偏好得到满足,另一部分人的需要尚有不足,还有一部分人的福利显得过度。这时,对第一种人来讲或许没有福利损失,但对第三种人仍存在福利过剩,而对第二种人又有福利不足。如图表3-5所示。假定有三个人的社会,三个人的三种不同需求,代表了社会的三部分人,即上述提及的三种需求与福利供给状况 D_1 代表了配给过度, D_2 表示配给适度, D_3 属配给相对需求不足。因而,定量福利配给的结果是除 D_2 的那部分人具有效率配置外, D_1 所代表的一部分人其福利消费过度,存在图3-5左下方小阴影部分的福利损失。即在 P^* 他们只需要 G_1 的公共福利,而实际消费量是 G_2。或者在 G_2 的福利提供下,他们只愿支付 P_1 价格,却又不得不支付 P_2 价格,对他们讲,边际成本大于了边际效益,公共福利的定量配置有浪费或损失。而 D_3 所代表的另一部分人其福利消费却有不足,存在图3-5右上方的较大阴影部分的福利"缺憾"。即在 P^* 价格下,他们需要更多的公共福利提供 G_3,换言之,他们愿意支付边际费用 P_3 来换取社会福利消费,对他们而言,在 G_2 的实际定量配给制度下,他们从公共福利消费中得到的边际效益大大高于他们所支付的边际成本,也尚未达到福利提供的帕累托(Pareto)准则。

---

① 该配给制度的定量标准是由全体居民通过法定的民主程序决定的,必然代表大多选民个人的意愿。

图 3-5

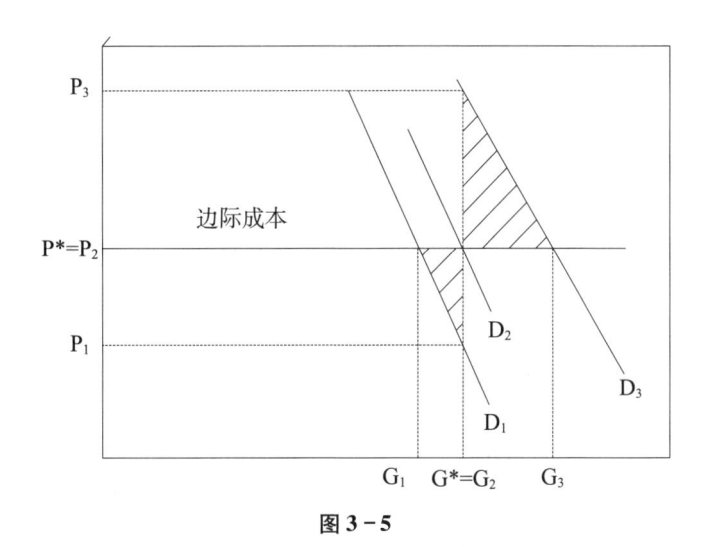

需要特别强调的两点是:第一,对 D_1 所代表的一部分人来讲,具有福利损失为小三角阴影部分,对 D_3 所代表的另一部分人来讲,同样具有福利损失为大三角阴影部分。前者的福利损失表现为边际成本大于边际效用,后者的福利损失表现为边际效用大于边际成本。第二,尽管定量福利配给制度会给 D_1 和 D_3 所代表的一部分人带来福利损失,但定量福利配给制度所制定的"定量标准",是通过一定的法定程序或民主程序决定的,根本上讲是由全体居民共同决定的,因而这个"量"一定是代表了大多数人和绝大多数人的意愿,符合大多数人利益。所以可以肯定,这个损失量是最小的。

排队供给制度是指通过排队等候的机制而非收取费用的方式向福利需求者提供公共福利。也就是说,对该项福利如医疗越是需要者,一般越愿意花更多的时间排队来获取消费,不十分需要者可能不愿意花费更多的时间用于排队,而宁可将宝贵的时间用于其他工作得到其报酬,从而支付福利消费之需。排队供给改变了收费条件下穷人与富人的不同等待遇,等待过程中机会成本较大者会转而减少消费。但是，排队供给有其明显的不足，排队的时间容忍度和机会成本的大小事实上同样无法区分需要或不需要，以及需要的紧迫程度。相反，无所事事的无业人员，以及失业和退休人员虽然并不十分需要医疗，但他们却有更为充裕的时间用于排队。所以，排队机制不仅并不完善，而且其适用的范围相当有限，许多公共福利根本不可能以排队机制来供给。

三、公共福利的均衡供给

对每个人来讲，其纳税所减少的个人消费与公共提供福利增加的消费之间，存在一种利益减少与利益增加的比较。只有在公共福利带来的边际效用等于其纳税边际成本时，公共福利的供给才具有效率。但是，既然是作为公共福利的提供，就不可能只考虑某个个人的利益如何，而是要寻求整个社会的福利提供取得或达到边际效益等于边际成本的状态，从而谋求全社会在公共福利提供方面的"宏观效率"。

（1）局部均衡分析

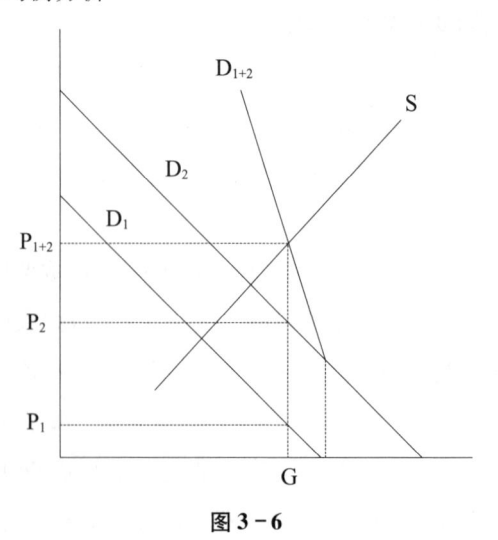

图 3-6

局部均衡分析单一商品达到均衡的价格和数量所需要的条件。假定某社会只有两个人,每个人都愿意明确地表示自己的需求偏好,因而可以画出如图3-6的需求曲线 D_1 和 D_2,以及由 D_1 和 D_2 纵向叠加得出的社会对公共福利的总需求曲线 D_{1+2},同时在 D_{1+2} 与福利供给曲线 S 的交点处得到公共品的局部均衡供给数量 G,即在该点上,个人价格总和等于边际成本,即 $P_1+P_2=P_{1+2}=MC$,或在均衡供给的情况下,公共福利提供所获得的社会总福利等于其提供的总成本,表明其收入再分配的功能满足了帕累托(Pareto)最适条件。换言之,如果公共福利提供的水平过低即小于 G,说明人们愿意支付的福利成本(收费或纳税)大于提供该福利的成本,或者说人们从公共福利边际提供中的获益大于他们为增加福利而支付的边际成本。反之,若公共福利提供超过了 G 水平,就不得不减少福利提供,以保证不使社会总福利下降。

(2)一般均衡分析

公共福利的现实提供是多品种的,就社会保障而言,也有许多具体的保障项目,福利提供的直接享有者也是众多的。因而均衡分析有必要从单一福利转向公共福利与非公共品的均衡配置上。

假定仅有两个人 A 和 B,两种物品 X 为私人品,G 为公共福利,如图3-7所示。A 图表示个人 A 的无差异曲线 U^A 和生产约束条件 P^A。B 图表示个人 B 的无差异曲线 U^B 和生产可能性为 P^B。由 A 图中 P^A-U^A 之差得出的 B 图中 P^B,表明在 A 已选择了 X 和 G 的组合后 B 可能消费的 X 和 G 的组合。A 图和 B 图重叠投影至图 A+B,就得到了全社会共同选择的公共福利 G_0 和私人品 X_{A+B} 的组合。即在 G_0 与 X_{A+B} 的组合上,实现了公共福利与私人品的一般均衡。生产的边际转换率 $MRT_{X,G}$ 与个人消费的边际替代率 $MRS_{X,G}$ 总和之间实现了均衡,即:

$$MRT_{X,G} = \sum_{i=1}^{n} MRS_{X,G} \ (i=1,2,\cdots,n):$$

私人品X

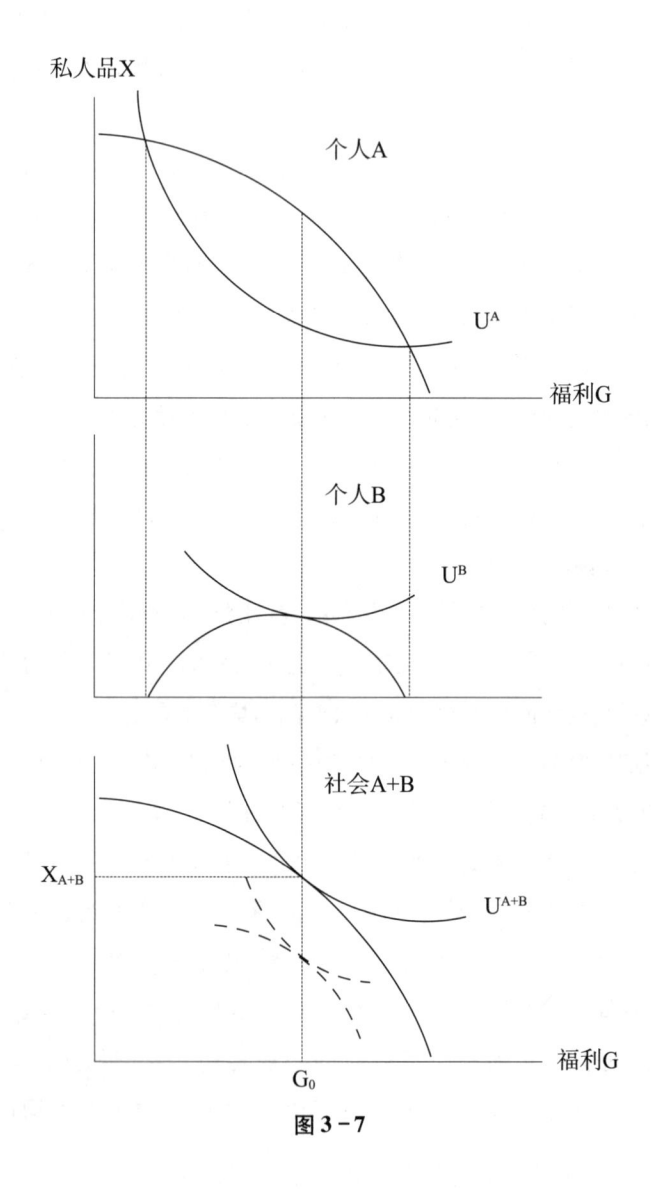

个人A

U^A

福利G

个人B

U^B

社会A+B

X_{A+B}

U^{A+B}

福利G

G_0

图 3-7

第二节　福利函数

阿罗(Arrow)的不可能性定理明确指出,通过民主程序的社会决策机制实际上很难作出正确的福利选择。因为:第一,没有完美的方法实施社会决策;第二,没有完美的方法来总计个人偏好,以期得出一个社会偏好。所以,如果我们想要找到一种较好的方法来汇总个人偏好,从而建立起社会偏好,我们就不得不放弃或暂时撇开社会决策机制,寻找新的途径。

一、社会福利函数:保障是福利的重要组成部分

假定在所有的配置方案中每个个人 i 都有一定的偏好,个人的效用函数就为 $U_i(x)$。从个人的价值判断上讲只要 $U_i(x) > U_i(y)$,即个人对 X 的效用函数大于对 Y 的效用函数,就表明个人 i 对 x 的偏好优于对 y 的偏好。然后,通过加总个人的效用函数,就可以从个人偏好得到社会偏好。换言之,通过加总上述 $U_i(x) > U_i(y)$,就可以得到:

$$\sum_{i=1}^{n} U_i(x) > \sum_{i=1}^{n} U_i(y) \quad (i=1,2,\cdots,n)$$

表明社会偏好配置 X 优于配置 Y,因为 n 代表了该社会的全体个人。但是,由于我们对效用表示的方法具有主观性,所以,社会效用函数对个人效用函数的加总,其结果也必然带有主观性。

由个人效用函数加总的函数,称之为社会福利函数。即:$W[U_1(x), U_2(x), \cdots, U_n(x)]$。显然,社会福利函数仅仅是给出了根据个人偏好来排列不同配置方案的一种方法。

社会福利函数等于个人效用函数的总和。以函数式表示为:

$$W(U_1, U_2, \cdots, U_n) = \sum_{i=1}^{n} U_i(x) \quad (i=1,2,\cdots,n)$$

该社会福利函数有时又称为传统的功利主义或边沁主义者的福利函数①。该函数表明了个人效用 U_i 之和 $\sum_{i=1}^{n} U_i (i=1,2,\cdots,n)$，构成了整个社会的福利 $W(U_1,U_2,\cdots,U_n)$。考虑到每个人效用量的差异，该社会福利函数还可以用权数的方式来表达②，即：

$$W(U_1,U_2,\cdots,U_n) = \sum_{i=1}^{n} a_i U_i(x) \quad (i=1,2,\cdots,n)$$

其中，权数 $(a_1,a_2,\cdots,a_n)$ 是指个人效用在整个社会福利中具有的重要性程度。a_i 取正数，所以社会福利函数实际上是以效用额及其个人享有的效用额份额来权衡的，即社会或者全体个人通过公共福利而得到的效用数量，构成了该社会的"福利函数"。

此外，还有一种令人感兴趣的福利函数，称之为最小化或罗尔斯主义③的社会福利函数，其函数表达式为：

$$W(U_1,U_2,\cdots,U_n) = \min(U_1,U_2,\cdots,U_n)$$

罗尔斯福利函数指出，社会福利的配置必须视个人福利的恶化状况或个人效用最小化而定。所以，罗尔斯函数关心的并非效用分布状况，而是反映了对处境恶劣的个人的效用水平的关心。既应根据处境恶劣的个人的福利去判断社会福利状况，又在次一级恶劣处境同数的场合，考察第三级恶劣处境的人们的效用状况。显然，罗尔斯福利函数注重区分人们不同的效用水平，更关心处境恶劣的社会成员。从社会

---

① 杰里米·边沁(Jeremy Bentham)(1748—1832 年)是效用学派的创始人，该学派认为最大的享受感就是最大的效用量。

② the weighted-sum-of-utilities welfare function，指该福利函数按效用量的大小作为权数来衡量福利水平的标准，而建立起来的福利函数。见 Hal R. Varian, *Intermediate Microeconomics*, Second Edition, ch.29, p.528。

③ 罗尔斯(John Rawls)是哈佛大学的当代道德哲学家，他竭力主张公平原则，否定功利主义以效用作为社会判断的基础，以自由作为公平标准，要求每一个人对最广泛的基本自由应当有同等的权利，这种自由应当与其他人的同样的自由相称。认为应根据处境最恶劣的人或集团的利益来判断事物的状态。

正义的角度,贯彻了差别对待的公平原则。

由庇古(Pigou)创立的早期的福利经济学,是以人际间可比性和基数福利假设为基础的,旨在通过制定理性的经济政策来改善人类福利。所以,它必然是谋求边沁主义者的个人福利之和最大,以期寻求全社会的最优资源配置。30 年代,罗宾斯(Robbins)以序数论者的姿态对庇古福利经济学之认识论基础发起严厉的批评,对福利经济学检验的科学可能性提出质疑,即如何检验个人 A 由状态 X 获得的福利是大于还是小于个人 B 由状态 Y 获得的福利。

为了改善福利经济学这种缺憾,部分经济学家引进了补偿准则,通过引入受益者与受损者之间的假设补偿支付(每项经济政策将不可避免地使某些人受益而使另一些人受损)[1]来扩展帕累托原则的适用范围。

伯格森(Bergson)和萨缪尔森(Paul A. Samuelson)则引入了社会福利函数。其出发点是,检验各种价值判断的逻辑推论,不必说它们代表的是谁的伦理观念,是否为经济学家普遍使用,以及如何产生。一个表示某种伦理观念的社会福利函数,只是在对可选择的社会状态能够作出完全的递推的福利判断的意义上,要求这种观念是理性的。所以,依照帕累托原则进行价值判断的社会福利函数,被称为帕累托社会福利函数,或功利主义的社会福利函数。

我们以个人偏好来解释并据此进行社会福利的配置,没有考虑每个个人的商品消费组合。但事实上,每个个人所关心的仅仅是自己的消费组合。假定以 X_i 表示个人 i 的消费组合,以 $U_i(X_i)$ 表示个人的效用水平,则社会福利函数可表述为如下形式:

---

[1] 此消彼长的事实表明,实际上并不存在本来意义上的可以直接运用帕累托(Pareto)原则的真实环境。

$$W = W(U_1(X_1), U_2(X_2), \cdots, U_n(x_n))$$

社会福利函数这种特定的表现形式是一种直接表现个人效用偏好的函数形式,不同于上述表现个人之"代理人"消费组合的间接表现个人偏好的函数形式。因此,社会福利函数的这种特定表现又被称之为个人主义的福利函数(Individualistic welfare function)或伯格森—萨缪尔森福利函数(Bergson-Samuelson welfare function)。如果每个代理人的效用仅仅来自于其个人的消费,那么,就不存在消费外部性。

帕累托效率配置与市场均衡之间具有密切联系:所有的竞争均衡点都满足帕累托效率配置的原则;反之,假定效用可能线为凸状时,所有的帕累托效率配置也都是竞争性均衡点。

二、福利极大化:并非多多益善

有了福利函数,就可以用其来检验和评价福利极大化问题。假定以符号 X_i^j 表示个人 i 具有商品 j 的数量,共有 n 个消费者和 k 种商品。那么,配置方案就成为每个消费者享有某种商品数量的排列问题。

如果我们拥有商品 $1, 2, \cdots, k$ 的总数为 $X^1, X^2, \cdots, X^k$,可用在消费者之间分配,我们就能够提出福利极大化问题为:

$\max W(U_1(x), U_2(x), \cdots, U_n(x))$,因而有:

$$\begin{cases} \sum_{i=1}^{n} X_i^1 = x^1 \\ \sum_{i=1}^{n} X_i^2 = x^2 \\ \quad \cdot \\ \quad \cdot \\ \quad \cdot \\ \sum_{i=1}^{n} X_i^k = x^k \end{cases}$$

建立这样一个模型的目的,在于试图找到一种切实可行的、能使社会福利极大化的配置方案。

福利极大化的图示见图3-8。U表示两人情况下的效用可能疆界,其边界线代表效用可能线,满足帕累托效率配置。在均衡点处,两人都获得了最大效用量。无差异效用线与效用可能线相切于均衡点。这似乎说明,社会福利只有在此点处才能获得极大化。

然而,从福利函数效用论"总和定级"的角度看,实际上效用可能线上任何一点处的福利函数,都能够满足帕累托效率配置,因而都是福利极大化配置。如图3-9,我们首先根据效用线与生产可能线的切点找到帕累托效率配置,并进而找到一组相应的等福利线(isowelfare curve)。如果效用分配的可能区域是一凸面形区域的话,那么该边界上的每一点,对于"总和定级"(weighted-sum-of-utilities)的福利函数讲,都是一种福利极大化。于是,福利函数就提供了一种寻找帕累托效率配置的方法,即每个福利极大化就是帕累托效率配置,而每个帕累托效率配置就是福利极大化。

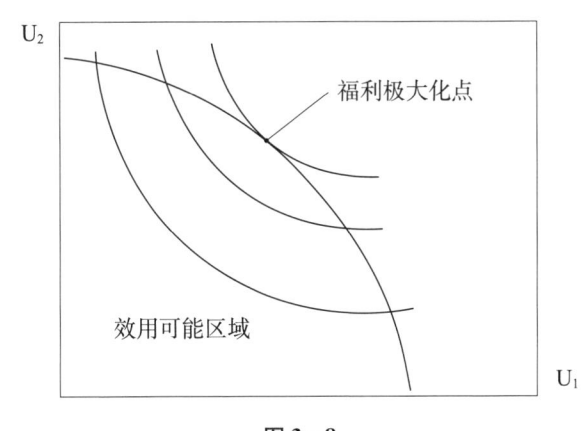

图3-8

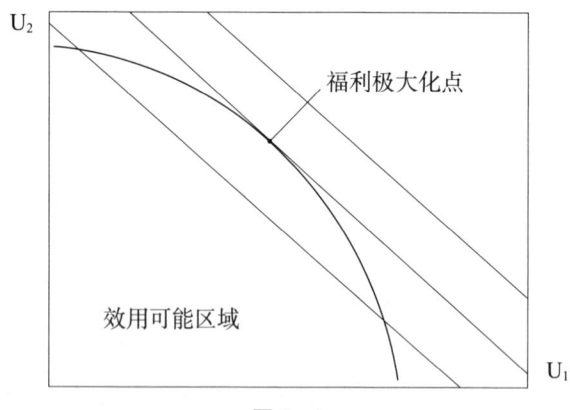

图 3-9

社会实践中,福利极大化的实现需要借助于社会福利政策才能真正落实,包括各级人民代表对各地区各阶层各部门人民群众意愿的表达,政府部门的计划决策体制,以及政策实施。社会保障显然是实现福利极大化的重要内容。①

$$\begin{bmatrix} 极大化:社会福利函数 \\ 约束条件:客观经济关系 \end{bmatrix}$$

$$\text{Max } W(x,y)$$
$$\text{s.t. } Y = f(x,s)$$

其中:x——政策变数,指税收、利率、支出等政府用于影响经济的政策变量;

y——标的变数,指政府设定的经济目标;

s——随机变数,指其他不可预计的变量;

w——社会福利函数。

$$X = [x_1, \cdots, x_m]; Y = [y_1, \cdots, y_n]$$
$$W(x,y) = W(x_1, \cdots, x_m, y_1, \cdots, y_n)$$

---

① 薛天栋:《现代西方财政学》,上海人民出版社 1983 年 5 月版,附录 1.2。

第三章　保障分配的福利机制　81

$$Y=f(x,s)$$ 以线性方式表示为：

$$\begin{bmatrix} a_{11}y_1 + \cdots + a_{1n}y_n + b_{11}x_1 + \cdots + b_{1m}x_m = c_1 \\ \vdots \\ a_{n1}y_n + \cdots + a_{nn}y_n + b_{n1}x_n + \cdots + b_{nm}x_m = c_n \end{bmatrix}$$

$$A = \begin{bmatrix} a_{11}, \cdots, a_{1n} \\ a_{n1}, \cdots, a_{nn} \end{bmatrix} \quad B = \begin{bmatrix} b_{11}, \cdots, b_{1n} \\ b_{n1}, \cdots, b_{nn} \end{bmatrix}$$

$$y = \begin{bmatrix} y_1 \\ \vdots \\ \vdots \\ \vdots \\ y_n \end{bmatrix} \quad x = \begin{bmatrix} x_1 \\ \vdots \\ \vdots \\ x_n \end{bmatrix} \quad c = \begin{bmatrix} c_1 \\ \vdots \\ \vdots \\ c_n \end{bmatrix} \tag{1}$$

故根据(1)可得：$AY+BX=C$ (2)

即：$Y = -A^{-1}BX + A^{-1}C$ (3)

若令： $-A^{-1}B = E \quad A^{-1}C = D$

代入(3)得：$Y = EX + D$

于是极大化问题为：$\text{Max } W(x,y)$

$$\text{s.t. } Y = EX + D$$

根据拉格朗日中值定理：$L = W(x,y) - \lambda'(Y - EX - D)$

$$\lambda' = [\lambda_1, \cdots, \lambda_n]$$

得到：

$$\begin{cases} \dfrac{\partial L}{\partial X} = \dfrac{\partial W}{\partial X} + E'\lambda = 0 \\ \dfrac{\partial L}{\partial Y} = \dfrac{\partial W}{\partial Y} - \lambda = 0 \\ \dfrac{\partial L}{\partial \lambda} = Y - EX - D = 0 \end{cases}$$

第三节 社会福利的分配

根据公共的适当选择,政府向全体人民提供社会保障及其各种公共福利,改善了人民的消费结构,增进了人民的福利水平,实现了社会福利极大化。但社会福利极大化的实现,须借助于一定的分配过程。

社会福利的分配,以及作为社会福利的一种特定形式——社会保障的分配,尚需解决公平及公平与效率的关系问题。

一、公平配置:福利分配的基本目标

福利函数仅仅是描述社会福利的一般方法。它只能一般地概括各种道义判断的共同特性,却无法用于决策哪一种道义判断是合适的。

另一种方法是进行一些特殊的道义判断,然后检验其对经济分配的影响,以实现公平配置。即首先必须找到一种分割一组商品的公平方法,然后对分割产生的影响进行经济分析。例如,有一定数量的商品要在 n 个人之间进行平等分割,究竟平等分割是公平的? 还是差别分割是公平的? 实际上,平等分配不一定符合帕累托效率。而且,只要人们具有不同偏好,他们就不愿意按等额原则分配。假定有 A、B、C 三个人,A 和 B 偏好相同,但 C 具有不同爱好。在等额分配条件下,若 A 与 C 进行交换,则 A 和 C 的福利均有改善,但由于 B 失去了与 C 交换的机会,就会产生对 A 的妒忌,也就是说他更偏好 A 交换得来的商品组合。显然,A 和 B 虽有相同的配置,但 A 却在交易中更加幸运,同时也打破了最初配置的均衡状态。

所以,如果没有人对他人商品组合的偏好胜过自己的商品组合,这种配置就是平等的。如果某些人 i 更喜爱其他人 j 的商品组合,就表明 i 妒忌 j。当然,如果一种分配既是平等的,又是符合帕累托效率的,我

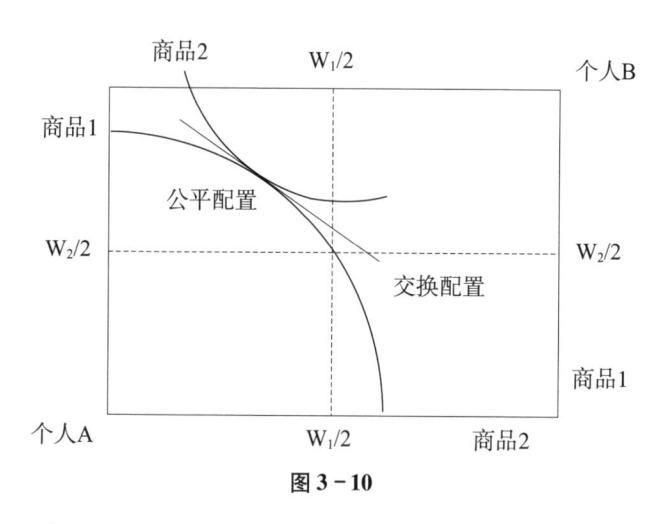

们就认为这种分配是一种公平配置。如图3-10所示,要辨别一种分配是平等分配还是非平等分配,应视两人交换商品组合的结果而定。如果该交换配置的曲线位于每个人的无差异,曲线之下,那么原配置就是平等配置。

图3-10的配置不仅是一种平等配置,还是一种帕累托效率配置,因而就是一种公平配置。但这是不是一种侥幸得到的配置结果,或者说,这种配置是不是公平配置典型的存在形式呢?如前所述,假定仅有平等份额的配置而无帕累托效率配置,那么在竞争市场的机制作用下,经过交换过程,必然会产生一种新的配置状况,即每个人都支付均衡价格(P_1,P_2)选择了自己最佳的商品组合,其结果也必然是一种帕累托效率配置。但经过交换过程的效率配置是否仍然平等呢?设若不是,就表明消费者A妒忌消费者B,A对B消费组合的偏好超过对自己消费组合的偏好。

即:$A(X_A^1,X_A^2) < A(X_B^1,X_B^2)$

尽管A更偏爱B的商品组合,但A自己的消费组合在其能够支付的价格(P_1,P_2)下仍然是一种最佳的商品组合。这意味着B的消费组合之成本高于 A 的支付能力。

即：$(P_1X_A^1 + P_2X_A^2) < (P_1X_B^1 + P_2X_B^2)$

显然,该结论是自相矛盾的。A 和 B 的消费组合既然都来自于平等分割,A 和 B 就应具有相同的消费或支付能力。更确切地讲,如果 A 无法支付 B 的消费组合,B 也同样无能力支付 A 的消费组合。所以,在竞争市场的环境下 A 不可能妒忌 B。由平等分割产生的竞争性均衡,必然是公平配置。概言之,由于市场机制的作用,使得只要初始分配是平等的分割,最终配置也必然是公平的。

二、平等与效率的替代:遗憾的现实

所谓平等是指社会成员收入的均等化,因而仅指收入份额的平均分配,排除了道义和社会分配的贡献标准或者家庭赡养系数等其他因素。所谓效率就是指社会资源的有效配置。按公平配置的准则衡量,只有同时实现了平等分配和效率配置,公平配置才真正得以实现。然而,在经济实践中,平等分配和帕累托效率并不是始终统一的。实际上,平等分配与帕累托效率在许多情况下存在着矛盾。如市场根据经济效率向生产要素供给者提供报酬,这些报酬构成了人们的基本收入。为保持经济效率,维护市场机制运行,促进经济增长,报酬支付实行"按劳分配",即"多劳多得,少劳少得,不劳动者不得食"。贡献——劳动质量和数量成为要素支付的唯一标准。(要素支付还实行"按资分配",多提供资本者,多得回报,也是一种效率准则)很显然,要素报酬的分配按效率准则而非平等准则进行配置。在另一些情况下,如社会保障中的生活救济,基本保健等福利保障措施,虽然有助于基尼系数的改善,有助于低收入、无收入者的生活处境变好,但却有阻碍和损害效率之嫌。可能会出现失业者不努力寻找工作,过于挑剔职业,甚至于"自愿失业",或者无病呻吟、小病大养等情况。

平等与效率之间的矛盾实际上表明了平等与效率存在一种替代关系,即取平等不得不舍效率,舍平等才有可能取效率。因而,就福利提供而言,存在一种对各福利项目或一个项目是否必要进行平等与效率的权衡或选择。这种权衡或选择,有时不仅仅是针对平等和效率的相对重要性,而且还与两者之间的转换关系有关。也就是要考虑和权衡损失多少效率才能使一些项目的收益分配结构发生变化,即使该项目支出的分配结果更具平等性。或反之,牺牲多少平等才能使该项目的支出取得既定的效率成果。

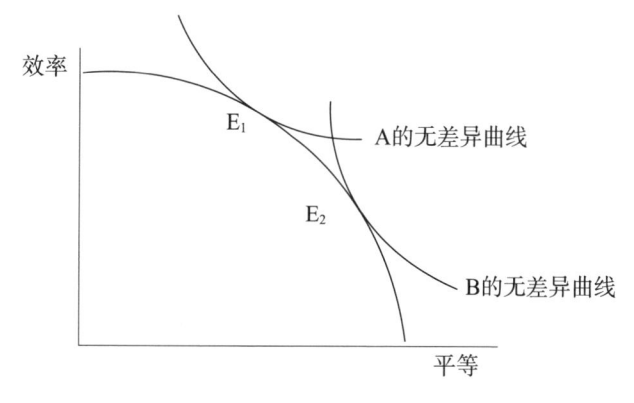

图 3-11

假定效率与平等表现为如图 3-11 之替代关系,该社会的两人 A 和 B,对效率与平等的权衡有不同的观点和选择。相比之下,A 不愿意牺牲较多的效率来换取平等,因而选择 E_1 点为最优点。但 B 较愿意放弃一定的效率来取得更多的平等,因而选择 E_2 点为最优点。所以,图 3-11 表明了各人对平等与效率的转换关系,或相对重要性有着不同的认识。而正是基于这种不同的认识,A 和 B 对平等与效率的组合产生了不同的选择。其隐含的前提是:不是牺牲了一定的平等来换取效率,就是舍弃了部分效率以谋求平等。所以,A 的最优点处于高效率少平等,

B 的最优点处于低效率与多平等。

而对平等效率转换性质的不同判断则如图 3-12 所示。A 认为要得到一点平等,必然会损失很大的效率。所以,他所认定的转换曲线比较陡峭。在 A 看来,得到的边际平等所花费的代价,即减少的边际效率太大,无法承受。宁可少一点平等,多一点效率。相反,B 认为只需损失不太大的一点效率,就可以得到较多的平等,所以,他所认定的转换曲线比较平坦。对 B 来讲,得到的边际平等大大超过所损失的边际效率,即增加的边际平等很大,愿意放弃一点效率,而换取更大的平等。

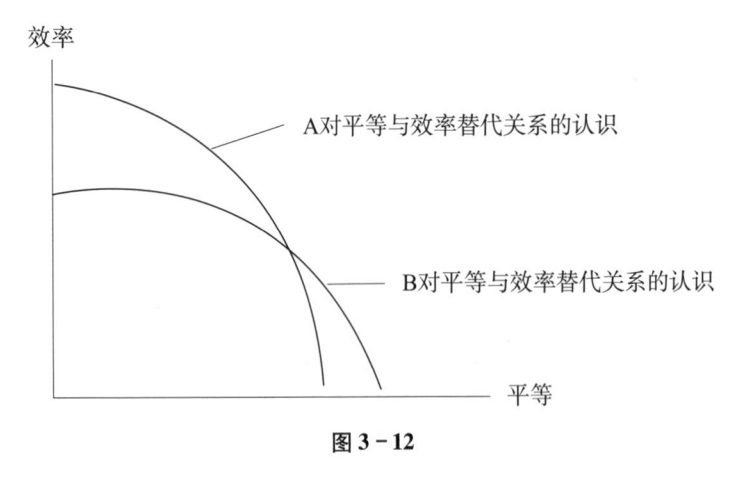

图 3-12

从政府的角度看,只有正确处理平等与效率的关系,才能有利于经济和社会的稳定和增长。多元化的政府目标,必然要求政府须谨慎兼顾平等与效率两个方面。

具体讲,政府分配过程中必须区别不同的分配形式及其性质,才能作出效率优先或平等优先的抉择。一般地,以下几个因素是不能被忽略的:

(1)属于市场机制作用的范围,其分配必须服从市场规律,以竞争为导向,以贡献为标准,适者生存,强者发展。如对生产要素提供的支付,须按要素提供的内容,包括数量和质量进行。其效率优先是毋庸置疑的。例如,对个人消费品的分配,只能以劳动数量和质量为唯一标准。对少得者,甚至是未得到者和生活无法保证者,至多是表示道义上的同情,而无法支付。政府对此类性质的分配,虽然可有调控作用,但其调控的目的仍在于维护市场机制;

(2)对一些市场无能力或不能覆盖的分配方式,如社会保障,则应以道义为导向,以基本生活需要为标准,在财力允许的范围内,以平等优先。如不论对象的能力和失业原因,只要他们确无生活来源,又暂时无法提供劳动,就给予一定的物质生活支持;

(3)平等是相对的。在份额平等和绝对数额平等的情况下,可能由于接受者的状况不同,如医疗保障因各人身体健康水平不同,而有可能出现不平等。而若按需要提供的平等,却又可能引致福利损失——过多享受,产生不平等;

(4)效率本身意味着平等,或者说是一种更高级的平等,我们称之为公平。事实上,公平也好,平等也好,其"公平"和"平等"分配的实现,归根结蒂要依赖于一定的物质保证。显然,只有高效率才能创造出更多物质财富,只有充裕的物质财富,才能为公平和平等分配提供可靠的物质保证和物质基础;

(5)市场机制创造的效率并非完美无缺。例如,市场中,人们占有的劳动手段,拥有的自然资源,获得的劳动机遇有所不同,必然是有的效率高,有的效率低。先进入的效率高,后进入的效率低。又如,人们天生的劳动能力存在很大差别,智力的差别和体力的差别都会产生不同效率,但并不是他们不努力、不勤奋造成的。以此按劳分配不能体现人的基本权利要求。再有,市场机制本身有时并不能做到真正的按劳分配。因为,市场对要素贡献大小的计量不一定十分准确,特别是对"质量"的计算,有时存在较大的误差。

总之,政府必须正确解决平等与效率的关系。在市场经济中,注重市场效率优先。对政府矫正市场缺陷的分配,则有理由平等优先,在平等的条件下,兼顾效率。

三、福利国家:美好的向往

福利国家是指国家有意识地运用政治权力和组织管理的力量,在某些领域,主要是分配领域中,减缓市场机制作用的范围,矫正市场机制在对无劳动能力者分配方面无能为力的缺陷,从而为一部分特殊的社会成员提供物质生活帮助。福利政策是市场经济中国家干预市场的一种形式,尽管福利国家存在排斥市场效率的一面,但更重要的,则是福利国家对市场机制的矫正和补充。其作用主要表现在三个方面:

(1)保证个人和家庭的最低收入,而不管他们是否具有劳动能力,是否具有财产,以及财产的市场价值如何,特别是对无劳动能力也无任何财产收入者;

(2)使个人和家庭能够应付生病、年老和失业等"社会意外事件",以期减少个人和家庭的不安全感,使人民获得更大的"身心健康";

(3)保证在一定的社会服务领域范围内向所有公民提供所能得到的最好服务,而不管他们具有的社会地位和收入水平如何。

显然,福利国家意味着以公民权利为基础,国家对所有个人的福利负责。按国际劳工组织的标准,福利国家应包括对个人和家庭的所有现金津贴,如社会保险、社会救助和一般津贴,以及公共卫生服务。而实际上福利国家的范围已逐步拓展到公共教育、非商品的福利住房制度及其他社会服务方面。

福利国家的理论基础大致可分为两种,即集体选择理论和现代化现论。①

---

① 《新帕尔格雷夫经济学大辞典》,经济科学出版社1992年6月版,第4卷。

集体选择理论把政治学应用于对福利国家的分析,从而认为福利支出的普遍增长是基于这样一些原因:选举中的政治竞争,为谋求选民支持;税收对选举人的行为缺乏一种成本制约,选举制度不甚合理;政府之外利益集团如工会和行业公会的压力。由于这些因素的影响,福利支出的增长势必超过税收资源的增长。

现代化理论则把福利国家解释成是对现代化经济结构和现代化社会结构要求的一种反应。经济发展日益扩大劳动分工和社会分工,削弱了过去由家庭和社会团体承担的"安全功能"的基础,从而把安全功能转交给政府。因而,对社会进步和现代化而言,政府承担安全保障的责任是社会现代化发展的必然。所以,社会越是走向现代化,福利国家制度就越来越获得完善。

两种理论都成功地阐述了福利国家几十年来迅速发展的原因。但前者——集体选择理论似乎并未说明为什么在同样政治制度的国家间,其福利制度包括福利提供的规模、范围和内容,仍然存在很大差异。而后者——现代化理论也未说清在现代化进程大致相同、现代化程度大致相同的条件下,为什么有的国家很早就实行了某项社会保障或其他社会福利项目,如德国1883年就实行了国民卫生保险,而其他国家却实行得很晚。

无论如何,福利国家是社会保障制度得以发展的基本前提,社会保障又是福利国家的基本内容。福利国家的浪潮把西方工业化国家的战后社会保障制度推到了"人人皆年金,人人皆保障"的"从摇篮到坟墓"的状态。1945年英国先后通过了《国民保险法》《国民健康法》等社会福利法案,标志着福利国家式的社会保障制度以立法形式基本建成。1948年瑞典对老年保险放弃社会保险和社会援助方式,实行普遍年金制度。接着挪威、丹麦、芬兰亦于50年代中期仿效瑞典完成了改革,建立了福利国家制度。其他西欧国家也纷纷扩大社会保障范围,增加社会保障项目,提高保障支付水平。

与此同时,社会保障制度在苏联和其他东欧社会主义国家中也取得了明显的发展。60年代,苏联把老年社会保障的范围由城市扩展到集体农庄的社员。70年代,集体农庄社员已经可以与城市工厂、机关职工享受相同类型的年金并适用同等的资格条件。波兰1947年建立了家庭津贴计划,匈牙利1957年建立了失业保险计划。我国也在1951年颁布了《劳动保险条例》,开始在城市一部分职工中实行社会保险。

总之,"在50年代、60年代期间直到70年代,那种对社会保障扩展所具有的广泛一致的赞同观点,是建立在经济发展的基础之上的"。"从受益者的观点出发,社会保障真正有价值的成就在于增大了它所提供的保护范围"①。综观福利国家的保障政策的特点,大致可概括为:普遍性,即保障提供面广泛,内容大致相同,其中主要是养老、工伤、失业、疾病和社会救助;特殊性,即不同经济制度的国家,其社会保障制度有较明显差异,基本形成了市场经济国家和计划经济国家两大派系;强制性,即国家通过法律建立社会保障制度,对基本保障项目尤其是养老和医疗实行强制保险,以分担国家负担。

四、"福利病":福利国家的困惑

半个世纪以来,社会保障连同其他社会福利,在世界各国普遍获得了快速发展。特别是在西方工业化国家,以美国1935年颁布"社会保障法"为标志,大幅度提高国民福利水平,完善社会保障制度。50、60年代以后达到了顶峰状态,形成了以社会保障为基本内容的完整的社会福利制度。

---

① 国际劳工局:《展望21世纪:社会保障的发展》,劳动人事出版社1988年版,第7页。

然而,伴随着社会保障制度的不断完善和社会福利水平的迅速提高,西方国家自70年代后期开始,出现了一些高福利下的新矛盾。其大致表现在两个方面,即财力上的沉重负担和经济上的低效率。由于以瑞典为代表的北欧国家福利制度最为完善——"从摇篮到坟墓"而无所不包,因而其矛盾的表现也较为严重。人们将这种由高福利、全过程保障引出的新问题,称之为"福利病"或"瑞典病"。

首先,从高福利引起的财力需要考察。长期高福利的结果是经济承担越来越大的压力,政府预算包袱沉重,财政收支难以平衡,通货膨胀严重。其主要特征是社会福利和社会保障开支的增长快于同期整个经济的增长幅度,从而使经济不堪负担。从社会福利迅速增长的内容看,养老保障、医疗开支和失业救济又是社会保障支出不断扩张的基本原因。

(1)随着工业化的进程,人类寿命普遍提高,加之人口增长和提前退休的因素,各国政府用于养老的社会保障开支显著增加,成为保障开支的一项重要内容。90年代以后,日本65岁以上老年人口占总人口的比重达到12%。美国1980年就达到了11.2%,瑞典1980年达到16%,1990年达到16.8%。德国就业者与退休者比例约为1∶0.5。事实上,各国平均寿命大幅度提高,必然使得保障制度赡养的老年人口增加,公共福利用于养老的保障开支加大。

(2)为提高人类健康水平,公共福利用于医疗保险的费用,有大幅度增加。而且医疗费用支出与人口老龄相互支持,又进一步推动了医疗费用的上升。这是由于,医疗状况的改善有助于人口寿命增长,人口老龄化加剧,养老保障支出增加。反之,人类寿命延长,老龄人口比例提高,长寿后对医疗保健费用的需求也逐步递增。瑞典1982年公共部门的社会福利开支中,医疗保健的费用占至35%。医疗保健占国民生产总值的比重1970年为7.3%,1975年8.0%,1979年达到9.5%。美国的健康和医疗项目1990年占社会福利总支出约6%,占国内生产总值1.1%,但其绝对数额仍然达到了624.3亿美元。

(3)经济不景气,失业队伍扩大,使得社会福利用于失业救济的保障支出居高不下,成为影响社会安定的主要保障支出项目之一。经历了30年代的经济大萧条之后,在凯恩斯扩张主义的国家干预下,西方工业化国家受50、60年代石油危机的冲击,欧美各国相继出现了较高的通货膨胀,及通货膨胀下经济增长缓慢和高失业率并存的"滞胀"情况。1993年除东亚和东南亚失业率较低为2.3%以外,拉美国家平均为7%,西方发达国家高达8%。英国1993年3月失业人数将近300万人,美国更是达到900万人,西班牙约4个劳动者中就有1人失业。失业率较低的瑞典也达到7%。西欧国家1993年平均失业率超过10%。非洲一些地区更是高达20%—25%[1]。失业率居高不下,失业人口不断"壮大"的结果,迫使政府从维护社会安定、保障人民基本生活需要出发而增加失业救济费。1980年瑞典共支付失业救济金1730.700万克朗,每月平均领取失业现金救助金的人数达到26416人,为1975年的两倍强[2]。

其次,从高福利产生的经济影响考察。公共福利的提供,并非多多益善。无所不包的全过程社会保障,特别是当社会保障的提供超过了其客观的"度",带有甚至是较大的"享受"色彩时,高福利就会对经济产生负面作用,从而导致经济低效率,降低劳动热情,福利资金浪费等等。不仅有福利损失,而且有经济低效率。一般讲,在高福利政策运用的同时,政府总要辅之以高税收政策,以便通过高税率为国家筹备充裕

---

[1] 十国社会保障改革项目课题组:《社会保障制度的国际比较》,载《经济学动态》,1994年第8期。
[2] 黄范章:《瑞典"福利国家"的实践与理论》,上海人民出版社1985年版,第62—63页。

的资金,作为高福利公共支出的物质基础。因而,越是实行高福利的国家,宏观税负水平通常也越高。例如,瑞典个人所得税最高边际税率为85%,这必然严重挫伤个人劳动积极性。请假缺勤、小病大养、无病呻吟,出现了高福利下的福利型大锅饭。

高福利政策犹如一个巨大的"黑洞",大量的财力填进去却永远无法填满,"黑洞"对财力的消耗大、无止境,虽然有助于平等分配,缓解收入差异,有助于社会安定,实现人道主义原则。但高福利具有天然刚性特征,易上难下,往往成为政府财政赤字的重要原因,高福利国家政府"苦不堪言",面临难以为继而改也困难的两难选择,福利国家事实上已是进退维谷。所以,作为发展中国家,我国在设计和健全社会保障制度的过程中,一定要汲取高福利国家的教训,量力而行。保障规模、范围和体制必须与经济发展水平相适应,不可追求"大而全",防止患上"福利病"。

第四章　社会保障对资源配置的影响

收入分配比较多地从公平的角度研究社会各阶层的经济利益,而资源配置则比较多地从效率的角度分析经济的运行。公平与效率的相互替代始终是经济的一个重要关系。

社会保障制度以其特有的方式介入经济效率,从而产生资源配置的效果。保障制度影响储蓄率,继而制约经济的投资能力,改变资本积累速度。"人们普遍认为提供社会保障减少了用于退休的储蓄,储蓄减少的结果导致资本积累的减少,这可能会严重影响到生产率的增长。""支持社会保障的人虽然承认在理论上存在社会保障挤压储蓄的可能性,但是怀疑这种挤压在数量上的重要性。"[①]保障制度也必然会对劳动供给产生一定的影响作用,可能诱使一部分低收入者提前退休,或者使一些贫困者不愿立即参加一些低收入的工作等等。但保险征税和保障支付的效果并不一样,而且,探索中的负所得税制有利于分别逐步克服社会保障制度传统机制中的某些不足,而使之进一步趋于完善。

第一节　对储蓄和投资的考察

从微观的角度看,储蓄是指未耗用的、可供贷给资金短少者的货币收入。储蓄既是一种个人经济行为,也是整个经济运转的一种结果。

---

① Joseph E. Stiglitz, *Economics of the Public Sector*, Ch.13, pp.341—343.

个人储蓄的目的主要在于耐用消费品的享用,谋求一生效用最大化,然而,每个人储蓄可以汇总成"宏观储蓄"。虽然"宏观储蓄"不一定等于个别储蓄行为相加,但个人储蓄汇总之后,总是可以形成一个长期"沉淀"的储蓄额,成为"宏观储蓄"数额,为社会积累提供货币资本的条件。正是从这个意义上,储蓄成为了投资的条件。

投资是资本形成的源泉。企业、政府、非营利公共团体和家庭都要进行投资,而且投资既包括有形资本,也包括无形资本和人力资源的获得。从经济增长的观点看,投资的绝对数量必须超过现有资本的损耗,以便在简单再生产的基础上实现社会扩大再生产。而资本投资的相对数量,就取决于我们对现期消费与远期消费的偏好或价值取向,也受到生产函数的制约,即增加的资本能够真正变成增加未来产出的条件。投资作为对储蓄的积极运用,对社会进步和经济增长具有决定意义。

社会保障与储蓄和投资具有密切联系。社会保障运行的全过程——从资金筹集,到资金储存、增值,以及资金给付,都会从各个方面对储蓄和投资产生影响。

社会保障对储蓄的影响,首先是资金筹集影响。保障资金的筹集,无论是采取税收形式,还是采取基金征集形式,或是实行现收现付的成本列支,都具有减少个人和企业收入的效果,从而影响个人和企业的消费倾向和储蓄倾向。一般地,税收和基金对个人收入及储蓄的影响较为直接。但若实行成本列支或列为营业外支出,则对储蓄行为的影响比较间接。

其次是社会保障资金的储存过程或积累过程会对储蓄产生更为直接的影响,或者说累积资金的储存过程本身就是储蓄的过程。

最后是社会保障资金的支付会对储蓄产生影响。保障资金的支付,从基金储存看,减少了基金数额,增加了一部分公民的货币购买能力,促进了消费增加。

当然,社会保障不是决定储蓄的直接因素。直接决定储蓄的主要因素是收入水平、消费倾向和利率。但社会保障可以通过影响这些要素而对储蓄产生一定效应。"社会保障对整个经济的总储蓄具有显著效应。"①

社会保障不仅影响储蓄——通过储蓄影响投资,而且也直接地影响投资。这种直接影响主要是通过社会保障基金在储存过程中积极参与投资,成为影响社会总投资重要因素而表现出来的。当然,由于社会保障基金在一定期限之后要支付给个人,因而对保障基金的投资周期有所限制,要求基本没有风险,即在保值的基础上力求增值,难以追求风险大但利润高的投资项目。

一、收入水平、消费倾向与储蓄

决定个人和家庭进行一定数量储蓄的动机多种多样。以凯恩斯的观察,决定储蓄的动机主要是"谨慎、远虑、计算、改善、独立、企业、自豪与贪婪"②,描绘出储蓄者的不同心态和目的。萨缪尔森也认为"个人企图储蓄的理由是各色各样的","他想为老年的生活或将来的开支作准备。或者,他可能具有不安全的感觉而未雨绸缪。或者,他可能希望给他的子孙留下遗产。或者,他是一个年高80而没有后代的守财奴,为积累而积累。或者,保险公司的代理人曾经说服了他,使他签订了一张储蓄的契约。或者,他可能想到较多的财富所带来的权力。或者,节俭可能仅是一种习惯,几乎是一种条件反射,其根源连他自己也不知道。"③

---

① 凯恩斯:《就业、利息和货币通论》,徐毓枬译,商务印书馆1964年版,第94页。
② 阿特金森、斯蒂格里茨:《公共经济学》,蔡江南译,上海三联书店1992年2月版,第76页。
③ 萨缪尔森:《经济学》,高鸿业等译,中国发展出版社1992年第12版,第229页。

但无论储蓄的动机如何,储蓄对经济成长的积极作用都是十分确实的。可以说,没有储蓄,就没有投资的物质基础。18世纪初产业革命时期,资本主义的发展遇到资本不足的困难,储蓄研究与资本形成相联系,讨论储蓄增加能否加快资本积累。19世纪,资本主义世界出现资本品和消费品的相对过剩,储蓄理论转向研究储蓄的数量适度问题。20世纪30年代,资本主义世界的普遍性经济危机出现后,凯恩斯又把储蓄与有效需求不足的问题联系起来,引起储蓄与投资恒等问题的争论。近几年来,伴随着西方经济的不景气,储蓄又成为如何促进经济增长的主要话题之一。

凯恩斯在其名著《就业、利息和货币通论》中,依据其心理法则提出了消费函数,指出消费随收入增加而增加,但消费增加的速度会比收入增加的速度减慢,即边际消费倾向递减。但美国经济学家库兹涅茨经过对美国几十年个人实际消费情况的考证,却认为从长期讲,平均消费倾向相当稳定,并未表现出明显的递减倾向,他认为,长期消费函数应为:$C=Ky$。

对此,斯密西斯(A. Smithies)[1]指出,短期消费函数与现行收入之间具有非比例性,也许消费会呈递减倾向。但由于长期消费函数性质上不同于短期消费函数,除受收入因素影响外,还会受到生产发展、人口向城市集中、人口老龄化、基本消费水准提高等可能增加消费支出的各种条件的影响,这些条件可以促进消费增加而弥补消费倾向的下降,故长期消费函数与收入水平之间有可能保持同库兹涅茨所描述的等比例关系。杜森贝(J. S. Duesenberry)[2]认为,凯恩斯消费函数所认定的

---

[1] 斯密西斯:凯恩斯主义者,曾执教于密执安大学和哈佛大学,曾任《经济学季刊》主编,博学多才,1957年发表"经济波动与增长"的论文。

[2] 杜森贝:美国当代著名经济学家。1949年他在《收入、储蓄和消费行为理论》一书中,提出相对收入理论。

每个人的消费行为不受他人消费行为影响,收入下降与收入增加引致的消费变化相同,是不合理的。这两个假设的认定条件,事实上忽略了社会因素和心理因素对消费的影响。杜森贝把社会因素和心理因素引入个人消费函数,分析了消费品质量对消费行为的影响,及他人消费行为对己消费行为影响的示范效应。所以,"在现实生活中,就任何人来说,在既定收入下总存在两种趋势:一是有要求增加支出改善现行生活水平的趋势,二是有增加储蓄以期在未来获得收益的趋势。储蓄正是这两种趋势互相斗争的结果。""在人们的消费行为中还存在着一种消费的互相模仿和攀比现象。在社会交往过程中,低收入家庭总是留心高收入家庭中那些被认为是优越的东西,并希望自己也有这些东西。于是,低收入家庭便对过去习惯消费的商品和自己所处的地位感到不满足,并可能增加支出来消除这种不满足。"[1]因而,他认为,在长期内储蓄率是稳定不变的,因为决定储蓄率的收入、利息和预期等因素的变化非常缓慢。而短期内决定储蓄的主要因素是收入,即短期储蓄随收入增减而变化。

弗里德曼则认为,个人可支配收入应分解为持久收入和暂时收入。持久消费应是持久收入的一个常数比例,具有稳定性,不随现行收入水平变动。暂时收入与暂时消费具有不相关性。即一个家庭或个人临时出现的收入不会提高消费水平,这部分意外收入(或意外负收入)会形成等量储蓄(或负储蓄)。

美国经济学家弗朗科·莫迪利亚尼(F. Modigliani)[2]则把个人的终生收入与其生命周期结合起来,讨论影响储蓄行为的各种因素。他

---

[1] 周延军:《西方金融理论》,中信出版社1992年12月第1版,第231—232页。
[2] 弗朗科·莫迪利亚尼因储蓄生命周期理论而荣获1985年度诺贝尔经济学奖。

认为,储蓄是资本供应的源泉,资本是支配劳动生产率及其增长的主要动因。显然,正是由于储蓄成为资本供应的源泉,而使得储蓄成为促进社会进步的力量。莫迪利亚尼提出储蓄的变化与个人的生命周期具有紧密联系,而不仅仅取决于个人的本期收入或人均收入。他将人生分成未成年期、成年期和老年退休期共三个阶段,分别以 t_1、t_2 和 t_3 表示。显然,t_1 和 t_3 期的消费大于收入,不仅没有储蓄可言,而且会动用储蓄(储蓄为负数),只有在 t_2 阶段,收入才大于储蓄,有现实储蓄。如图4-1所示:

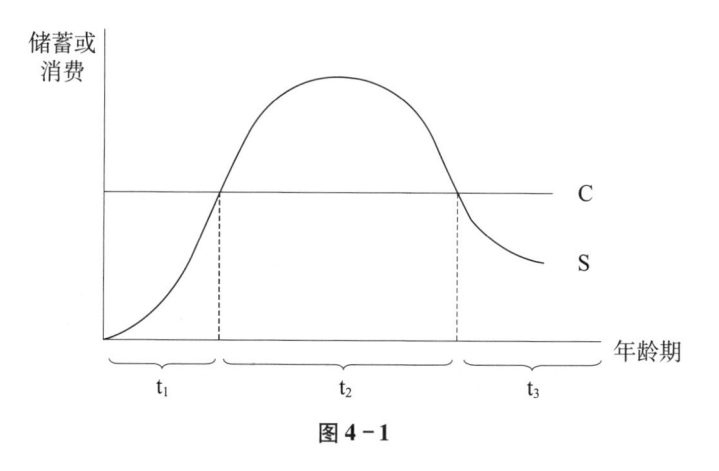

图 4-1

C 为消费曲线,S 为收入和储蓄曲线,在 t_1 阶段和 t_3 阶段,储蓄为负数,t_2 阶段储蓄为正数。个人储蓄曲线是峰状形态。因而,个人储蓄以其生命周期的消费规律为基础,取决于其终生收入。

现实经济中,储蓄的变动还会受到利率的影响。由于利率是储蓄者提供资本的收益,因而,当货币利率较高时,资本收益就会增加,也就是说个人消费的机会成本加大,居民就会相应减少消费,增加储蓄。但若进一步从宏观经济运行的全局考察,高利率会使得生产者(企业)增加投资和经营成本,而缩减生产规模,其结果导致了居民收入水平的下降或失业增加,购买力减少。在经济不景气阶段,有可能加重经济萧条,使市场进一步疲软。

二、储蓄函数

储蓄是收入与消费的剩余。因而,储蓄函数无论是在收入不变条件下,还是在收入增长条件下,都与消费函数直接发生联系。若以 APC 表示平均消费倾向或消费倾向,以 MPC 表示边际消费倾向,以 ΔC 表示消费增量,以 ΔY 表示收入增量,则有:

$$APC = C/Y$$

$$MPC = \Delta C/\Delta Y$$

从短期看,消费与收入之间大致有四种可能关系:

(1) 消费与收入相等,或者说个人全部收入都用于消费,无任何剩余,即 $C=Y$。因为:$APC=C/Y$,所以,$APC=1$。

(2) 消费大于当期收入,为弥补收支平衡,保证消费需要,不得不动用储蓄。这种情况下,消费倾向大于1,即 $APC>1$。

(3) 消费额小于当期收入,因而,当期收入有可能划分为两个部分,一部分用于满足当期消费需要,另一部分用于储蓄,以便为以后消费或以丰补歉作准备。由于 $C<Y$,$APC=C/Y<1$。

(4) 在许多情况下,收入增加引起消费水平提高,消费支出的绝对数额增加,但一般消费支出的增加速度会小于收入的增加幅度,即 $\Delta C<\Delta Y$。因而,在收入增长和消费增长的过程中,往往存在边际消费倾向小于1的状况,$MPC<1$。同时,尽管边际消费倾向递减,但边际消费的绝对数额又在不断地随收入增长而增加。所以,不仅是 $MPC<1$,而且是 $0<MPC<1$。

图 4-2

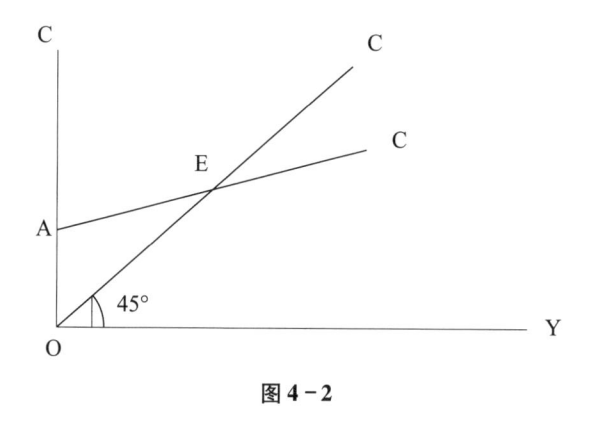

如图 4-2,横轴 OY 表示收入,纵轴 OC 表示支出或消费,45°线上任何一点均 C=Y,表示均衡收支。实际的消费曲线 AC,与均衡收支线相交于 E 点。显然,E 点之前,消费额大于收入额,有负储蓄或动用储蓄。E 点之后,收入额大于消费额,其差额可用来储蓄。

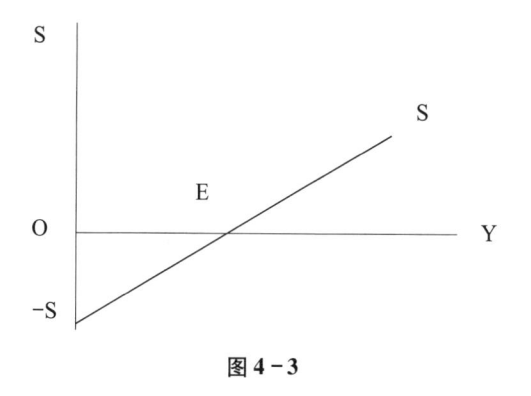

图 4-3

影响储蓄的因素很多,有收入,有消费,也有利率和心理等其他各种原因。所以,储蓄函数是多变量的依存关系。即 S=f(Y、C、I、x)。但决定储蓄的最主要因素,却是收入水平。其他条件如果不变,储蓄随收入变动而同方向增加或减少,呈正相关状态,即 S=f(Y)。其曲线如图 4-3 所示。横轴 OY 表示收入及增加方向,纵轴 OS 表示储蓄及增加方向,O 以下代表负储蓄。储蓄曲线 S 与收入 OY 交于 E 点。表明 E 点之前为负储蓄,E 点之后才有收入剩余用于储蓄。

设平均储蓄或储蓄倾向为 APS,则由于消费倾向为 APC,所以,APS=S/Y=1-APC。相应地,边际储蓄倾向表示储蓄增量 AS 与收入增量 ΔY 之间的关系,MPS=ΔS/ΔY=1-MPC。

总起来讲,因为 Y=C+S 或 S=Y-C

$$\Delta Y = \Delta C + \Delta S \text{ 或 } \Delta S = \Delta Y - \Delta C$$

又由于　　APC=C/Y,APS=S/Y

所以　　APC+APS=C/Y+S/Y=1

相应地　$\begin{cases} MPC = \Delta C/\Delta Y \\ MPS = \Delta S/\Delta Y \end{cases}$

所以　　$MPC + MPS = \dfrac{\Delta C}{\Delta Y} + \dfrac{\Delta S}{\Delta Y} = 1$

图 4-4 表明了储蓄与收入和消费之间的相互依存关系。如果没有收入,消费的基本需要 C。只有在动用储蓄 $-S_0$。的情况下才能做到。O-E 点之间的收入,不足以弥补消费水平,始终为负储蓄。E 点之后,收入逐渐超过消费,因而才有了储蓄。假定收入水平达到 Y′数量时,其消费为 C′,C′=C_0+MPC·Y′,其储蓄为 S′,S′=$-S_0$+(1-MPC)Y′,如图所示,对应于 Y′,有 Y-C=S。

在特定的经济体制中,如果个人不执行资本积累的职能,将其完全交给公共部门,个人不需用个人收入购置资产,那么,社会积累就有可能在没有个人储蓄的情况下进行。从社会保障体制来看,如果积累完全交给公共机构或公共部门,相应地,个人作为劳动者退休后的消费,也可以从管理体制上交给公共部门担负。也就是说,个人可以不必为退休后的消费而建立储蓄。这一事实,实际上已经在我国过去统收统支的计划分配体制和现收现付社会保障体制中得到了证明。"社会负

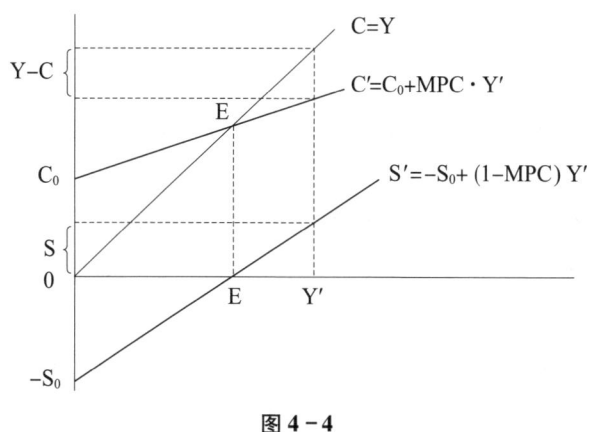

第四章 社会保障对资源配置的影响 103

```
         C=Y
Y-C {    C'=C₀+MPC·Y'
      E
C₀       S'=-S₀+(1-MPC)Y'
S {
 0    E  Y'
-S₀
```

图 4－4

责资本积累,也就要负责养老","而在养老金本身也由社会支付的前提下,个人原则上也就不必为未来退休后的消费而进行储蓄"[①]。但是,即便个人既无储蓄的必要,又无储蓄的动机,自愿储蓄仍会客观存在,因为:"1.若计划者不能充分地获得一切个人的偏好结构的信息;2.若分配比例、投资计划和养老金计划因信息不全和计划不科学而未能与人们的偏好结构相适应;3.在经济运行过程中,实际的分配比例和积累比例并不能按照社会最佳比例进行,那么,就会发生个人收入所能实现的消费额大于当前实际消费需求的情况,因而发生个人储蓄行为"。"即使工资总额和养老金总额之间的关系是符合社会福利最大化原则的,也总会有一些人根据自己的特殊偏好,进行一些储蓄,以实现他个人的一生效用最大化。"[②]

---

① 樊纲、张曙光等:《公有制宏观经济理论大纲》,上海三联书店 1990 年 6 月版,第 146、147 页。

② 同上。

三、社会保险税与储蓄：节俭乎？消费乎？

社会保障对储蓄具有重大影响，尽管这种影响在大多数情况下是通过对收入水平的调整来发挥作用的，但它有时也以特殊的方式直接加入储蓄行列，尤其是当全社会统筹的社会保障基金进行储存，或当社会经济发生波动，保障支付骤增、基金锐减时，都会对社会总储蓄发生直接的作用。

从社会保障基金筹集过程看，社会保险税或费将影响个人和企业的收益，从而对储蓄产生影响作用。一般讲，课税具有收入效应和替代效应。税后收益减少具有收入效应，同时收益减少使消费水平降低，或相当于使未来消费价格提高。若效用保持不变，人们倾向于减少未来消费、增加现期消费，这就产生了增即期消费、减远期消费的时期替代效应。

储蓄首先是一种个人行为。

个人储蓄取决于收入水平、消费倾向和储蓄回报率的高低，即利率对个人储蓄行为的引诱。

由于个人生活可以划分为现期和将来两个阶段，因而，个人必然要将其收入在现期消费与将来消费之间，进行消费的时期配置，并通过这种合理配置，来谋求其全部生活福利极大化。设现期消费为 C_1，将来消费为 C_2，终生消费为 $C=C_1+C_2$。而个人的现期收入相应为 Y_1，将来收入为 Y_2，其终生收入为 $Y=Y_1+Y_2$，又设储蓄为 S，利率为 r，则不同时期的消费函数为：

$$C_1 = Y_1 - S \tag{1}$$

$$C_2 = Y_2 + S(1+r) \tag{2}$$

终生消费为 $C, C = C_1 + C_2$

$$C_1 + C_2 = (Y_1 - S) + [Y_2 + S(1+r)] \tag{3}$$

由于(2)式可以换算为现值,即对等式同除(1+r),

得到:

$$C_2/(1+r) = Y_2/(1+r) + S \tag{4}$$

(4)式表明远期消费的现值等于远期收入的现值加上储蓄。因此,(1)式与(4)式的现值合并,

得到:

$$C_1 + C_2/(1+r) = Y_1 + Y_2/(1+r) \tag{5}$$

(5)式说明的消费现值等于收入现值,成为个人对收入进行消费—储蓄配置,即现期消费—远期消费配置选择的一个基本准则。更确切地说,(5)式成为个人期际预算的约束条件。

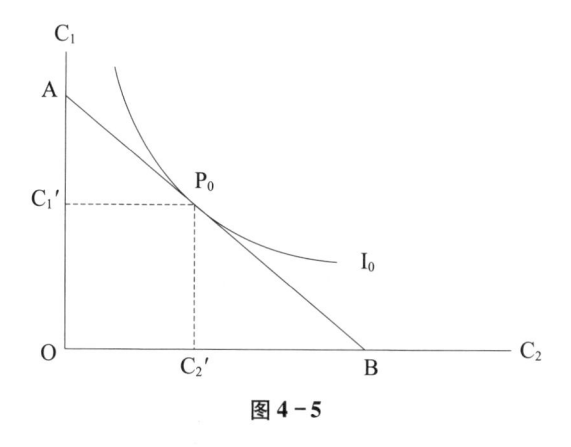

图4-5

如图4-5所示,预算线 AB 表示在现期收入为 Y_1、将来收入为 Y_2 和利率为 r 的条件下,对现期消费 C_1 和将来消费 C_2 的选择。效用线 I_0 与预算线 AB 相切于 P_0,切点上现期消费与远期消费的边际替代率 $MRS_2^1 = 1/(1+r)$,因为,预算线 AB 的斜率为 $1/(1+r)$。此点得到现期消费与远期消费的最佳组合和选择。

由于 $C = Y = Y_1 + Y_2/(1+r)$,且 C_1' 为现实选择的当期消费,所以,储蓄 $S = AC_1' = OA - C_1'$。

从社会保障的现期消费与远期消费看,现期是劳动工作、取得收入的时期,而远期假定为退休、失去劳动能力的无收入时期,即收入全在现期发生,$Y=Y_1$,$Y_2=0$。消费却仍分为现期和远期,即$C=C_1+C_2$。如果政府对个人收入课征税率为 t 的社会保险税,

则:
$$C_1 = Y_1(1-t) - S \tag{6}$$
$$C_2 = S[1+r(1-t)] \quad (Y_2=0) \tag{7}$$

从(7)式可得:
$$S = C_2 / [1+r(1-t)] \tag{8}$$

合并(6)式和(8)式得到:
$$C_1 + C_2 / [1+r(1-t)] = Y_1(1-t) \tag{9}$$

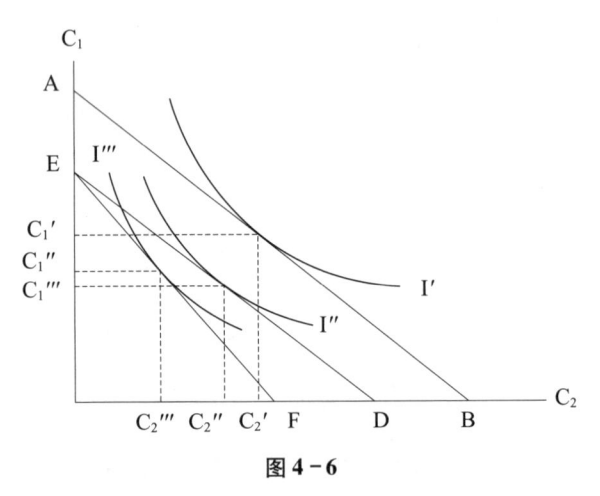

图 4-6

从图形的变化看,社会保险税首先产生现期收入效应,收入由 A($A=Y_1$)减少为 E($E=Y_1(1-t)$),预算线由 AB 内移至 ED。同时,若税收课及远期收入的利息部分,就会实际上加重远期收入的现值税负,税收产生出收入效应和替代效应两种效应,提高了未来消费的相对价格,远期消费下降为 C_2''。与对现期收入课税的纯收入效应相比,对远期收入利息课税的结果是:增加近期消费 C 减少远期消费,减少储蓄

$EC''-EC_1'''$。

显然，为有利于税收效率，有利于个人储蓄，社会保险税的课税基础，应限制在个人工薪所得，剔除对个人投资得利和储蓄得利部分的课税。

通常，各种税收：消费税、所得税、财产税、遗产税，以及社会保险税都会影响到个人或家庭储蓄。一般讲，消费税由于增加了家庭消费的成本，因而有抑制消费、增加储蓄的效果；所得税直接作用于个人和家庭收入，降低了家庭收入水平，会同时减少消费和储蓄。但对于不同收入水平的家庭，其影响程度也稍有不同，对较低收入家庭来说，因收入大部分用于基本生活需要，所以影响最大、减少最多的是储蓄。对高收入家庭来说，大部分收入本来用于生活享受或消费奢侈品，税后有可能更多地减少奢侈品消费。但对于更高收入的富豪，储蓄的边际效益递减，因而征税只减少储蓄；财产税若对有形财产课税重于流动资产，则税收有增加储蓄效应，反之，又会减少储蓄；遗产税的目的是缓解财富的集中程度，反对不劳而获，结果是税后常常影响个人的储蓄积极性；社会保险税分为对个人征税和对企业征税两个部分。对个人征税时，减少个人的现期收入，使家庭本来用于将来消费的储蓄减少。对企业征税时，若企业原本是未分配利润部分，则有减少企业储蓄的效应，而企业原本是用于分配利润的，则结果与对个人（投资者）课税相同。

储蓄还是一种企业行为。

企业储蓄是指企业税后利润支付给股东股息和进行红利分配之后，保留在企业的一部分未分配利润。企业储蓄是企业进行积累，用以扩大再生产的源泉。如果股息和红利分配比例不变，企业储蓄应是收益的函数。所以，政府对企业实现利润课征收益税，或对企业征收工薪税，即社会保险金的企业承担部分，都会减少企业收益或最终减少企收益，从而影响企业的保留利润和积累能力，降低企业储蓄率。

总之，作为税收的一个内容，社会保险税的课征，无论是对个人部分，还是对企业部分，其课税结果与其他税种大致相同，一般总是对储蓄行为产生替代效应、收入效应和金融效应。替代效应是指社会保险税课征的结果，使得个人在现期和远期消费结构上进行调整，以现期消费替代远期消费，从而降低个人储蓄率。收入效应是指税后使个人可支配的收入减少，或企业留用的利润减少，一般均有降低储蓄率的作用。金融效应是指个人和企业当期收入减少后，会对资本需求产生影响。例如，个人对有价证券的投资需求减少，企业对资本的供给能力下降，对新的投资需求产生抑制等等。

社会保险税在影响储蓄的同时，还会直接对投资行为产生一定的效应。一般地，私人部门的投资主要取决于投资的预期报酬率、投资能力、投资风险和收入水平等几个主要因素。总体上讲，社会保险税的课税总是增加了投资者（企业和个人）的"成本支出"，降低了他们可能得到的收益水平，使预期的投资回报率下降，即使预期的投资回报＝预期的年收益×(1–税率)

预期回报率＝预期年收益×(1–t)/投资额

如图4-7所示，以横轴表示投资，以纵轴表示投资回报率，投资回报率随投资增加而递减，投资成本随投资增加而递增。税前，投资需求 I_1 与投资供给 S 相交于 E_1 点。这时，投资 Q_1 的投资回报率为 i_1。开征社会保险税之后，虽然不直接课税于投资行为，但毕竟增加了投资成本，降低了投资报酬，因而使得投资需求由 I_1 移向 I_2，在 E_2 点取得投资 Q_2 与投资回报 i_2 的均衡。相比之下，以税前投资供求关系为标准，Q_2 的投资应取得 i_2' 的较高回报率，现在，不仅实际投资回报率降低了，i_1 降为 i_2，而且相对投资回报率下降得更多，由 i_2' 降为 i_2。

图 4-7

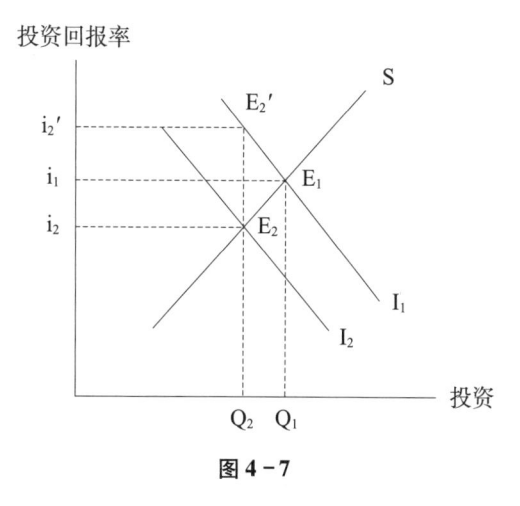

四、保障基金的储存和支付

保障基金的筹集根据支付需要来确定,保障基金日积月累的过程中,则以各种保险金的形式——主要是养老保险、失业保险、医疗保险金等——储存于特定或者专门的国库账户或信托基金中,从而成为储蓄的一个重要来源。但是,从全社会资金运动状况看,如果来源于个人和企业,以及政府的社会保障资金,本来是各部门储蓄的一个组成部分,则全社会的储蓄总量并未发生变化,变化的只是储蓄构成。其中,个人和企业的储蓄转化为公共部门储蓄,政府的预算资金转变为政府保障账户的储蓄。如果来源于个人和企业,以及政府的社会保障资金中,有一部分本来是用于消费的,在不考虑消费过程的资金沉淀情况下,这部分资金由消费转化为储蓄。特别重要的是从长期或代际经济关系考察,养老保障同时具有"当代储蓄"效应。也就是说,本来用于现时的消费,现在由于保障积累的储存过程,而被大大地延迟到老年阶段才能消费。相对而言,在现收现付体制下,老年人的养老是由青年人承担的,退休人员的生活是由在职人员承担的。所以,以权责发生制为准则的养老基金筹集和储存,就产生了当代储蓄效应。

如图 4-8-1 所示的收入、消费与储蓄三者间的简单关系为:(1)在无收入的情况下,由于必要的消费必须保证,因而,动用储蓄 S_0(即负储蓄 S_0)满足基本生活需要 C_0,$C_0 = -S_0$;(2)Y_0 之前,收入水平不足以弥补消费量,始终有负储蓄;(3)Y_0 之后,收入超过消费水平,超出部分用于储蓄。

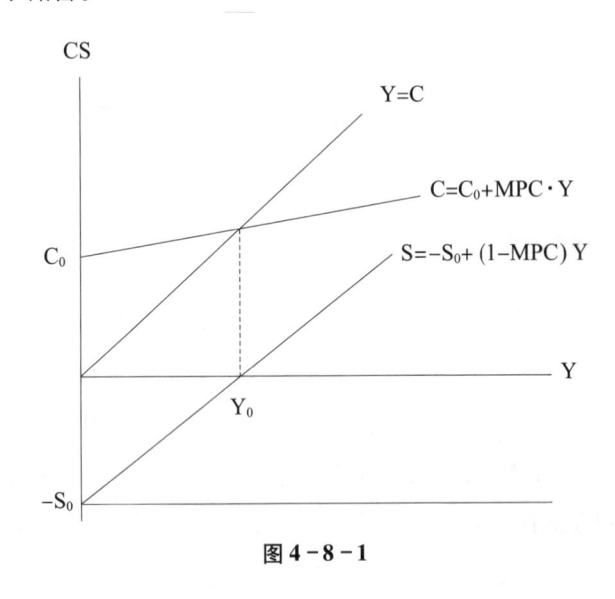

图 4-8-1

引入生命周期之后,以收入能力不同的各年龄段中阶段性收入、支出与储蓄关系看,在人的整个生命周期内:未成年时,没有收入能力,依靠父母培养或依靠父母的储蓄进行消费;成年时期开始有了收入,并且收入能力随体力的发达和智力成熟而逐渐增加,或者在一定收入水平上保持一段时间内的稳定期,或者收入水平又随着年龄增大、体力和智力下降而逐渐减少;老年时期,体力和智力进一步下降以至于无法胜任所担负的工作,或者因法律限定不得继续参与工作,以保护身体健康,而失去收入来源,不得不再次依靠储蓄——工作期间内不断积累的养

[图 4-8-2]

C S, 45°, $C=C_0+MPC\cdot Y$, $S=-S_0+(1-MPC)Y$, C_0, Y t, 未成年期, 成年期, 老年期, $-S_0$, S′

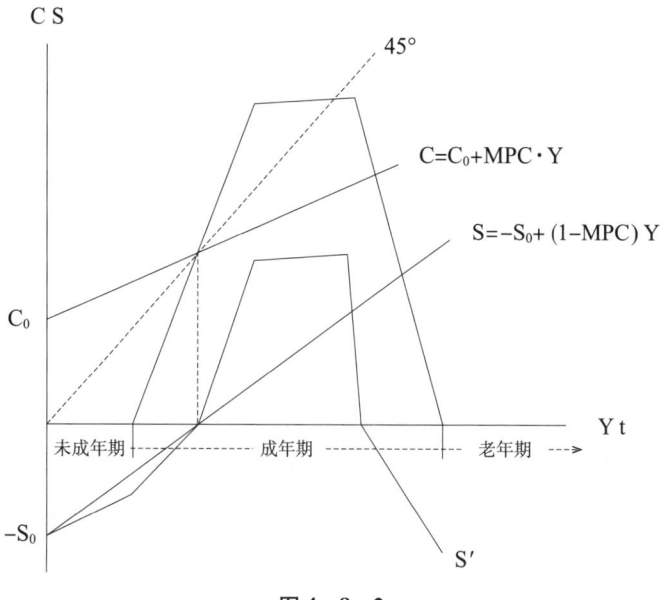

图 4-8-2

老基金来维持生活水平。所以,实际的收入曲线是一条由成年期创造的、先是不断上升、然后逐步下降直至老年期为零的拱桥图形,如图 4-8-2 所示。当然,实际的消费曲线事实上不可能是一直上升的,在不同的收入水平的约束下,消费曲线必然会有一些波动,特别是进入老年期之后,由于失去了工作性收入,因而,消费水平会有所下降,相应地,动用储蓄的幅度也会比图形表现得小些。

养老保障基金的支付,无论从一个年度,还是从整个生命周期看,总表现为社会储蓄的减少,只有在现收现付的传统体制下才不对社会储蓄产生太大的影响。然而,如果仅仅从一个会计年度看,保障基金支付对储蓄的影响程度,仍然取决于保障支付与当年筹资的比例。支付额小于筹资额,社会储蓄有净增加额,反之,则有净减少额。但是,如前所述,若保障筹资的结果仅仅影响了储蓄结构而非储蓄总量,则保障支付的结果只能是减少社会储蓄,削弱社会总投资能力。再从代际经济关系看，相对于保障基金对老年人不断支付的过程，就是一种"延期消费"。其结果是与现收现付相比，减轻了下一代人的经济负担，形成一个人"自己养活自己"。这在人类寿命普遍延长、人口出生率下降、劳动人口赡养系数增大的情况下，有很大的积极意义。而且，一代人当期消费节俭，增加储蓄，可以为社会发展和经济成长提供更多的投资条件，有利于经济发展。

保障基金的储存过程不同于筹资和支付。首先从储存的直接效应看，基金储存本身是一种"社会储蓄行为"，如果说基金筹措阶段，降低了个人和企业的储蓄率，那么，储蓄过程就是将个人和企业部门的"个体储蓄"，转化成了政府统一管理、依法运行的"社会储蓄"。其次，保障基金数额庞大，其储存过程并非"消极等待"。根据各国实践经验，基金储存过程同时也是一个基金保值和增值的过程，通过特定的信托基金，把"筹资—给付"的年度结余及其基金储存过程中的长期"沉淀"额，进行低风险投资，还可以得到基金增量，增加国家"社会保障基金"的支付能力。所以，无论是作为社会储蓄的沉淀基金进行贷款活动，还是作为直接的信托投资，保障基金的储存过程都会对储蓄和投资产生重大影响。

第二节　对劳动供给的考察

社会保障制度的高度发达，有可能对人们的工作愿望产生并非积极的影响。人们是否宁可提早退休而不愿继续工作？如果确实出现了这类现象，就说明社会保障在提供社会福利、实现社会分配公平方面已经影响到经济效率。事实上，一些国家中，提早退休和劳动供给减少的问题，不仅已经发生，而且在很大程度上是由于社会保障制度存在某种程度的过于发达所造成的。或者，至少与发达的社会保障制度存在某种程度上的联系。据美国商务部1975年度和1983年度报告，美国

16 岁以上男子参加工作人数的比例,1950 年为 45.8%,1960 年为 33.1%,1970 年下降到 26.8%,1980 年继续降低到 19.1%。①

劳动供给是经济增长的基本条件之一。社会保障制度既然作为对劳动力资源(及其社会成员)的一种保护性制度,它对劳动力资源的公平与效率,对劳动供给的激励与非激励,就成为社会保障研究不可缺少的一个重要方面。

本节从资源配置的角度,考察社会保障对劳动供给的影响。

一、经济增长与劳动供给

经济增长是社会发展的基本标志,也是人类文明取得不断进步的物质基础。经济增长业已成为半个世纪以来经济学家研究,及经济学各个分支围绕研究的核心问题。著名经济学家埃夫塞·多马(E. Domar)指出,"现在对增长的关心并不是偶然的。它一方面由于过迟地认识到,我们的经济要是没有增长就不可能达到充分就业,另一方面由于当前的国际冲突,使增长变成生存的条件了。"②

经济增长表明一国在一个财政年度中所生产出的商品和劳务总量的增加。一般以国民生产总值(GNP)或国内生产总值(GDP)来衡量。同时,由于人口处于变动和增长状态,以经济增长的结果应使国民福利改善的标准看,经济增长还必须考虑人均 GNP 或人均 GDP 的状况。库兹涅茨曾指出经济增长具有六个基本特征,即:(1)按人口计算的产量的高增长率和人口的高增长率;(2)生产率本身增长的程度较高;(3)经济结构的变革速度是高的,如由农业转向非农业,由工业转向服

---

① 对社会保障制度引致提早退休的问题,仍有不同的观点存在,如奥利维亚·S.米切尔、加里·S.菲尔兹认为,关于社会保障对退休产生的效应没有经验性的结论。但米歇尔·赫德、米歇尔·鲍斯金、哈夫曼,以及普洛特尼克都认为这种情况存在着。

② 多马:《经济增长理论》,郭家麟译,商务印书馆 1983 年版,第 21 页。

务业等;(4)社会结构与意识形态的迅速改变;(5)增长在世界范围内迅速扩大;(6)世界增长的情况不平衡①。美国经济学家 W.W. 罗斯托(Rostow)则从历史发展的角度,把经济成长分为六个阶段,即第一阶段:传统社会——指科学技术长期停滞,生产力发展缓慢的前资本主义社会;第二阶段:为起飞创造前提阶段——由传统社会向起飞阶段的过渡期,指资本主义原始积累期;第三阶段:起飞阶段——资本主义产业革命时期;第四阶段:向成熟推进阶段——主要指自由资本主义向垄断资本主义过渡时期;第五阶段:高额群众消费阶段——高度发达的资本主义;第六阶段:追求生活质量阶段——后资本主义社会②。

经济实现增长要有许多因素共同并按合理比例提供。其中最基本的是:劳动力供给、储蓄与投资,以及科学技术的进步。

根据"哈罗德—多马"(Harrod-Domar)经济增长模型,经济增长率 $G=S/K=S_\delta$。其中,S 是储蓄率,即储蓄量占收入总额的比例,显然,$S=S/Y$。K 是投资与产量增长之比,即每增加一个单位的产出需要多少投资,因此,$K=I/\Delta Y$,或者反过来,以 δ 表示资本生产率,即每增加一个单位的投资可以增加多少产出,则 $\delta=\Delta Y/I$,即 $\delta=1/K$。不难看出,"哈罗德—多马"经济增长模型指出的是:经济增长主要取决于储蓄率 S 和资本生产率 δ 两个条件,也就是说,储蓄或由储蓄转化的投资是社会进步、经济增长的积极因素。如若储蓄率不变,可以通过提高资本生产率来实现经济增长,"哈罗德—多马"模型的不足在于它未能将劳动供给这个生产力最活跃的要素直接地作为模型的一个基本变量。

新古典学派的经济增长模型则将经济增长率描述为技术进步、资本

---

① 库兹涅茨:《现代经济的增长:发现和反映》,载《现代国外经济学论文选》第二辑,商务印书馆1981年版,第23页。

② 罗斯托:《经济成长的阶段》,国际关系研究所编译室译,商务印务馆1962年版,第8页。

增长率、劳动力供给的函数关系,即经济增长率 $G=\lambda+a(\Delta K/K)+(1-a)(\Delta L/L)$。其中,$\lambda$ 代表技术进步因素,$\Delta K/K$ 为资本增长率,$\Delta L/L$ 为劳动力增长率,a 表示资本对经济增长产生作用程度的权数,(1-a)表示劳动供给对经济增长产生作用程度的权数。新古典学派经济增长模型除了肯定资本增长率对经济增长的作用外,又引入了技术进步和劳动供给两个新的条件,因而比较全面。

事实上,劳动供给是经济增长不可或缺的重要因素和基本条件。在社会生产力中,人即劳动力提供者的因素占有特别重要的地位,劳动者是首要的生产力,是构成生产力诸因素中占主导作用的要素。因为,劳动者是生产工具的创造者和使用者,物质要素只有当其被劳动者所掌握,并现实地结合起来时,才能真正成为生产力,才能创造和生产新的商品和劳务。否则,即便有了最先进的技术,有了大量的资本投入,也难有满意的经济增长。

表4-1 国民收入增长的因素分析[*]

	增长率(%)	占总增长率的比例(%)
国民收入	3.33	100
总投入量	1.81	54.4
劳动	1.31	39.3
就业	1.08	32.4
工时	-0.22	-6.6
年龄、性别构成	-0.05	-1.5
教育	0.41	12.3
未分解的劳动	0.09	2.7
资本	0.50	15.0
存货	0.09	2.7
非住宅性建筑和设备	0.20	6.0
住宅	0.19	5.7
国际资产	0.02	0.6
土地	0.00	0.0

（续表）

单位投入的产出量	1.52	45.6
知识进展	0.92	27.6
改善的资源分配	0.29	8.7
住宅居住率	0.01	0.3
规模经济	0.36	10.8
非正常因素	-0.06	-1.8

* 宋承先、范家骧:《增长经济学》,人民出版社1982年版,第112页。

经济增长中,应特别注重充分利用劳动供给资源,尤其是在我们这样一个人口众多,劳动力资源丰富的国家。同时需要指出的是,经济增长过程中劳动供给的增长与资本增长不一定是同比例的,这一方面是由于一国的经济结构和技术进步在不断发生变化,使经济的平均"资本—劳动"比例发生变化,另一方面,即使排除这个因素,资本与劳动之间的替代关系也不是一成不变,或只能作唯一选择的。"我们假定我们的现有工艺涉及某种固定不变的资本对产量的比率 K/Y。如果这是不错的话,那么,一旦生产能力获得充分利用,产量就只能按照资本数量进一步增加的严格比例实行增长。可是,这种工艺还涉及某种固定不变的劳动对产量的比率 L/Y。一旦劳动供给获得充分利用,那么产量就只能按照劳动供给增加的严格比例实行增长。这两个速度不一定相同"[①]。

二、社会保障与劳动供给:劳动乎？ 闲暇乎？

社会保障制度对劳动供给具有重要的影响作用。

总起来看,社会保障作为现代社会的公民保证制度和福利提供

[①] 加德纳·阿克利:《宏观经济理论》,陈彪如译,上海译文出版社1981年8月版,第591页。

制度,为全体社会成员的基本物质生活提供了有效的保障,使社会成员在其因各种原因而发生生活困难时获得了"生存权利"。同时,以一个劳动者的观点看,由于劳动者有可能在其失去劳动能力之后,继续获得社会的帮助,或者从自己劳动所得的储存中得到福利改善的条件,就能在劳动期间免除后顾之忧,全身心地投入劳动,努力为社会创造财富。

所以,社会保障对劳动供给在本质上或根本利益上的影响是积极的。或者说是保护了劳动供给的积极性,保护了劳动者的根本利益。

然而,社会保障实际运行的各个阶段如征收社会保险税筹集资金时,或对失业者、退休者支付救济金、养老金时,以及社会保障对于每个具体对象——筹资对象或受益者来说,情况有所不同。从世界各国社会保障制度的实际运用看,都存在一个纳税人与受益人相脱离的问题。因此,尽管社会保障对劳动供给在本质上的影响是积极的,它的相对影响或个别考察的影响却有可能是非积极的,有时甚至会阻碍劳动供给。1978年,美国国会预算委员会主持的一份研究报告表明,1977年美国薪给税负增加的结果是使当年就业人员减少了50万,工作时间减少了十分之一。此外,许多国家退休保障制度的不断完善,也或多或少地鼓励了劳动者尽早退休,享受退休金。

假定个人的劳动供给是其劳动工资和其他收入与课税状况的函数。一般而言,对个人收入的两个部分——工资收入和非工资的其他收入,若对其他收入(如财产税、遗产税、存款利息所得税等)课税,而对工资收入免税或对其他收入的课税重于对工资收入的课税,则税收具有鼓励增加劳动供给的效应。若对工资性收入课税,则影响状况随工资收入水平的高低而有所不同。

图 4-9

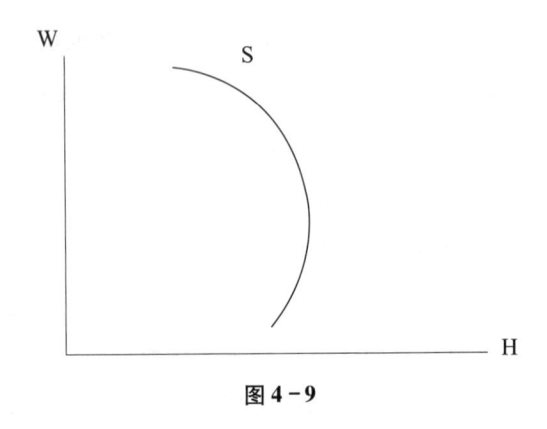

如图 4-9 所示,劳动供给曲线分两个阶段,总体呈向后弯曲型。当工资率较低时,提高工资率可使劳动供给增加,但当工资水平达到一定高度后——基本生活需要得到充分满足或劳动时间已接近于饱和时,提高工资率也不会使劳动供给增加,甚至只能使劳动供给减少。对个人而言,他是增加劳动供给还是减少劳动供给,一是取决于他的基本生活需要得到满足的程度,二是取决于他所得到的福利极大化状况。

假定个人收入为 Y,工资率为 w,工作时数为 L,非工资收入为 I,则他的总收入为:

$$Y = wL + I \tag{1}$$

社会保险税的征收,虽然可以为劳动者提供一个长期稳定、安心工作的外部环境,但对个人当期收入而言,社会保险税对个人课征的结果,毕竟减少了个人收入总量,降低了他们的当期消费水平,因而对劳动供给有一定的抑制作用,或者由于个人当期消费水平降低反而更努力地工作,以取得增量工作收入来弥补保险税收对收入下降产生的影响,所以,社会保险税在一定条件下也可能激励劳动供给。

图 4-10-1

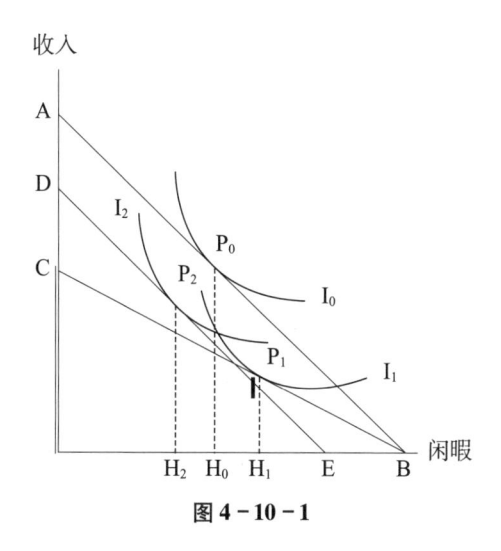

图 4-10 反映了社会保险税课及工资收入后,产生的两种不同结果。其中,图 4-10-1 课税前预算线 AB 与无差异曲线 I_0 交于 P_0,若工资率 w 不变,社会保险税以比例税课及全部收入,预算线由 AB 改变为 CB,其斜率应为 $w(1-t)$,纳税人即劳动者选择无差异曲线 I_1 与预算线 CB 的切点 P_1 作为工作与闲暇均衡点,由此产生的替代效应为 (H_1-H_0),个人宁可增加闲暇,减少收入,结果是劳动供给下降。另一方面,个人收入减少之后,其家庭生活水准得不到应有的维持,该个人又不得不增加工作时间,减少闲暇,以挣得更多收入,保证基本生活需要。因此,就收入效应讲,个人不得不在 I_2 与收入下降的预算线 ED 切点 P_2 处取得选择,收入效应为 (H_2-H_1)。社会保险税课税总效应为:替代效应+收入效应,即:$(H_1-H_0)+(H_2-H_1)=(H_2-H_0)$。可见总效应是减少了休闲,增加劳动供给。

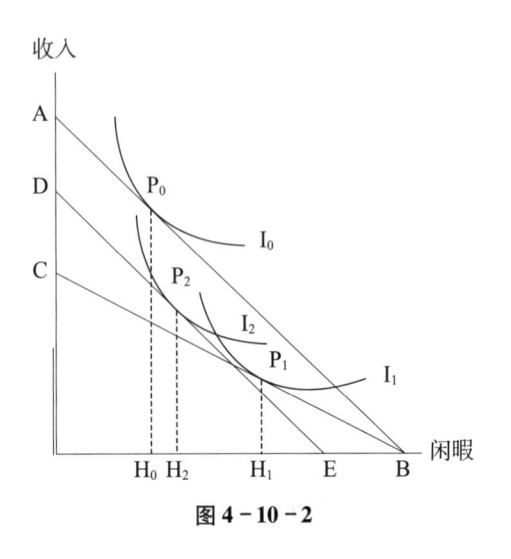

图 4-10-2

图 4-10-2 反映了另一种课税效果。税前预算线 AB 与无差异曲线 I_0 切于 P_0 点,社会保险以比例课税后,预算线调整为 CB,个人以无差异曲线 I_2 选择出新的 P_1 点,以减少劳动供给,增加闲暇 (H_1-H_0) 作为课税后闲暇对工作的替代。然而,收入降低后仍迫使他增加劳动时间、减少闲暇来补偿收入损失。因而,收入效应使其增加劳动供给 (H_2-H_1),总效应 (H_2-H_1) + (H_1-H_0) = (H_2-H_0)。结果是增加休闲,减少了劳动供给 (H_2-H_0)。

所以,社会保险税对劳动供给的影响有消极的一面,也有积极的另一面。具体要看纳税人在劳动供给曲线上所处的位置。收入效应大于替代效应的,结果是劳动供给增加。反之,替代效应大于收入效应的,将产生劳动供给减少的后果。但结合政策考察,收入效应大者,却往往是低收入者,对他们的课税(尤其较重的税负)虽可增加劳动供给,但不符合社会公平原则。而对收入稍高者课税,对低收入者免税,却又减少劳动供给,不利于资源配置的效率。

显然,若社会保险税为比例税率 t_1,

上式 Y = wL+I 改写为:

$$Y = (wL+I)(1-t_1) = wL+M \tag{2}$$

其中,w 代表税后工资率,M 代表税后其他收入。

在没有税收的情况下,收入变动的效应即是对(1)式求导,有:

$$dy = \frac{dL}{dw} = \left(\frac{\partial L}{\partial w}\right)_{\bar{\mu}} + L \cdot \frac{\partial L}{\partial M}$$

其中,$\left(\frac{\partial L}{\partial w}\right)_{\bar{\mu}}$ 是指效用不变条件下的替代效应,$L \cdot \frac{\partial L}{\partial M}$ 是指收入效用。

若课征工薪税,则税率变动的效应即是对(2)式求导,有:

$$\frac{dL}{dt_1} = \frac{\partial L}{\partial w} \cdot \frac{\partial w}{\partial t_1} + \frac{\partial L}{\partial M} \cdot \frac{\partial M}{\partial t_1} = -ws - (wL+I) \cdot \frac{\partial L}{\partial M}$$

还要特别指出的是:社会保险税虽然都是由劳动者和企业或雇主共同承担的,但由于劳动者与雇主所处地位不同,两者所具有的供给弹性不同。因而,社会保险税的课税结果,往往是对雇员即劳动者的影响更大些。因为,劳动者的供给弹性相对较小,甚至没有弹性。这使得劳动力相对资本而言缺乏转嫁能力,资本常常可通过其他方式如降低工资率等将大部分税收负担转嫁给劳动者。

社会保险税还有可能促使接近退休年龄的低工资收入者及早退休。如果低收入者在其退休后,能够通过社会保障机制获得足够的退休养老金,满足基本生活的物质需要,或者他所得到的养老金数额与其继续工作所获报酬基本相同,或者他所得到的养老金接近甚至超过他过去支付的社会保险税负时,社会保障机制就有可能促使这些人提早退休。以个人享有的福利之经济学准则衡量,他们提早退休既不会减少货币收入,或货币收入仅有少量减少,又可在毋须付出劳动状况下,增加许多闲暇,"1983 年美国低收入劳动者的替代率为 0.9","大多数低收入劳动者做出过早退休的决定与退休保险受益的存在有极大关系。"[①]

---

① 邓子基、张馨编:《现代西方财政学》,中国财经出版社 1994 年 1 月版,第 415—416 页。

事实上,过于宽松的失业救济,主要指失业救济金支付标准较高,失业救济时间太长,或实践中不区分失业的原因(如工作不努力、无一技之长、违反法律、道德品德水平低)等等,可能诱使一部分人"主动失业",或者表现为一旦失业后并不急于重新就业。当然,失业保险的救济虽然可能一时或短期不利于就业,但从长期看,无论是失业救济还是再就业培训,都是有利于稳定就业队伍,提高就业人员素质的。

三、负所得税制度——保障制度与税收制度一体化

国家的财政分配总是由两个方面组成的。一方面是国家凭借其政治权力的至高无上,强制从纳税人的所得和经营成果中提取一定比例,并且不支付任何报酬。从分配上看,这一"取"的过程,实行"区别对待""量力负担",通过"劫富"缓解社会分配的不公平状态,实现社会的正义目标。除此之外,通过"取"还可以为国家政权本身的生存和发展提供物质基础,为社会劳动致富而重课,限制不劳而获。这是国家的收入分配政策。另一方面则是国家将组织征收到的资金合理地安排使用。首先是实现部门和地区再分配,通过安排行政、国防、教育、卫生等支出,将国民财富的一部分划转到一些特殊行业,又将一部分资金通过转移支付补贴给经济不够发达的地区,用于这些地区的市政、发展、社会等种种需要;其次是实现全社会(国家内)性的个人之间再分配,也就是将取之于富人的另一部分资金以社会保障的转移支付形式,贴补生活贫困者、失业者、年老者或其他一些特殊的社会成员,通过增加这些社会成员的收入,保障他们的基本生活需要,达到"济贫"的目的,又一次缓解社会分配不公平的程度。

作为收入政策,个人所得税实行纳税能力原则,即按纳税能力大小设计赋税政策。收入较低者,其纳税能力弱或无纳税能力,可以少纳税

或不纳税。显然,收入政策因为重在"劫富"而主要对富人产生较大的分配效应,对低收入者、对穷人却缺乏影响能力。举例来讲,对应税所得等于或小于起征点的纳税人,个人宽免的进一步提高,所得扣除的进一步放松,或者税率的进一步降低,几乎没有现实意义。若一个年收入为4000元的公民为单身纳税人,根据税法可减去700元的扣除,再减去1000元的个人宽免,应税所得为2300元,假定起征点恰为2300元,则他的应税额为零。这时无论进一步增加扣除、加大宽免,或提高起征点,对该纳税人来讲,均无实际价值。因此,收入政策对"穷人"的再分配作用十分有限。对贫困家庭和穷人提供帮助,主要借助于支出政策的社会保障制度。包括养老保险、失业保险、劳动保险、医疗保险、贫困救济、残疾人救济,以及自然灾害救济等等。但是,这种以转移支付为特征的保障制度存在其一定的不足和弊端。一是这类保障支付均有特定的项目约束,因而,一些贫困家庭可能得到补助和帮助,另一些贫困家庭因不属特定对象而不能得到应有的资助。二是纯粹的支付制度,存在负激励作用,造成"福利大锅饭""提早退休""自愿失业""无病呻吟、小病大养"的问题。为此,有必要研究和解决"收入政策"与"支出政策",或者说是税收政策与保障制度的"联动"问题,使"收—支"之间建立内在联系,实现所得税制度与社会福利制度、社会保障制度的合并或结合。

负所得税是将所得税制度与社会福利制度有机合并的一种有效机制,它可以把所得税的累进机制进一步延伸到低收入阶层,通过负所得税的形式对应税所得低于起征点的人和家庭提供生活帮助。与一般的社会救济相比,负所得税没有特定的项目限制,纯粹是对低收入者和低收入家庭的生活援助。而且,由于引入了累进机制,越是贫困者得到的援助会"自动"越多,又惠及所有低收入者,所以有很大的发展前景。

图 4－11

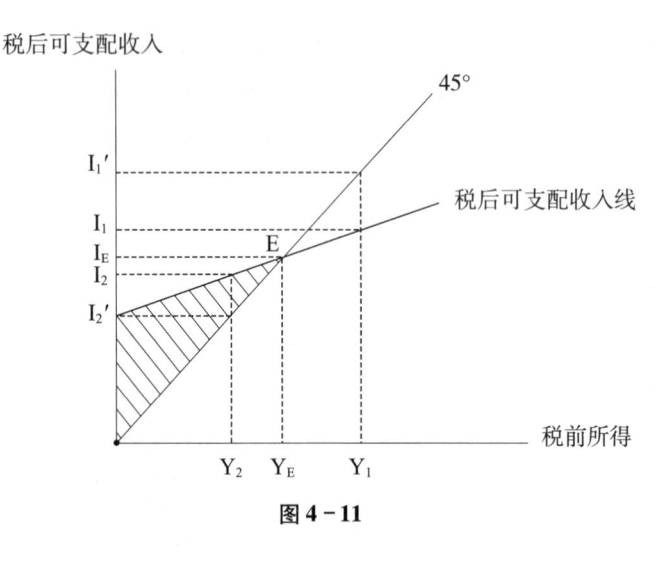

如图 4－11，展示了负所得税及其与（正）所得税的结合状况。以 E 为均衡点，或称之为平衡所得点。在这一点上，纳税人既不必纳税，又得不到政府的补助金，这时，纳税人的所得额为 Y_E。超过这一点，即纳税人所得超过 Y_E 之后，须依法缴纳所得税。反之，未达到这一点时，即纳税人所得不足 Y_E 之前，可以得到政府的负所得税支付。举例来讲，如果一纳税人税前应税所得为 Y_1，纳税后实际可支配的收入为 I_1，交纳的税款为 $(1_1'-I_1')=(Y_1'-I_1')$。另有一纳税人税前应税所得为 Y_2，$Y_2<Y_E$，可得到政府负所得税支付 $(I_2'-I_2)$，税后所得增加为 I_2。所以，如图阴影部分为负所得税支付区域及其支付的程度。

负所得税的主要优劣表现在[①]：(1)它使社会福利制度特别是贫困救济在管理上更直观、方便和有效，从而可以改变现行福利制度中现金和物品救济并存，申请手续复杂的问题；(2)单一的现金补助可以使受

[①] 邓子基、张馨编：《现代西方财政学》，中国财政经济出版社 1994 年 1 月版，第 259—260 页。

惠者按自己的偏好选购商品;(3)社会福利政策与国家税制形成连接;(4)由于受惠面的扩大,边际税率须相应提高;(5)福利制度的改善对工作意愿有一定的消极作用。

很显然,如果撇开负所得税在社会保障和福利制度与税收制度之间建立有机联系的基本优点不论,仅就负所得税本身而言,其主要特点表现为两个方面。一方面是社会保障免去了许多具体项目的约束,仅就对象的收入水平为依据,具有普遍性、一般性和货币化。另一方面则是"补助"实行了"自动累进机制",消除了定额补助下"临界点"附近的不公平现象和负激励作用,因而改变了社会保障的机制。如假定一个贫困家庭补助的标准为年收入5000元,补助额为1000元,当有A、B两个家庭的年收入恰好分别为4900元和5100元时,A家庭可得到补助1000元,合计总收入反而增加到5900元(5900=4900+1000),B家庭收入仍为5100元,造成福利分配上的新的不平等。或者换一种假定,B家庭宁可少提供劳动,少收入200元,使其收入下降为4900元,这样B家庭也可得到1000元补助。此间的原理类似于全额累进税制和超额累进税制的差别。现在负所得税机制下,A、B两个家庭收入仍分别为4900元和5100元,又假定平衡所得为5000元,税率为50%,基本补助金为2500元。则有应税所得(1-税率)+基本补助金:

A 家庭可支配所得

$=4900\times(1-50\%)+2500$

$=2450+2500=4950$

B 家庭可支配所得

$=5100\times(1-50\%)+2500$

$=2550+2500=5050$

所以,负所得税体制下,对低收入阶层来说,社会保障制度和社会福利政策对劳动供给的不利影响被大大缓解了。当然,作为一种福利的转移支付,它的"不劳而获"总是客观存在,不可能完全消除。越是收入较低者,总是得到的帮助越大。如上例,若 A 家庭收入仅 2000 元时,在负所得税体制下,A 家庭实际支配的收入应为 3500 元(3500 = 2000×(1−50%)+2500)。

表 4−2　保障定额救济与负所得税比较*

家庭	社会保障定额支付					负所得税			
	税前所得	税率	补助额	可支配收入	税率	平衡所得	基本补助金	可支配收入
A	4900	0	1000	5900	50%	5000	2500	4950
B	5100	0	0	5100	50%	5000	2500	5050

*假定实行定额补助体制时,个人所得税起征点高于 5900 元。

设:纳税人的所得为 I,平衡所得为 B,税率为 t,基本补助金为 A,纳税人可支配的最终收入为 D。

则:$D = I(1-t) + A = I - I \cdot t + A$

或者说,在负所得税下,平衡所得成为是否纳税和是否补助的标准,可以通过检验平衡所得与实际所得的差额,来计算可支配收入,平衡所得大于实际所得的,国家按该负所得税率加以补助。反之,若实际所得大于平衡所得者,国家又按正所得税率课征税收。

所以,上式也可以写成:

$$D = I + (B-I) \cdot t$$

以前述 A、B 家庭情况代入该式,有:

A 家庭:$D = 4900 + (5000-4900) \times 50\% = 4950$ 元

B 家庭:$D = 5100 + (5000-5100) \times 50\% = 5050$ 元

第五章 社会保障对宏观经济的影响

社会保障作为政府的一项福利制度,不仅是国民收入再分配的工具,而且对资源配置和整个宏观经济发挥着极其重要的作用。社会保障可以维持和提高劳动者的身体素质,为经济提供高质量的劳动供给条件;可以免除劳动者各种后顾之忧,从而焕发劳动积极性;可以为经济发展筹集数量可观的基金,成为投资的积极因素;可以为经济保持稳定和发展创造一个良好的外部环境。实际上,从我国经济改革的进程看,社会保障业已成为完善市场体系、改革企业制度、把企业推向市场、实行政企分开,从而把企业真正建成自主经营、自负盈亏经济实体的一个不可缺少的条件。社会保障还关系到千家万户的福利水平,有利于保持社会安定,为经济持续增长创造良好的社会环境。

本章把社会保障放到宏观经济的地位,进一步考察其在社会总供求均衡、在储蓄与投资均衡和在资金流动过程中的影响,讨论社会保障基金如何成了政府用于调控宏观经济运行的自动稳定器。

第一节 对总供求均衡的考察

国民经济的均衡,要求总供给与总需求能够保持大体适应的状态。如果总供给不能与总需求保持适应状态,那么,无论是供过于求还是供不应求,都会导致经济运行发生波动。或者是一部分产品过剩,生产能力过剩,从而引起开工不足和失业,经济逐渐萧条,或者是一部分需求可能满足,个人的经济福利不能实现最大化,排队抢购,限制购买,物价上涨①。

运动中的物质总是不断地处于平衡,继而不平衡,然后又平衡的动态发展之中。平衡与不平衡不断地交替变化相互转换,推动着事物的发展。因而,不平衡是绝对的、经常的,平衡是相对的、暂时的。经济均衡和社会总供求的平衡同样处于动态状况,是一种动态平衡。

就社会保障制度而言,保障制度的建立也正是要解决一些特定的矛盾关系,包括:年轻人与老年人收入和支付的不平衡;一个人在其生命周期不同阶段收入和支付的不平衡;健康状态下与疾病下的收入和支出不平衡;正常年景和自然灾害情况下收入和支出的不平衡;健康人与天生无劳动能力者收入和支出的不平衡等等。

社会保障是社会总供求的一个组成部分,因而对社会总供求的平衡与否将产生其特定的影响作用。

一、影响总供给的部门——部门之见

现代经济是由多部门组成的"混合经济"。金融和政府在经济中发挥极为重要的作用。一般讲,金融是市场运行、实现"储蓄—投资"融资机制必不可缺的条件,实现着"拾遗补缺",化分散为集中,变短期为长期,以当前补将来的多种功能。政府是社会秩序、人类进步的象征,同时,政府作为公共部门为个人提供公共品,弥补市场缺陷,垄断重要资源,为经济保持良好状态和稳定发展提供保证。

---

① 若以行政手段控制物价上涨的要求,则无论是否使用票证制度,仍会引起"黑市"交易,倒卖票证,甚至是凭借行政权力才能购买。短缺商品成了官员的支配品。

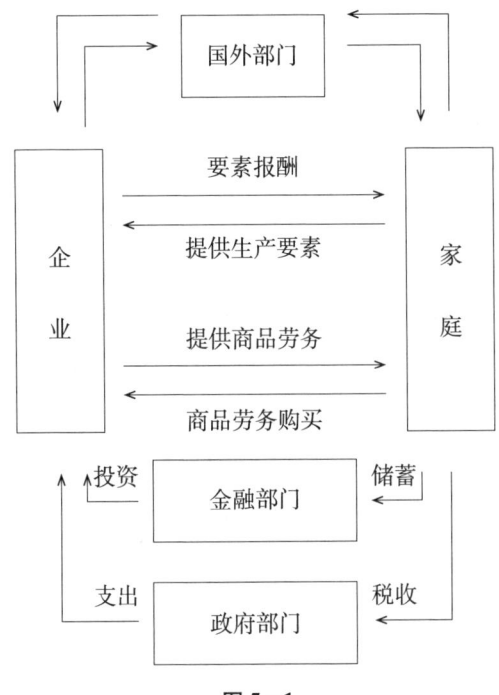

第五章 社会保障对宏观经济的影响

图 5-1

如图 5-1 所示，经济运行及其各组成部门主要有：企业部门——生产部门；家庭部门——消费部门；金融部门——投融资部门；政府部门——公共管理部门；国外部门——经济系统与外部的联系。

该多部门"混合经济"的运行过程可大致描述为：

1. 家庭部门向生产部门提供各种生产要素，为生产创造条件，包括提供资本和劳动，提供各种资源；
2. 生产部门向家庭部门支付各种生产要素的报酬，主要支付形式有：工资、利息、地租、利润；
3. 企业部门向消费部门提供各种商品和劳务，供消费者消费需要；
4. 消费部门向企业部门支付货币，用于购买商品劳务；
5. 政府部门向家庭部门课税；
6. 政府部门向生产部门购买商品和劳务；
7. 家庭部门以"结余"货币收入，存入信用机构；

8. 企业部门向信用机构融资,维持和发展再生产;
9. 企业部门向国外部门出口商品和劳务,加入国际经济大系统;
10. 国外部门向企业部门支付商品劳务购买款;
11. 家庭部门向国外部门进口商品和劳务,弥补国民经济系统的资源和生产不足;
12. 家庭部门向国外部门支付进口款。

经济运行的全部过程,又可从供求关系上,分为供给和需求两个部门。其中,供给(AS)是指生产要素之和(Y),包括:消费(C)、储蓄(S)、税收(T)、进口(M);需求(AD)也是由家庭收入(Y)形成的,包括:家庭消费(C)、投资(I)、政府支出(G)、出口(X)。

社会保障在经济运行中与各个部门都要发生联系,同时,就社会保障整个体系而言,其本身又分别归属于政府部门和金融部门。

社会保障首先是劳动者的自我保障,在劳动者劳动期间应当自觉地为失去劳动能力之时作必要的储备。这部分储备以储蓄形式存入金融(保险)部门;其次是政府为先天无劳动能力者和受自然灾害暂无劳动条件者,提供道义帮助,补贴他们的基本物质生活需要。这部分资金来自于政府预算支出;再其次是政府通过法律,建立由个人、企业和政府三方共同筹资的社会保障基金。这部分基金以企业和个人为主要出资人,政府予以补充,但由政府实施统一规划和管理,建立政府专门账户储存,并组织实施。具体操作和日常给付工作则可逐步交由专门机构办理。所以,社会保障与经济各部门都有密切联系。保障资金的运行也分别构成社会总供求的组成要素。很显然,个人自发储备属于S,政府救济属于G,保障基金筹集构成T的一部分,保障基金支付与G相联系。但严格讲来,在政府管理社会保障的情况下,保障基金的统筹无论是否采取税收形式,都可以作为政府流向的一种货币流动,保障基金的支付却与政府消费的购买支出大不相同。事实上,保障给付的过程仅仅是货币转移支付,并未真正用于消费,这部分货币经过转移支付后形成了个人可支配收入,最后由家庭部门以增加的收入向企业部门购买商品和劳务。因此,把保障基金的支付区别于政府消费,将其定义为 F。

至此,图 5-1 展示的经济运行可稍作改动,将其主要的货币流向示于图 5-2,即由政府部门向家庭部门的运动中多了一条社会保障转移支付的货币流向 F。F 不是政府自身的消费,因而也不表明其行政权力的扩大,或对经济的干预增强,而体现了政府的社会职能,以及政府对人民福利的高度重视和强烈的保护意识。

二、总供求均衡的实现——全局观念

总供求均衡必然要求社会总供给 AS 等于或者大致等于社会总需求 AD。假定暂不考虑社会保障支付的 F 因素,那么,社会总供求均衡就是指:

$$AS = AD$$

因为:　　$AS = C+S+T+M$

$$AD = C+I+G+X$$

所以:　　$C+S+T+M = C+I+G+X$

从供给分析,全社会在一个财政年度所能提供的各种生产要素的总和,就构成了该社会的全年总产出。因此,总供给表现为各种要素收入:工资、利息、地租、利润等。显然,根据经济运行图解的原理,由家庭部门提供的各种生产要素,其要素所得必然以货币形式流向到家庭部门。其中,国外部门被视为国民经济系统之外的一个用于与外部系统连结的开放部门。

从需求分析,家庭以各种方式自行消费和储蓄所得,并依法将一部分收入交纳给政府,结果,除家庭的自行消费外,储蓄的融资是形成对生产要素的追加,政府征税后用于消费,都形成了社会总需求,成为社

132　社会保障经济理论

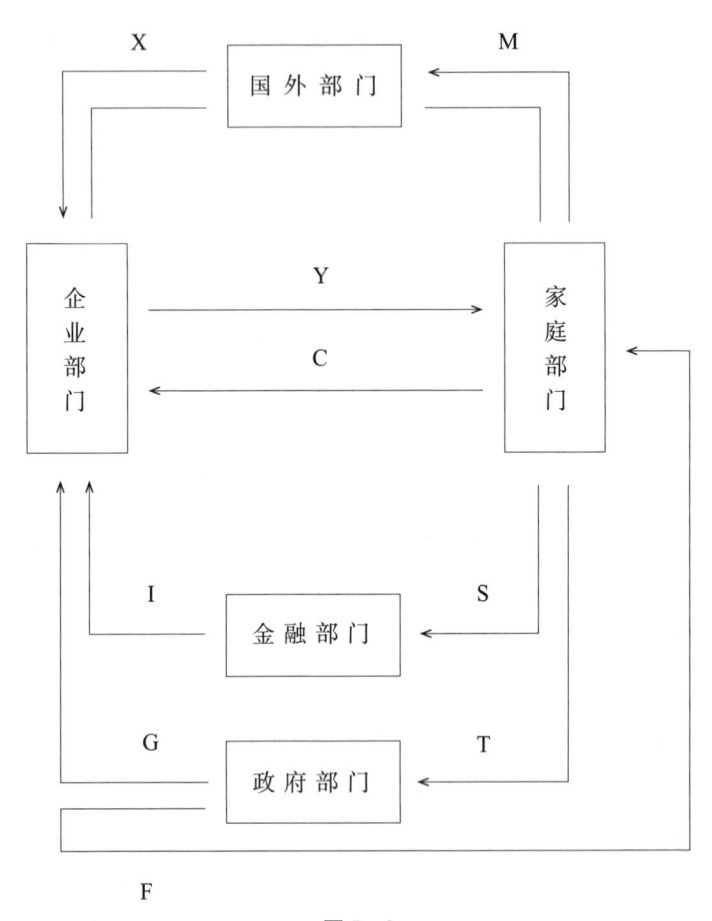

```
         X          M
    ┌───────→ 国外部门 ←───────┐
    │                         │
    │                         │
    │         Y               │
  企业 ─────────────→ 家庭
  部门                部门
    │         C               │
    │ ←───────────────        │
    │                         │
    │    I              S     │
    │ ←──── 金融部门 ←────    │
    │                         │
    │    G              T     │
    │ ←──── 政府部门 ←────    │
    │                         │
         F
```

图 5-2

会总需求的各个组成部分。其间，家庭部门通过国外部门进行的余缺调剂也会形成一部分出口需求，即国外对本国产出的消费需求，如同国内家庭部门对产出的消费一样构成总需求的一个方面。

由于家庭部门的消费总是一致的，C=C，所以，总供求均衡状态，主要应是：

$$S+T+M = I+G+X$$

从部门看，总供求均衡涉及到三个部门：

金融部门——要求存贷平衡,储蓄等于投资,S=I;

政府部门——要求预算平衡,收入等于支出,T=G;

国外部门——要求外汇平衡,进口等于出口,M=X。

显然,平衡是经济系统运行的总体平衡,而非某个部门的平衡。当然,各个部门都能实现平衡,整个国民经济系统也就必然能实现平衡。实践中,为了实现整个国民经济运行的平衡即总供求平衡,一般也都要求各个部门尽可能保持平衡,除非能在各部门的不平衡余缺中谋求统一协调或者拾遗补缺。例如[①],某个国家某个时期的漏出量为储蓄300亿元,政府税收400亿元,进口100亿元;注入量为投资400亿元,政府购买350亿元,出口50亿元。由此可知,投资大于储蓄(400亿元>300亿元),财政购买小于政府税收(350亿元<400亿元),出口小于进口(50亿元<100亿元),但国民经济依然达到均衡,因为:

$$300+400+100=400+350+50$$

即:$S+T+M=I+G+X$

假定一个经济的运行状况大致为:国民总收入以国内生产总值GDP表示为40000亿元,家庭初始消费(未包括社会保障部分时)为30000亿元,储蓄5000亿元,投资4500亿元,税收4000亿元,政府支出4500元,进出口平衡均为1000亿元。这时,国民经济的总供求状况表现为:

$$30000C+5000S+4000T+1000M$$
$$=30000C+4500I+4500G+1000X$$
$$=40000Y$$

总供给处于平衡状态。

现在引入社会保障机制。如果其他条件不变,又假定社会保障社

[①] 例证选自杨君昌编著:《微观宏观经济学》,立信会计出版社1992年6月版,第295页。

会统筹,由政府实施管理。并且:①社会保障基金由政府、企业和个人三方筹资,其中政府出资200亿元,企业和个人各出资500亿元;②企业和个人筹资以社会保险税形式集中到政府部门;③企业和个人的出资中25%为储蓄减少款,其余为消费减少;④社会保障基金当年支付款为1200亿元。或者说基金当年筹集款等于给付款,基金收支平衡。

结果,原经济各部门和经济运行状况都发生了重大变化。

根据下表,经济运行在引入社会保障转移支付后,其总供求平衡方法及其各部门状态发生了重大变化,尽管总收入或GDP仍然为40000亿元。其中,平衡方法的变化主要是由于社会保障运行的结果导致转移支付造成的。

表5-1 保障基金参与运行前后的对比　　　　单位:亿元

	未参与社会保障前	参与社会保障后
国内生产总值GDP	40000	40000
家庭部门消费C	30000	30450
储蓄S	5000	4750
税收T	4000	5000
其中:一般税收T1	4000	3800
社会保险税T2		1200
投资I	4500	4250
政府支出G	4500	5500
其中:购买支出G1	4500	4300
转移支付G2		1200
进口M	1000	1000
出口X	1000	1000

据表可见:$C' = 30000 - 1000 \times 75\% + 1200$

$\quad\quad\quad = 30450$ 亿元

$S' = 5000 - 1000 \times 25\% = 4750$ 亿元

$T' = 4000 + 1000 = 5000$ 亿元

$$M' = M = 1000\ 亿元$$
$$I' = 4500 - 250 = 4250\ 亿元$$
$$G' = 4500 + 1000 = 5500\ 亿元$$

照此以原平衡方法计算：
$$Y' = C' + S' + T' + M' = C' + I' + G' + X' = Y$$

分别代入上列数据得：
$$Y' = 30450 + 4750 + 5000 + 1000$$
$$= 41200\ (亿元)$$

或者：$Y' = 30450 + 4250 + 5500 + 1000$
$$= 41200\ (亿元)$$

显然：
$$Y' > Y$$
$$Y' - Y = 41200 - 40000 = 1200\ 亿元$$

经过社会保障运行，社会总产出增加了1200亿元。而这肯定是不可能的，所以，原平衡方法在引入转移支付后出现了问题。

我们知道，社会保障既然是作为转移支付，也就表明转移支付的结果是一部分收入在两个部门——政府部门与家庭部门之间的相互运动。更明确地讲，其运动的结果并没有真正消耗产出，而只是产出或收入的再分配。因此，在计算总收入水平，进行部门汇总时，应对部门间的转移支付，包括社会保障和其他转移支付，全部进行抵消。

首先，有必要将社会保障基金运动的两个过程——筹资和支付，分别进行分解。即将税收 T 划分为一般税收 T1 和社会保险税 T2，T = T1 + T2。将政府支出 G 划分为购买支出 G1 和转移支付 G2①，G = G1 + G2。

其次，在进行部门汇总时，抵消转移支付的因素，即划去 T2 和 G2。

---

① 事实上，转移支付应指所有再分配未消耗的货币划转，但此处仅指社会保障。

因此，正确的 Y′，仍然为 40000 亿元。

$Y' = C' + S' + T1' + M'$
　　$= 30450 + 4750 + (5000 - 1200) + 1000$
　　$= 40000$ 亿元

$Y' = C' + I' + G1' + X$
　　$= 30450 + 4250 + (5500 - 1200) + 1000$
　　$= 40000$ 亿元

由此，还可以证明前图 5-2 所示运行线路，虽然已经展示了 F 线路的箭头并未指向企业部门，说明该批货币尚未注入经济，但仍存在对运动性质显示不清的问题。正确的图示应如图 5-3。

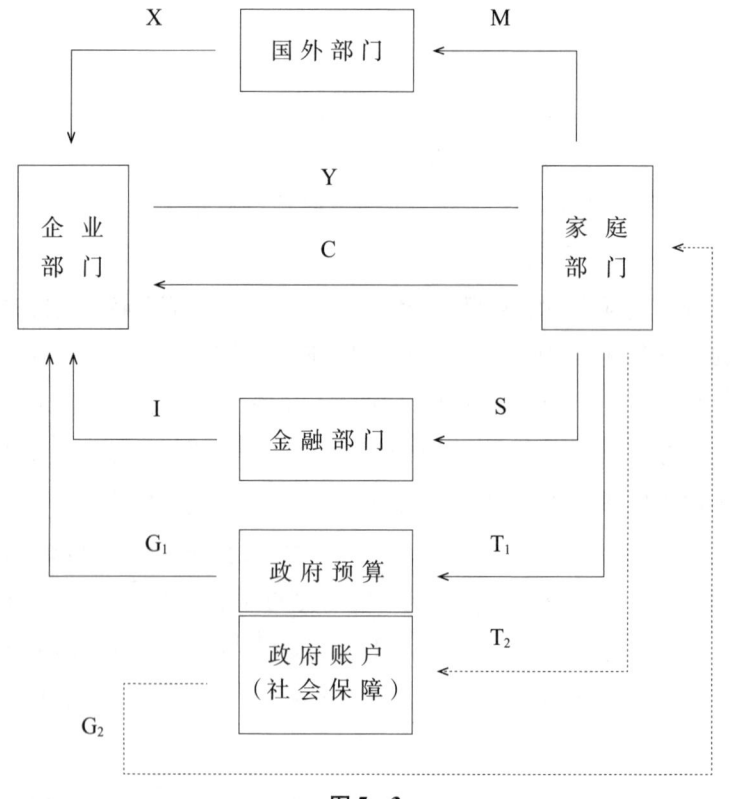

图 5-3

笔者以为,作为要素报酬之和,Y线代表了经济总产出,因而Y线完全不同于其他分支运动线,应以粗线表示。社会保障有关的收支线T2和G2,因其代表着收入的转移支付,不是货币运行的结果,而只是"虚拟"过程,所以用虚线表示。

第二节 对储蓄-投资均衡的考察

上一章,我们首先从资源配置的角度,就社会保障对储蓄和投资的影响进行了考察。本节拟站在宏观经济的立场,就储蓄与投资的均衡问题,加入社会保障参数后进行分析,以期讨论社会保障对宏观经济的又一个侧面的影响。

一、储蓄与投资的结合

微观层次上,储蓄与投资常常作为一个问题或一个变量而出现。也就是把储蓄作为投资的源泉而全部用于投资,似乎储蓄自动等于了投资。

事实并非如此,虽然储蓄是投资的前提条件,投资也是储蓄的运用,并从动态上成为储蓄增量的动因。但在宏观经济角度,为谋求整个经济运行的协调发展,达到充分就业条件下的经济持续增长,实现总供求平衡,仍然要研究如何才能保持投资与储蓄的均衡问题,也就是说储蓄与投资不一定自动保持平衡。"投资增加将会提高实际收入(如果利率不上升或上升得不够高的话),直到储蓄和投资之间的差额被较高收入中的较大量储蓄消除为止。"[①]

已知,储蓄是收入的函数,即:

[①] 加德纳·阿克利:《宏观经济理论》,陈彪如译,上海译文出版社1981年8月版,第231页。

$$S = S(y)$$

投资也是收入的函数,即:

$$I = I(y)$$

而且,边际储蓄倾向大于零,$ds/dy>0$,边际储蓄倾向大于边际投资倾向,$ds/dy>dI/dy$。这表明,储蓄函数从下面与投资函数相交于 E 点。如图 5-4 所示。

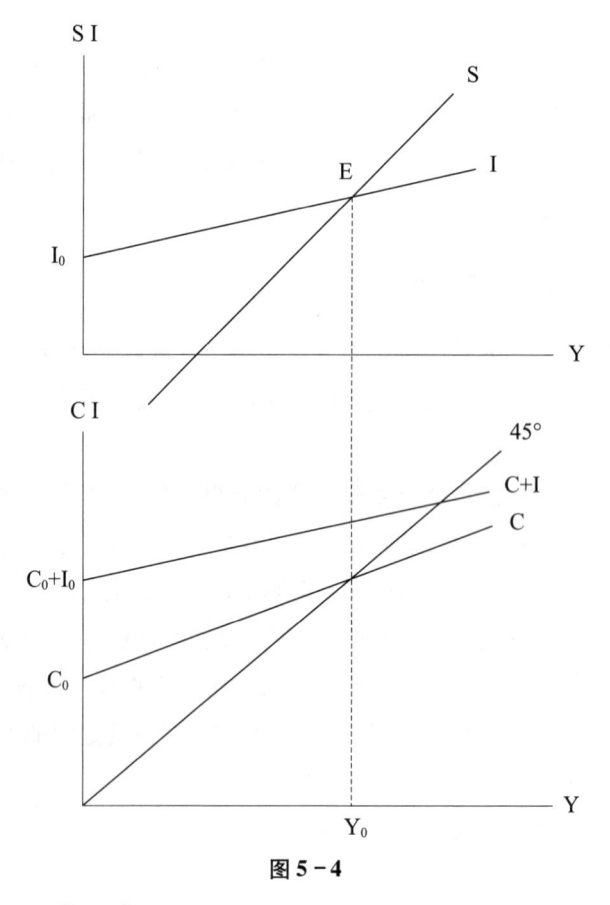

图 5-4

$$C = a + by$$
$$I = e + fy$$

$$y = C+I$$

即：$y = (a+by)+(e+fy)$

$$y = \frac{1}{1-b-f}(a+e)$$

从函数关系或图形看，增量投资可以使收入增加。这虽然可用一般定性分析得出同样结论，即投资作为生产能力追加，可使新的产出增加。但函数式能更清楚地描绘出投资增量与产出增量的数量关系是呈：$1/(1-b-f)$ 的倍数关系。举例来讲①，假设已有的函数为：

$$C = 10+0.6y$$
$$I = 5+0.3y$$
$$y = C+I = 10+0.6y+5+0.3y = 15+0.9y$$

移项得：$y-0.9y = 15$

即：$0.1y = 15$

$$y = 150$$

表明在现有的消费和投资倾向下，产出为 150。

现将投资函数的常数由 5 增加到 10，经计算：

$$y = 200$$

也就是说，在边际消费倾向为 0.6，边际投资倾向为 0.3 的情况下，投资增加 5 个单位，产出可以增加 10 倍于投资增量，达到 50 个单位。两者之间的倍数表现为：$1/(1-b-f) = 1/(1-0.6-0.3) = 10$。

从这一假设的例证看，边际消费倾向为 0.6，边际投资倾向为 0.3，以消费与储蓄的关系计量，储蓄倾向应与消费倾向相联系，即边际储蓄倾向＝1－边际消费倾向＝1－b。那么，以实例看，边际储蓄倾向等于0.4。从而，边际储蓄倾向不等于边际投资倾向。储蓄不一定等于投资。

---

① 加德纳·阿克利：《宏观经济理论》，陈彪如译，上海译文出版社 1981 年 8 月版，第 363 页。

一个行为主体,可以用三种办法来安排自己尚未消费掉的收入款——储蓄:(1)作为一名企业家,可以直接以储蓄的金额购买资本物品,投入生产,以期谋求扩大生产、增加产出和新的收益额;(2)作为一名投资者,可以在证券市场上购买股票或其他债券,间接地投入生产,同样谋求企业家在增加的收益中分给自己一定的份额,因而也是期望得到新的增量收入;(3)作为一名消费者,可以以现金形式锁入自己的保险柜,以备将来消费之用。显然,以现金形式积留自己的财富,不会产生新的报酬。这部分现金保有量最终形成了储蓄与投资之间的差额。

储蓄与投资差额的大小,取决于多种因素。首先是储蓄者的投资意识。经济发达国家,个人投资意识强,差额减少,储蓄更接近于投资;其次是投资风险。投资风险大,经济效益的总体水平不高,现金保有量有增加倾向;再次是物价指数和通货膨胀情况。通胀率高,保有的现金贬值大,可能减少现金保有量,"逼迫"储蓄者更多投资,或者干脆用于现期消费增加;又次是证券市场的发达程度。证券市场比较发达,运行规范,可以吸引更多的个人投资者。而个人投资者又常常是现金保有量的主体,他们一般难以进行直接投资;最后是信用制度的发达程度。一个国家的信用制度越是发达,个人储蓄即便不进行直接投资,也不购买有价证券,他仍有较大的可能将收入与消费的余额存入。

从我国经济的实际情况看,经济发展的总体水平尚不够高,信用制度落后,现金交易和现金保有量都较大。据统计,我国城镇居民1992年年初平均每人手持现金92.74元。按1991年底市镇总人口30543万人计算,城镇居民手持现金283.3亿元。同年,农村平均人口全年收入1155.38元,总支出1055.91元。由于总支出中已经包括了储蓄借贷支出,所以,收支差额基本是手持现金,约为人均100元。仍以1991

年底农村总人口85280万人计算,农村家庭手持现金约为850亿元①。两项合计全国手持现金达1000亿元②。我国居民的投资意识以及证券市场都不够发达。

二、引入利率变量的储蓄与投资均衡

现实中利率作为货币供求关系的价格,也会对储蓄和投资产生很大的影响。从储蓄和投资的性质看,利率与储蓄呈正相关,即利率越高,储蓄所得到的利息回报越多,人们就越愿意增加储蓄,$ds/dr>0$。而利率与投资却呈负相关,即利率越高,投资所筹资本的代价越大,投资成本越大,为保持一定的投资收益,就必须有更高的投资回报率,或者投资回报率不变,投资收益就会越少,投资风险将更大,$dI/dr<0$。

投资和储蓄函数都发生了一定变化。

储蓄函数由$S=S(y)$,变为$S=S(y,r)$

投资函数由$I=I(y)$,变为$I=I(y,r)$

因为,储蓄投资均衡要求:$I=S$

所以有:

$$I=S$$
$$S=S(y,r)$$
$$I=I(y,r)$$

假定产出水平y为既定,就可以解出I、S和r的相互关系,即由储蓄与投资均衡决定的利率水平,反之,若利率水平已知,也可以解出I、S和y的相互关系,即由储蓄与投资均衡决定的产出水平。如

---

① 当然,农村家庭收入并非全部现金收入,但现金收入比重较高,同样以1992年资料计算约为70%。

② 根据《1993年中国统计年鉴》有关数据计算,中国统计出版社。

果利率 r 和产出 y 都不确定,也能解出储蓄与投资均衡下的利率和产出组合。

实际上,投资 I 与储蓄 S 均衡点的组合构成了 IS 曲线,再由 IS 曲线的任一点,可以得出储蓄与投资均衡条件下的利率与产出选择。如图 5-5-1 所示。

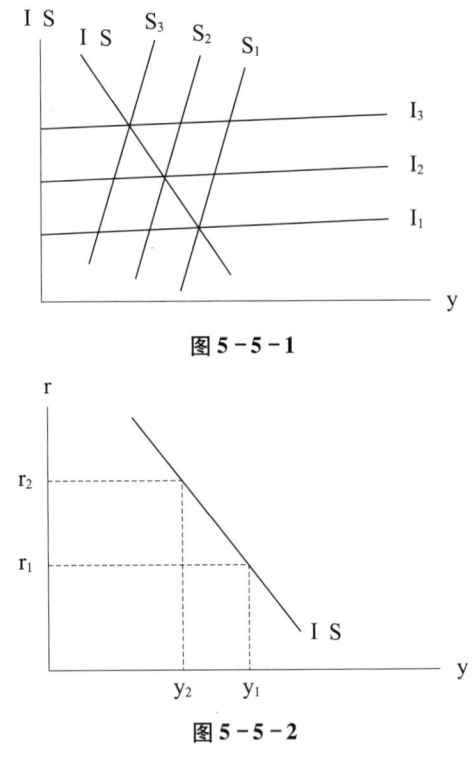

图 5-5-1

图 5-5-2

进一步的问题在于:利率的变动又决定于资金市场的资金供求关系。资金供给比较充分,需求不足,则利率有下降要求,反之,资金供给不足,需求旺盛,则利率有上涨压力。撇开其他条件和变化,以图 5-5-2 看,由储蓄与投资均衡的利率上升,将导致产出下降,即利率由 r_1 上升到 r_2,产出由 y_1 下降到 y_2。

图 5-6-1

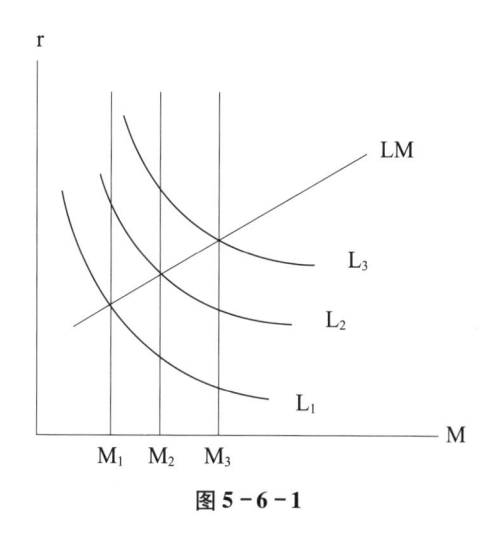

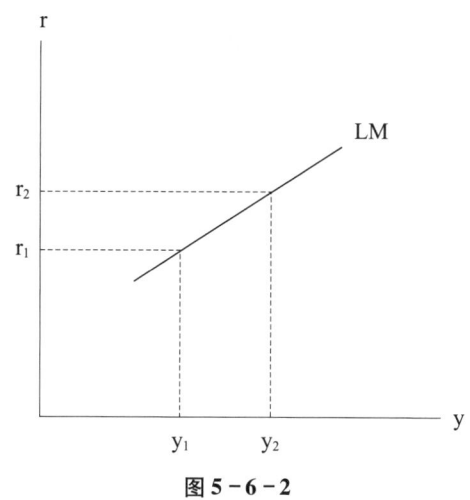

图 5-6-2

如图 5-6 所示,货币需求主要有交易需求和投机需求。作为商品交易产生的需求应取决于收入或产出,即 $L_1(y)$。作为投机需求对利率的反应较为灵敏,即 $L_2(r)$。如果要求货币供给(M)与货币需求(L=L_1+L_2)在资金市场上取得均衡,则 $M=L_1(y)+L_2(r)$

可见,货币供求均衡点的组合构成的 LM 曲线,可以导出不同利率水平下的产出组合。

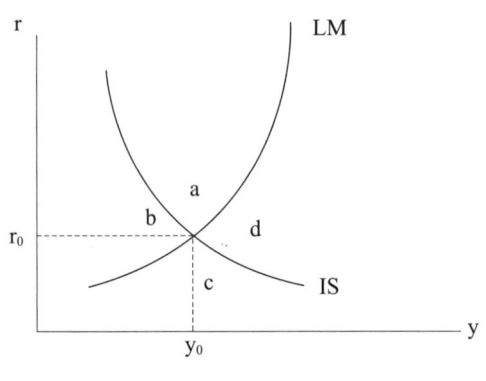

图 5-7

如图 5-7,将商品市场的储蓄投资均衡与货币市场的货币供求均衡相联系,就可以得到商品市场和货币市场同时均衡的利率 r_0 和 y_0 的选择。换言之,只有在利率政策和 y_0 产出规模的选择下,才能真正实现经济的总体均衡,宏观经济才得以稳定。因为,a 区域中,I<S,L<M;b 区域中,I>S,L<M;c 区域中,I>S,L>M;d 区域中,I<S,L>M。

三、引入社会保障的储蓄与投资均衡

储蓄与投资的实际比例,当然有三种状况:储蓄=投资,储蓄>投资,储蓄<投资。如果暂且不论政府收支和外汇收支的平衡问题,或者假定政府收支和外汇收支都是各自平衡的,那么,宏观经济均衡必然要求储蓄等于投资。

如果把储蓄—投资均衡视为经济稳定的目标,社会保障在筹资、存储和支付的各个阶段,都会对社会总储蓄产生一定的影响作用,从而对已有的储蓄—投资均衡机制的某一个方面——主要是储蓄方面加码或减码。有时,社会保障还会以其积极的行为,直接加入投资行列,又起

到调节投资的作用。

不可否认,从个体行为看,社会保障筹资无论是否采取税收形式,都有可能导致个人储蓄的减少。这是因为:第一,政府提供完善、可靠的保障制度,免除了个人后顾之忧,个人不必要,至少是可以不以个人保险为主,转而依靠政府提供的保障制度。或者以政府提供的社会保障为主,个人储蓄保险为辅;第二,社会保险税以工薪收入为课税对象,大多数工薪阶层的收入水平处于中等或中等以下,在他们的收入比例中,很大部分用于必需品消费,缺乏弹性,社会保险税的课征可能直接减少其储蓄部分;第三,如果为了达到公平再分配目标,社会保险税改为对所得包括非工薪所得如资本所得课税和对利息所得课税,则会相对提高远期消费价格,激励个人更多地将收入用于现期消费,所以,就个人储蓄行为言,社会保障筹资可能导致储蓄下降,对个人储蓄有制约作用。

然而,从社会总储蓄看,个人储蓄减少不会必然造成社会总储蓄减少。须视所筹资金的当期处理:如果当期所筹资金又全部付给受益人当期消费,结果是社会总储蓄等额减少,这时表明,社会保障制度仅仅处于"社会统筹"阶段,可以解决社会统一标准法制化,以及新老企业负担畸轻畸重的不公平状况。如果当期所筹资金部分付给受益人当期消费,部分用于社会保障储蓄,以备将来保障支付,那么社会储蓄只有部分减少。而且以动态观点看,以前的保障储蓄为现在的保障消费,则在储存提取时并未减少社会总储蓄,而是个人储蓄向公共部门储蓄的转移。

社会保障对企业的筹资部分,情况略有不同。企业交纳社会保险税后,尽管可在所得税前扣除,但仍减少了企业67%的税后利润(假定企业所得税率为33%)。这部分税后利润原本有两个用途。其一是用于股东分红,其二是以不分配利润的形式留在了企业,用于生产积累。

前者的储蓄影响归同于个人储蓄。就后者看,保障筹资削减了企业生产积累的能力。

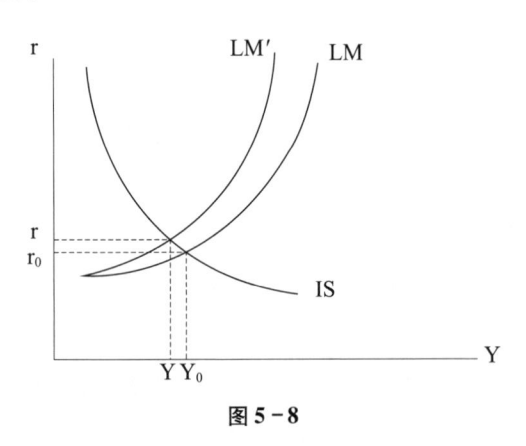

图 5-8

无论是社会总储蓄的等额减少还是部分减少,都会对原已均衡的经济产生影响。从图 5-8 看,储蓄下降的结果是投资需求相对增大,投资可供不足。表现在货币市场则是利率上升,货币供给不足,货币供求均衡曲线 LM,向左移至 LM′,导致产出减少。

从图 5-9-1 看,如果保障筹资又立即支付给另一部分个人,表明社会储蓄减少,储蓄倾向下降,消费倾向增大。即图中储蓄曲线由 S 移至 S′,消费曲线由 C 移至 C′。相应地,图 5-9-2 看出,储蓄与投资均衡点由 E 变为 E′,均衡储蓄量和投资量也由 S_0 和 I_0,变化为 $S′$ 和 $I′_0$。

需要指出,若国家的社会保障制度已经不限于"社会统筹",而是进入了"基金积累"状态,则保障资金的筹集对储蓄的影响就会大大减轻。如果所筹资金有一部分来源于个人的现期消费,则不仅没有减储效应,而且还会增加社会净储蓄款。更重要的是,分散在众人的资金所有者原本并不一定就是投资人,而以基金制存在的保障基金,由政府组织实施管理,有法律保证,有管理的专门人才,有庞大的基金,又有高度

图 5-9-1

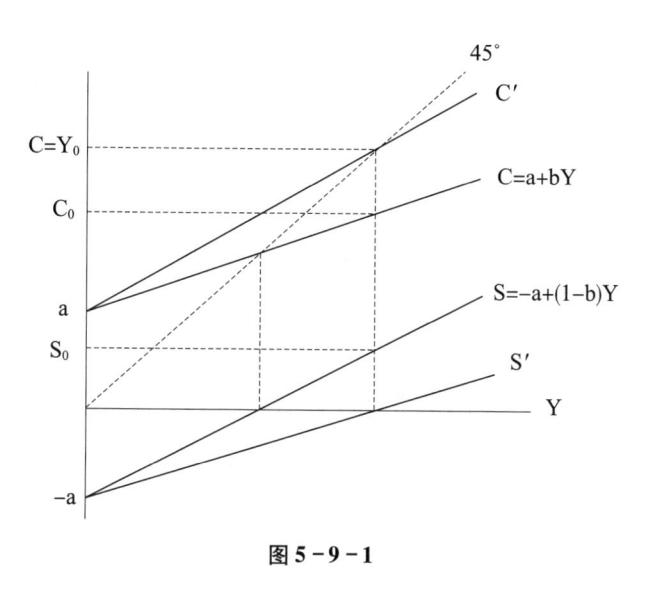

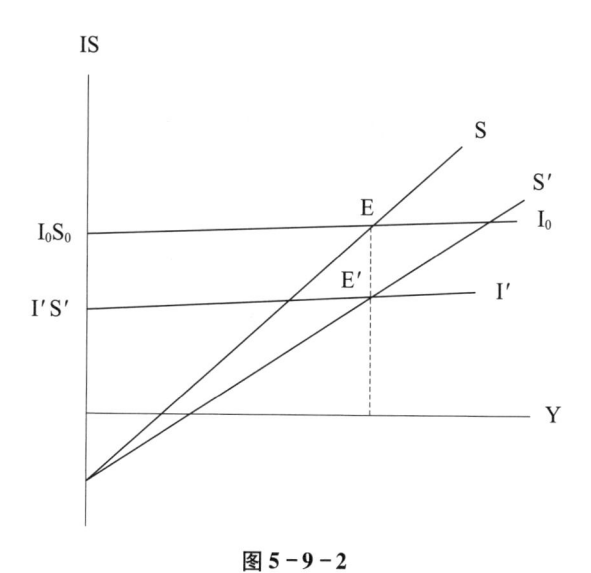

图 5-9-2

的信用,基金就完全可以成为一个积极的"超级投资者",为社会总投资注入一个稳定而庞大的机制。基金达到一定规模之后,每年筹资,每年支付,总有稳定的沉淀额,使之成为稳定经济运行,促进经济增长的重要因素。

第三节 对资金部门流动的考察

宏观经济的运行状况很大程度上表现在社会资金的运动。经济运行比较顺利,资金流向及其存量则也会比较适度。反之,经济政策又可以通过调节资金流向和各部门的资金存量,达到调控宏观经济运行的目的。

社会保障基金的建立将使得一部分资金在各个部门间出现新流动,改变各部门原有的资金存量,从而对整个宏观经济产生一定的影响作用。

一、企业部门和家庭部门的收支账目

经济首先可以高度抽象为生产部门与消费部门之间的关系,即生产为了消费,消费需要生产。而从部门间的资金与物资运动看,生产部门需要家庭部门为其提供各种生产要素,并为家庭部门提供生产品。在这个假想的经济中,家庭部门消费掉其所有的收入,没有税收,也没有政府支出,没有储蓄,也没有投资。①

---

① Robert J. Gorkon, *Macroeconomics*, Third Edition 1984, Published by Little, Brown Z. Company (Canada) Limited.

表 5-2　企业收支账目

销售成本：	销售收入：
购买原材料或劳务：买自国内	个人购买
买自国外	其他企业购买
工资,薪金	政府购买
折旧	国外购买(出口)
间接税	其他收入：
其他费用：	利息收入
利息支出	红利收入
坏账损失	国家津贴
捐赠	
利润：	
企业利润：企业所得税	
社会保险税	
保留利润	
红利	

企业部门的收支账目由三部分组成：

(1)收入部分：包括主营业务收入和非主营业务收入。从企业性质讲,主营业务比较典型的应是产品(有形产品和无形产品)销售收入；

(2)成本部分：包括主营业务的生产成本和销售经营及其他费用；

(3)收益部分：指企业收入扣除成本之后的盈余及其处理。如果企业经营不善,收益部分也有可能为负数。

进一步把企业的收支账目放到国民收入或总产出运行和配置结果上看,企业账户分为借和贷两个方面。但是,从宏观经济角度、企业账户的借和贷,实质反映了国民收入的要素分配(相当于图 5-2 所示的 Y)和国民产出的最终消费。

表 5-3　企业账户

企业创造的国民收入	国民产出的消费
对雇员的工资、薪金	
间接税	家庭消费
社会保险税	政府消费
捐赠	企业消费
所得税	国外消费
红利分配	存货增加
保留利润	

包括其他形式的收入分配,如股息、地租、租金等

表 5-4　家庭收支账目

家庭消费支出	工资和薪给收入
支付工资、薪金	来自:企业
向企业购买商品劳务	政府
向国外购买商品劳务	其他家庭
家庭捐赠	国外
个人所得税	补助收入
社会保险金	来自:政府社会保障
家庭储蓄	企业捐赠
	其他家庭捐赠
	资本性收入
	股息
	利息
	红利
	租金
	地租

如表 5-3 所见,企业创造的国民收入从内容上,应是工资、利息、地租、利润。从去向上,分配到家庭部门、政府部门或未分配利润保留于企业部门企业账户的借方项下,反映了收入分配的大致情况和主要去向。国民收入从最终用途上,分为补偿基金、积累基金和消费基金。但从部门用途上,主要用于家庭部门、政府部门、国外部门和企业部门自

身,所以企业账户贷方的各个部门消费,其消费是广义的,包括生产消费、存贷及其增加应是当期(同一年度内)尚未消费掉的国民产出品,主要表现为企业保留利润,以及家庭储蓄、政府预算结余和外汇收支顺差。

家庭部门的收支账目不能像企业部门那样反映国民产出的收入和消费,而只是从消费部门表现为家庭收入的来源和去向。

家庭收入大致分为三个部分。一是劳动所得的工资薪给收入,是社会按照"按劳分配"原则,根据个人劳动成果的大小,由其他部门主要是企业部门和政府部门支付的。二是各种转移支付形成的补助收入。其中主要是政府部门统筹的社会保障基金及其他救济。三是资本性收入,由社会根据"按资分配"原则,对投资者支付的投资回报,家庭支出主要有家庭自身消费、个人税(包括个人所得税和个人支付的社会保险税[①])以及家庭支出剩余——储蓄。

二、政府部门、国外部门和金融部门的收支账目

一个经济除了企业部门和家庭部门外,还可以进一步扩大:增加政府部门——提供市场所不能提供的公共品,弥补市场缺陷;增加国外部门——完成国民经济系统与外部国际经济更大系统的对接,实现资源互补;增加金融部门——实施融资与投资,满足连续生产和扩大再生产的资金追加需要。

政府部门的收支账目在收入部分主要是税收,社会保险税和政府事业的收入,将罚款、赃款赃物变价、规费、服务费等收入均列入政府事业收入项下,债务由于不能成为一种真正的收入,故而不作为一个独立的收入项目。

[①] 社会保险税的特定属性,使得这一支出项目也可列在收入项下作为对工资薪金收入的扣除。

表 5-5　政府收支账目

政府支出总计	政府收入总计
购买商品和劳务	赋税收入
向企业购买	间接税
向国外购买	企业所得税
工资薪金	个人所得税
转移支付(向家庭购买)	社会保险税(基金)
对企业补贴	企业交纳部分
对社会保障支付	个人交纳部分
对国外捐赠	政府事业收入
收支盈余(储蓄)	收支赤字(借款)①

与家庭收支项目相比,政府虽然同属消费性质,但政府不是作为要素提供部门,因而只是要素收入的一种再分配,没有资本性收入。当国有资产产生收益时,广义上将其归入到家庭部门②。将政府赋税与社会保险税分开列项,既表明本书对社会保险税的特别重视,同时这也是由于社会保险税具有更鲜明的返还性,是由社会统筹、政府管理和组织的"统筹基金"。所以,将其称为"社会保险捐"或"社会保险基金",也许更为合适。支出栏中,购买"商品和劳务"项下的工资薪金,是指政府对其雇员支付的报酬,这笔支出流向家庭部门,但注意在抽象的经济图中,这笔支出是包括在 G 中,注入到企业部门的。

国外账户实际上是国外企业部门、家庭部门和政府部门、金融部门的汇总。其收支项目应是国内各部门收支项目的汇总,并与国内各部门有关收支项目逆运动,即国内某部门对外收入,就是国外部门的支出,反之,则是国外部门相关项目的收入。限于课题的重点要求,不予具体详述。

---

　　① 赤字也可以作为一种负盈余而放在支出项下。
　　② 从这个意义上,国有资产的收益也不应当归入政府预算一并管理。因而有必要建立国有资产与负债的独立的预算体系。

金融部门的收支账目与其他部门的收支账目有显然不同。严格讲,金融作为融投资机构基本上不表现为收支账目,除利息收入和利息支出外,金融部门主要表现为资金的存贷关系,或者说是存贷账目,但若将金融部门视为一个普通的企业看待,它又有自己的收支账目。需要指出的是,当把金融部门视作企业看待时,它又不能独立成为一个部门,而归入到企业部门。本章之所以将其单独列出,目的在于以下的研究涉及宏观资金变动的需要。所以,我们所关注的,并非是金融部门作为企业的属性,而是作为融投资机构的职能,关心其存款和贷款业务的变动。

表 5-6　金融部门收支账目

贷款:	存款:
对企业贷款	家庭储蓄
对国外贷款	企业存款
对政府赤字贷款	政府存款
存款利息支出	国外存款
经营费用	贷款利息收入
购买商品劳务	
工资薪给	
间接税	
企业所得税	
分配利润	
未分配利润	

三、社会保障与部门账户的变动

舍弃各部门的非主要收支项目,进一步总括各部门账户的相互关系,可以为社会保障介入后的宏观资金运动影响,提供分析的基础。见图 5-10 所示各账户。

整个经济系统表现为各部门资金和产品的相互运动,此增彼减,此借彼贷。

各部门内部权益表现为：

政府部门：G=T

金融部门：I=S

国外部门：X=M

家庭部门：C+T+S+M=Y

企业部门：C+G+I+X=Y

整个经济的权益表现为生产与消费之间：

C+T+S+M=C+G+I+X

企业账户（B）

1 工薪报酬支付	6 家庭消费 C
2 间接税	9 政府消费 G
3 企业所得税	11 企业消费 I
4 分配利润	12 国外消费 X
5 未分配利润	
Y	C+G+I+X

家庭账户（H）

6 向国内企业购买 C	1 工薪收入
7 政府课税 T	4 股息利息
8 家庭储蓄 S	红利收入
13 向国外企业	
购买 M	
C+T+S+M	Y

政府账户（P）

9 购买商品劳务	2 间接税
10 政府储蓄	3 企业所得税
	7 个人所得税
G	T

金融账户（F）

11 投资贷款	5 企业储蓄
	8 家庭储蓄
	10 政府储蓄
I	S

国外账户（W）

12 购买国内商品	13 向国内出口
	商业劳务
X	M

表中各部门的相互联系以数码编号相同为对应关系；

B(1)—H(1)：表示企业部门对家庭部门的劳务支付；

B(2)—G(2):表示企业部门对政府部门的间接税交纳;
B(3)—G(3):表示企业部门对政府部门的直接税交纳;
B(4)—H(4):表示企业部门对家庭部门的要素支付;
B(5)—F(5):表示企业部门存入银行的保留利润;
H(6)—B(6):表示家庭部门向企业部门购买商品劳务;
H(7)—P(7):表示政府部门对个人所得的课税;
H(8)—F(8):表示家庭部门将收入剩余存入银行;
P(9)—B(9):表示政府部门向企业部门购买商品和劳务;
P(10)—F(10):表示政府部门将预算结余存入银行;
F(11)—B(11):表示金融部门贷款形成对企业部门的资本货物购买;
W(12)—B(12):表示国外部门向国内购买商品和劳务;
H(13)—W(13):表示国内向国外部门购买商品和劳务。

图 5-10

社会保障引起的资金运动,在性质上属于保障基金筹集和支付而引起资金(收入及其所有权)在个人与政府间的转移支付,只涉及消费部门而与生产部门无影响。同时,在转移个人与政府(筹资)或政府与个人(支付)间资金的过程中,金融部门的储蓄量和储蓄结构将发生变化。

(1)只涉及金融部门储蓄结构变化时。

政府账户(保障)		家庭账户(个人)	
15 转移支付 (对个人)	14 社会保险税	14 社会保险税	15 保障收入 (来自政府)

金融账户	
	14 家庭储蓄- 14 政府储蓄+ 15 家庭储蓄- 15 政府储蓄-

假定政府向家庭部门征保险税时,家庭部门全部以储蓄支付,而政府对个人支付保障金时家庭部门全部用于储蓄。

(2)筹资只影响储蓄结构,支付影响储蓄总量。

政府账户		家庭账户	
15 转移支付 （对个人）	14 社会保险税	14 社会保险税 16 购买商品 　　劳务	15 保障收入 　（来自政府）

企业账户		金融账户	
	16 家庭消费		14 家庭储蓄− 14 政府储蓄+

一般讲,社会保障既然是为维持没有生活保证的一部分社会成员的需要,那么,社会保障金的转移支付的受益人,总是将这笔收入用于购买商品和劳务消费的。所以,筹资过程仅有储蓄结构调整,支付过程却有储蓄总量变化。

(3)限于社会统筹时,筹资和支付的当期有储蓄总量影响。如果社会保障筹资仅仅限于社会统筹,未达到基金程度,当期筹资额全部用于当期保障支付,没有积累,就可以理解为当期筹资,当期转移支付,当期消费。影响情况在形式上与(2)同,但存在时期上的差别。即(2)是指两个时期的影响效果,(3)是指同一时期的影响效果。

(4)部分基金状态下,筹资过程有部分储蓄量的影响。根据(3)的原理,如果当期筹资额大于当期支付额,当期可有一定数额的基金积累,则相当于基金积累额的筹资额仅仅是私人部门储蓄向公共部门储蓄的结构转化。

显然,社会保障随采取的管理方式不同(现收现付、社会统筹、部分基金,或者完全积累式),会对宏观资金的运行方向,对各部门的资金结构和各部门间的资金关系,产生不同的影响。这种影响主要表现在两个层次。其一是私人部门与公共部门资金存量调整,实质是一部分资金由私人部门运动到公共部门,而管理方式不同,转移的程度也不同;其二是储蓄向消费的转化,某些方式可以使家庭储蓄转化为家庭消费,另一些方式使家庭储蓄部分地转化为家庭消费,还有一些方式没有储蓄向消费的转化,而是储蓄向储蓄的调整。

社会保障对社会资金的这两种基本影响,都会对宏观经济运行带来不同的作用。前者——储蓄部门调整的结果,可以使政府宏观调控能力增强,私人投资能力减弱。如果公共部门控制投资,可以起到紧缩效应,迫使货币供应量减少,市场利率上升。如果公共部门积极参与投资,则社会总投资需求不变,但公共项目增加。后者——储蓄向消费的转化,具有增加消费,减弱投资能力的效果。

第四节 对经济周期的考察:自动稳定器

宏观经济中,社会保障除对社会总供求,对储蓄与投资均衡,以及对社会资金的运动产生重要的影响作用外,还可以通过基金形式,对经济运行的周期性波动,发挥其特有的自动调节作用,从而成为经济波动逆向调谐的"自动稳定器"之一。

一、经济中的自动稳定机制

经济在长期增长过程中不可能完全一帆风顺。市场经济条件下资源由市场竞争而达到效率配置,使得资源能够合理而有效地利用,造福于人类。但市场机制天生存在缺陷。例如,市场不能根据一部分社会成员的实际需要而无偿提供生活费用。市场在配置资源的运行中,要通过价格涨落来反映社会供求关系的变化,因而有一定的盲目性和滞后性。市场客观存在的盲目性和滞后性,决定了市场经济运行必然会出现波动,经济在波动中发展。"经济发展不可能保持直线的方式。波动是经济发展借以实现的一种方式,这在现实生活中也是不言而喻的。""它反映的内容是经济运行从失衡——均衡——失衡这样一种运动。它的直接含义是指经济增长时而高涨,时而放慢或下降这样一种现象。"①

经济的自然波动及其由此形成的波动周期,可能造成对经济的伤害。特别是剧烈的波动,无论是高通货膨胀期,还是经济萧条期,经济的成长都会受到扭曲而不利于长期稳定发展。所以,经济中需要一些特殊的调谐机制能够缓解和抑制经济波动。

利率和实际货币余额以及对外贸易,都是经济中自然生成的自动稳定机制。

利率是货币供给与货币需求关系对比的价格。对货币供给而言,供给越多,货币价格——利率就越低,对货币供给者来说,利率越高就越愿意提供货币。反之,对货币需求而言需求越大,就越对货币价格起到拉动作用——利率上扬,但对货币需求者来说,利率越高,需求者所支付的成本越高,就越是抑制对货币的需求。根据这个原理,利率在经济波动的不同阶段,可以自动调节货币供求关系,有利于经济恢复稳定。例如,在通货膨胀严重时期,交易所需货币量随之增加。如果货币供应量不变,那么,可用于投机的货币减少。由凯恩斯理论可知,投机用货币减少,利率上升。而利率上升的结果是增加了投资成本,有利于减少社会需求而缓解通货膨胀的程度。反之,则反是。

作为家庭手中掌握的货币购买力,实际货币余额在高通货膨胀时期的实际价值大幅度下降,使得家庭削减消费,社会总需求下降,通货膨胀受到抑制。反之,在经济萧条时期,物价下跌,家庭部门的实际购买力上升,家庭增加消费,社会总需求上升,有利于经济复苏。

---

① 杜辉:《中国:双重转换中的波动趋势》,上海人民出版社1992年8月版,第14页。

对外贸易的自发运行,也可以成为稳定经济的自动机制。举例讲,在高通货膨胀时期,由于国内通货膨胀高于国外,在汇率不变情况下,换汇成本上升,出口减少。出口减少的结果既可以增加国内商品可供量,又减少货币流入,因而也有助于缓解通货膨胀。反之亦然。

经济中的各种自动稳定机制,对于自发地缓解经济波动,恢复经济稳定,发挥着重要作用。但仅有经济"内生"的自动稳定机制,仍然是不够的。为了更好地维护经济稳定,促使经济稳定成长,政府就运用其经济政策予以干预,这些经济政策中就有一些可以发挥其对经济的"自动稳定"作用。

二、政府设置的"自动稳定器"

政府对经济实施干预,通常采取两种策略。一是根据经济情况的变化,临时"相机抉择"。另一是根据经济情况变化的规律,设置一种特定机制,使之能对经济波动的不同方向和不同程度,"自动"发挥调谐作用。

政府设置的"自动稳定器",通常有:农产品价格维持机制、所得税累进机制和社会保障基金机制。

农产品价格维持机制是政府为保证农业生产者收入水平,从而保证农产品供给积极性,满足人民生活需要,有利于经济和社会稳定的一种保护性价格政策。一般是规定一个合理的农产品价格作为"标准价格",当实际的农产品市场价格低于该"标准价格"时,国家就按标准价格即维持价格收购。反之,国家就以该价格抛售手中掌握的农产品,这样,在经济萧条——农产品价格下跌,和经济高涨——农产品价格上涨的不同时期,都可以起到稳定经济的作用。

所得税累进机制是指政府在制定所得税,包括企业所得税和个人所得税时,实行累进的税率制度。那么,在经济高涨时期,经济增长快,企业开工增加,就业人数增加,劳动者收入水平提高。结果:更多的人成为纳税人,原处于较低税率级距的纳税人,跨入更高的税率级距,成为高税负纳税人,从而整个税负水平提高。宏观税负的提高,表明在国民收入中国家占有更大的份额,个人份额相对下降,导致个人和家庭消费及投资能力下降,就可以起到抑制经济过快增长的势头。相反情况下则有利经济加快增长。

社会保障基金机制是政府实行社会保障基金统筹制度,通过保障基金"沉淀蓄水"或"储金放仓",来达到自动调谐经济波动的目的。也就是:在经济高涨时期,经济增长加快,企业开工增加,就业人数增加,劳动者收入水平提高。这使得社会保障基金中用于失业救济的补助金和家庭困难救济金大为减少。同时,课征于工薪收入的社会保险税收入,从雇主和雇员两方面都有所甚至是较大幅度增加。保障基金收入大于支出,出现结余。结果相对减少了家庭部门的货币收入,削弱其购买能力,有助于减少社会总需求,抑制经济的增长速度,即高涨时期自动缓解需求压力,抑制增长速度;反过来,在经济萧条的不景气时期,经济增长放慢,甚至出现下降,企业开工率下降,就业人数减少,失业增加,劳动者及其家庭收入水平下降,其结果社会保障基金中用于失业救济和家庭困难的补助金增加。同时,对工薪报酬课征的保险税收入却大大减少了,一方面是支出增加,另一方面是收入减少。社会保障基金入不敷出,出现赤字,不得不动用结余基金,这样,原本处于储备状态的一部分基金又重新被注入到经济之中,家庭部门收入有所增加,购买能力增强,社会总需求上升,有助于恢复经济增长,或加快经济增长速度。即萧条时期自动释放需求,改善需求不足状况,促进经济增长。

社会保障基金像农产品价格和累进所得税一样,成为了政府创造的、用于自动调谐经济运行波动的"内在稳定器"。

经济中的各种稳定机制,无论其是"内生"的,还是"外生的",在经济波动成长中共同发挥作用,就可以使经济稳定有了可靠的依据。各种机制若能相互配合,则更能达到"事半功倍"的效果。如累进所得税和社会保障都是分配方面的"自动稳定器",二者配合运用。高涨时期,一方面提高了税收份额,另一方面增加了基金结余,就可大幅度抑制总需求膨胀。

第六章 社会保障制度的模式选择

社会保障对收入再分配、资源配置和宏观经济均衡,都有重大影响,成为经济运行不可或缺的环节。如何建立社会保障制度,这是我国经济改革以来不断思考和探索的课题。市场经济体制下,要保证企业具有独立经营的机制,做到政企分开、自主经营、自享经营成果,就必然要求建立与市场体制相适应的社会保障制度,以便为企业经营不善时的破产、经济波动中的部分职工下岗或失业,劳动者焕发劳动积极性,创造外部条件。事实证明,如果没有完善的社会保障制度作为后盾,企业破产和劳动者失业都会因对社会安定带来不利影响而受到阻碍,企业也就无法承担经营风险,个人也就缺乏竞争动力。同时,各个企业之间养老负担的畸轻畸重,实际上损害了企业经济核算的准确性,更无法使各个企业在相同的起跑线上展开公平竞争。建立社会保障制度首先需要解决一些方向性问题,明确其体系、资金来源、管理方式、组织机构,以及保障提供的程度及其与经济的比例关系。这些问题归根结蒂"要与我国社会生产力发展水平以及各方面的适应能力相适应"①。根据《中共中央关于建立社会主义市场经济体制若干问题的决定》,我国社会保障制度应当是多层次的社会保障体系,包括社会保险、社会救济、社会福利、优抚安置和社会互助、个人储蓄积累等;按照社会保障的

---

① 《中共中央关于建立社会主义市场经济体制若干问题的决定》,单行本第15页,中共十四届三中全会通过。

不同类型确定其资金来源和保障方式;建立统一的社会保障管理机构。提高社会保障事业的管理水平,形成社会保险基金筹集、运营的良性循环机制。

其总目标是到本世纪末,基本建立起适应社会主义市场经济体制要求,适用于城镇各类企业职工和个体劳动者,资金来源多渠道、保障方式多层次、社会统筹与个人账户相结合、权利与义务相对应、管理服务社会化的社会保险体系。

第一节 我国社会保障制度的建立与目标

新中国成立之前,中国共产党就领导广大劳动者在民主主义革命时期为建立社会保险制度进行过长期的斗争。1922年,中国劳动组合书记部起草的《劳动法案大纲》中,就明确提出了社会保险的斗争纲领。1931年,中华工农兵苏维埃第一次全国代表大会通过的《中华苏维埃共和国劳动法》中,对社会保险曾作出专章规定。抗日战争时期的陕甘宁边区、晋察冀边区、晋冀鲁豫边区等革命根据地也都规定过有关社会保险的办法。1948年,东北职工代表大会通过了《东北公营企业战时暂时劳动保险条例》。中华人民共和国成立前夕通过的《中国人民政治协商会议共同纲领》第32条规定"逐步实行劳动保险制度"。

中华人民共和国成立后,社会保障制度得到了迅速的统一和发展。自50年代起,我国政府每年都投入大量资金用于发展和完善社会保障及福利事业,逐渐形成了以广大劳动者为主要对象的社会保障体系。1950年10月27日经中国人民政治协商会议同意,发布了《中华人民共和国劳动保险条例》(草案),后经劳动部和中华全国总工会进一步修改,提请政务院第73次会议批准,于1951年2月25日正式颁布实施。这是我国颁布的第一部全国统一的社会保险法规。该法规具体规定了职工及其家属疾病、伤残、死亡、生育以及退休后可获得的必要物质帮助的办法。该条例所确定的各个社会保险项目,除缺少失业保险外,基本上成为以后40年中我国企业职工社会保险制度的主要内容。同时,也为以后社会保险制度的进一步改革和发展,提供了法律依据。

1953年1月2日,政务院又公布了经修订的《中华人民共和国劳动保险条例》,1月26日,劳动部相应颁发了《中华人民共和国劳动保险条例实施细则修正草案》,进一步扩大了劳动保险的实施范围,提高了部分保险项目的标准。1956年,社会保险的范围又从工业企业进一步扩大到商业、外贸、粮食、供销合作、金融、民航、石油、地质、水产、国营农牧场、造林等产业和部门。至此,全国企业职工实行社会保险的人数达到1600万人,签订社会保险集体合同的职工达700万人,占当年国营、公私合营、私营企业职工总数的94%[①]。

1952年9月12日,政务院颁发了《关于各级人民政府工作人员在患病期间待遇暂行办法》。1955年4月26日,国务院颁发了《关于女工工作人员生育假期的通知》。1955年9月17日,财政部、卫生部和国务院人事局联合颁发了《关于国家机关工作人员子女医疗问题的规定》。1956年颁发了《中华人民共和国女工保护条例法》(草案)。1955年12月29日,国务院颁发了《国家机关工作人员退休处理暂行办法》和《国家机关工作人员退职处理暂行办法》。1954年6月12日,内务部、劳动部发布了《关于经济建设工程民工伤亡抚恤问题的暂行规定》。1954年8月8日,中央人民政府、人民革命军事委员会发布了《抗美援朝无军籍工资制人员病、伤、残、亡优抚暂行办法》。所以,可以认为,到"一五"期末,我国已经建立起对企业职工和国家机关事业

---

① 劳动部课题组:《中国社会保障体系的建立与完善》,中国经济出版社1994年1月版,第239—240页。

单位工作人员比较完整的社会保险体系。加之同期不断完善的社会救济、社会福利与社会优抚项目，初步建立起我国社会保障制度。在此以后直到80年代经济改革之前的几十年间，我国社会保障制度虽经不断调整和完善，但其基本雏形和内容框架没有大的变化，从这段时期中社会保障制度的性质上讲，属于"供给制"和"实报实销制"。

党的十一届三中全会之后，国家工作重点开始转移到以经济建设为中心的社会主义现代化建设上来。特别是80年代，我国开始进行经济体制改革并逐步进入到社会主义市场经济体制。改革过程中，无论是劳动用工制度的变化，还是企业自主经营所要求的公平竞争，都表现出对社会保障制度进一步完善的期望。社会保障的地位也不断提高，越来越受到政府、企业、个人，受到实践和理论的高度重视。《中共中央关于制定国民经济和社会发展第七个五年计划的建议》指出"适应对内搞活经济，对外实行开放的新情况，认真研究和建立形式多样、项目不同、标准有别的新的社会保障制度。""要逐步建立机关事业单位、全民企业、集体企业、中外合资企业职工的各种社会保险制度，特别是职工待业保险制度，城乡个体劳动者的社会保险制度也要抓紧研究，进行试点，逐步实施。"并认为"这是保证经济体制改革顺利进行和取得成功的重要条件，也是社会安定和国家长治久安的根本大计"[1]如果说1985年中央关于"七五"计划的建议，主要把社会保障制度当作经济改革进行和成功的条件，当作社会安定的重要制度。那么，到1990年12月，《中华人民共和国国民经济和社会发展十年规划和第八个五年计划纲要》则对社会保障制度的内容和完善模式，提出了具体要求。《纲要》指出"努力推进社会保险制度改革，要以改革和建立养老保险和待业保险制度为重点，带动其他社会保险事业和社会福利、社会救济与优

---

[1] 《中共中央关于制定国民经济和社会发展第七个五年计划的建议》。

抚事业的发展。按照国家、集体和个人共同合理负担的原则，在城镇各类职工中逐步建立养老保险制度，扩大待业保险的范围，完善待业保险办法，实行多层次的社会保险。同时，努力改革医疗保险和工伤保险制度，继续推行合作医疗保险。"①

随着《纲要》所确定的社会保障改革与发展的总方针和指导原则在实践中逐渐展开，各地改革取得很大成果之后，1993年中共第十四届三中全会《中共中央关于建立社会主义市场经济体制若干问题的决定》，又进一步提出了我国社会保障的完整体系、运行模式和管理体制，使我国社会保障制度的进一步完善，有了明晰的框架和可供操作的实施方案，新一轮社会保障制度的改革和发展达到了高潮。《决定》指出"建立多层次的社会保障体系，对于深化企业和事业单位改革，保持社会稳定，顺利建立社会主义市场经济体制具有重大意义。社会保障体系包括社会保险、社会救济、社会福利、优抚安置和社会互助、个人储蓄积累保障。社会保障政策要统一，管理要法制化，社会保障水平要与我国社会生产力发展水平以及各方面的承受能力相适应。城乡居民的社会保障办法应有区别。提倡社会互助，发展商业性保险业，作为社会保险的补充。""按照社会保障的不同类型确定其资金来源和保障方式。重点完善企业养老和失业保险制度，强化社会服务功能以减轻企业负担，促进企业组织结构调整，提高企业经济效益和竞争能力。城镇职工养老和医疗保险金由单位和个人共同负担，实行社会统筹和个人账户相结合。进一步健全失业保险制度，保险费由企业按职工工资总额一定比例统一筹交。普遍建立企业工伤保险制度。农民养老以家庭保障为主，与社区扶持相结合。有条件的地方，根据农民自愿，也可以实行个人储蓄，积累养老保险，发展和完善农村合作医疗制度。""建立

---

① 《中华人民共和国国民经济和社会发展十年规划和第八个五年计划纲要》。

统一的社会保障管理机构。提高社会保障事业的管理水平,形成社会保险基金筹集、运营的良性循环机制,社会保障行政管理和社会保险基金经营要分开。社会保障管理机构主要是行使行政管理职能。建立由政府有关部门和社会公众代表参加的社会保险基金监督组织,监督社会保险基金的收支和管理。社会保险基金经办机构,在保证基金正常支付和安全性流动性的前提下,可依法把社会保险基金主要用于购买国家债券,确保社会保险基金的保值增值"。①

《决定》对所要建立的我国社会保障制度作出了极其详细的描述,表明经过建国几十年、改革十几年的保险制度发展实践,已经积累了十分丰富的经验,完全掌握了驾驭其运行的能力,完善我国社会保障制度的目标已经十分清晰。

第二节 我国社会保障模式的几个重大问题

一、现收现付制与积累制相结合:立足于当前,着眼于未来

很显然,现收现付制的社会保障制度(主要指社会保险部分)是根据当年保障支出的需要来筹措保障资金,因而是一种"量出为入"的"以支定收"。现收现付制下,当代人消费当代人负担——医疗保险,上代人消费当代人负担——养老保险,非劳动者消费劳动者负担——失业保险。其操作简便,比较适应于人口年龄较轻、经济较稳定的社会条件。但从长时期看,由于经济波动和人口老龄化趋势,使得保障支出和筹资规模不稳定,特别是在人口老龄化出现之后,青年一代对老年人承担的

---

① 《中共中央关于建立社会主义市场经济体制若干问题的决定》。

责任较大,影响了经济效益。而积累制的社会保障制度则是根据以后可能和必然发生的养老、医疗、失业时所需的资金需要,预先提取并进行储存积累,在实际需要发生时再行支付的一种"量入为出"的理财方式。在积累制下,各种社会保险支出一般表现为当代人消费当代人负担。

表6-1 1978—2000年职工人数与离退休人数分析表　单位:万人

年份	在职职工人数	离退休人数	离退休(退职)人数占职工人数比例%
1978	9499	314	3.3
1980	10444	816	7.8
1985	12358	1637	13.2
1990	14059	2301	16.4
1991	14508	2433	16.8
1992	14792	2598	17.6
1993	14849	2780	18.7
1994*	15500	2870	18.5
1995*	15870	3010	19.0
2000*	17870	3840	21.5

资料来源:《1994年中国统计年鉴》。
*为预测数,参见《我国社会保障制度改革的基本思路》,载《经济研究》,1994年第10期。

我国社会保障制度几十年的历程中一直采用现收现付制,这在人口年龄结构较轻、保障范围较小、支付标准较低的情况下,尚能正常运行。但在人口老龄化趋势十分明显、保障制度不断完善、支付标准和保障范围逐步增大的条件下,在未来的年代中极有可能产生保障负担沉重的问题。

仅1978年以后,我国离退休(职)人员占在职职工的比例就发生了相当大的变化。1978年仅为3.3%,1993年已经上升到18.7%,净上升15个百分点,绝对人数增加2466万人,增长近8倍。即使按人年均养老和医疗费用6000元计算,两项需净增加支出1480亿元。相当于当年国民收入5.9%,或相当于当年GNP 4.7%。

表6-2　1978—2000年职工工资与离退休人员费用情况分析表

年份	职工工资总额（亿元）	离退休人员保险福利费用(亿元)	离退休费用占工资总额比重%
1978	568.9	17.3	3.0
1980	772.4	50.4	6.5
1985	1383.0	149.8	10.8
1990	2951.1	472.4	16.0
1991	3323.9	554.4	16.7
1992	3939.2	695.2	17.6
1993	4916.2	913.7	18.6
1994*	5346.0	1021.0	19.1
1995*	6228.0	1176.0	18.9
2000*	13365.0	2245.0	17.6

资料来源：《1994年中国统计年鉴》。
*同表6-1，但离退休人员费用仅指养老保险和失业保险金两项。

再从在职职工的劳动所得——工资所负担的离退休人员费用比例看，如图表6-2所示：1978年离退休人员费用仅为17.3亿元，1993年已大幅增长为913.7亿元，几乎净增加900亿元。而同期离退休人员费用占工资总额比重也由3%上升到18.6%，净增15.6个百分点。

所以，不难看出，在现收现付制下，各年度之间、各代人之间的保障费用负担很不均衡。在人口老龄化时，年轻一代的负担过重。特别是根据有关方面的预测，2000年之后，我国人口进一步老龄化，退休人数占职工人数比例还会持续上升。其中，2005年达到23.02%，2010年为26.17%，2015年为29.68%，2020年为33.66%，2050年达到46.40%[①]。几乎每两个在职职工就要赡养一名退休工人。显然，完全的现收现付制不能适应人口老龄化趋势，届时将有可能出现社会保

[①] 劳动部课题组：《中国社会保障体系的建立与完善》，中国经济出版社1994年1月版，第58页。

障危机,从而给社会安定带来不利影响。

然而,回过头来看,如果采取积累制的社会保障制度,即从现在起为将来的老年生活储蓄养老资金,却也有很大的困难。以1994年约5000亿元的职工工资总额看,即使仅储备5年,到2000年使用,那么以2000年2200多亿元的养老保险费用需要衡量,其现在的积累负担率也要达到40%以上,其负担相当沉重,若要储备20年,以2015年养老费用15700亿元的需要看[1],则是目前在职职工工资总额的3倍,是目前国内生产总值的50%,因而根本做不到。显然,完全采用积累制的社会保障制度也是不可行的。事实上,从各国社会保障的实践看,几乎没有国家采取完全的积累制。

完全积累制虽然是当代人在劳动期内为自己丧失劳动能力以后作提前准备,不给后人增加负担,但其理论也并不是完美无缺的。首先是青年人赡养老年人,如同成年人养育未成年人,或者说是成年人养育未成年人的延续,同样是青年人的责任和义务。换言之,"养老"并不仅仅是一种"负担",同时也是一项责任。其次,从社会发展的规律看,劳动生产力水平表现为逐渐提高。而完全积累制实质上是要求在低水平的劳动生产力状况下,赡养较高水平劳动生产力时的老年人,这必然是加重负担,不符合社会发展的经济规律。再其次,在物价总水平逐渐上升的情况下,积累的养老基金虽可通过投资增值,但就物价上升的趋势看,基金有贬值效应。而物价总水平的逐渐上升趋势又不同程度地存在于整个世界范围。如果在积累期内,再出现几个高通货膨胀的年度,其结果很可能是"得不偿失"。

接踵而来的问题必然是政府面临着"两难选择":现收现付有可能

---

[1] 劳动部课题组:《中国社会保障体系的建立与完善》,中国经济出版社1994年1月版,第60页表上。

给后代造成沉重负担,积累制则造成当前的不堪负担。

结论:

(1)"两害相权取其轻"。既然两种筹资方法不是给后代造成负担,就是现在无法负担。先顾当前,兼顾后代,也许是一种迫不得已的现实选择。何况,后代对前辈的赡养同时也是一种义务;

(2)寻找两种筹资方式之外的"第三条道路",或兼顾和并用两种筹资方式,不失为"两难"窘况下的"高明之举"。笔者所主张的"第三条道路"是指以现收现付为主的部分积累制。即在当前每年保险金支付需要量的基础上,确定一个阶段稳定、定期调整的资金筹集比例,使之能够在满足当年保险金支付需要的条件下,有一定数额的结余作为积累;

(3)部分积累制的筹资比例,以1995年至2000年内现收现付负担率约18%—19%计算,拟可控制在25%—30%左右。再加上3—5个百分点的个人强制积累,就可以基本上适应当前和今后几十年的养老保障需要;

(4)经过50年代至70年代的生育高峰和80、90年代的独生子女形成的"反差"期之后,可以考虑逐步提高社会保险养老的积累比重。例如净筹资比例逐步提高到40%—60%,以期实现当代人对自己和青年人对上代人共同承担责任的目标。

二、社会统筹与个人账户相结合:均衡负担,维护个人利益

党的十四届三中全会决定已经指出,我国城镇职工养老保险和医疗保险金由单位和个人共同负担,实行社会统筹和个人账户相结合。

新华社又全文播发了国务院近日发出的《关于深化企业职工养老保险制度改革的通知》[①]，该通知指出，"基本养老保险费用由企业和个人共同负担，实行社会统筹与个人账户相结合。"

社会统筹是指社会保险的资金由政府出面，按照社会统一的标准和原则，依法将分散在各部门、各企业的资金集中起来，统一调度，统一分配使用。社会统筹要具体达到这样两个目的。其一是实现社会保险的社会化，改变过去既充分供给又分散管理的不合理状况，逐步实现地区乃至全国，城镇乃至城乡社会保险的一体化，使每一个劳动者和每一个公民最终都享有同等的社会保障权利。其二是解决分散管理下企业间出现的负担不均。企业的情况各不相同，有的历史较长，有的则是新办企业，其职工年龄构成存在很大差异。各种不同行业对经济波动的反应程度及其可能对工人造成的健康损害也不同。因而，各企业用于养老、失业救济和医疗方面的支出就出现明显差异。有的老企业需要负担很多退休工人，严重影响了企业的经济效益，挫伤了在职职工的劳动积极性。实行社会统筹，根据全社会的平均"负担率"，计算出一个供全社会、各个企业普遍适用的"统筹率"，集中到专门机构进行再分配，就可以有效地解决各企业间负担畸轻畸重的问题。虽然，从短期看，新企业有可能因此而增加统筹负担，但任何一个新企业都会逐渐进化到老企业，从长期讲都有一个加重负担的问题。因此，新企业即便暂时增加了负担，但也从长远免去了后顾之忧。各个企业都可以在大致相同的保障负担比率下进行公平竞争，有利于经营效益提高。

社会统筹又是相对的。整个国家城乡间真正的社会大统筹不可能在一朝一夕内实现。我国是一个发展中的国家，经济总体水平尚不高，人均占有的国民收入还很低，而且，我国地域广大，地区之内差异大。

---

① 《解放日报》，1995年3月17日，第5版。

1992年人均GDP上海为8652元,北京6805元,天津4694元,较低的安徽为1253元,贵州1009元,河南1377元,甘肃1314元。各地区1993年职工人均工资收入北京4510元,浙江4201元,广东5322元,上海5646元,但江西为2497元,陕西2890元,吉林2700元,内蒙古2796元。各行业1933年职工人均工资总额,农(林、牧、渔)业2042元,采掘业3711元,制造业3348元,电力煤气和水供应业4319元,建筑业3779元,地质勘探3717元,房地产业4320元。城乡收入差异更为严重,1993年城镇居民家庭平均人收入2583.16元,平均人消费支出2110.81元,而同年农村居民家庭人均总收入1333.82元,人均纯收入921.63元,但人均生活消费性支出仅769.65元,人均生活消费的现金支出仅有490.14元①。显然,在这种地区差异大、城乡差异大的情况下,欲一步到位地实现全社会统筹,完全不切合实际。所以,"社会保障水平要与我国社会生产力发展水平以及各方面的承受能力相适应。城乡居民的社会保障办法应有区别。"②各地区分别统筹,城乡分别统筹,将成为相当长时期内我国社会保障模式的选择。

社会统筹不能排斥个人积累保障基金。恰恰相反,在实施社会保障统筹的同时,建立每个人独立的保障账户,专门用于记载和积累依据法律提存的个人基金,就可以大大调动个人自我保障的积极性,促进劳动力合理流动和劳动力市场的发育和完善。个人保障账户随人流动,与个人劳动贡献成比例,劳动贡献大,工资报酬高,相应积累的养老保障基金也就多。这样还可以调动劳动积极性,将按劳分配的积极因素伸展到社会保障领域,给社会保障制度注入一定的效率机制,改变传统的保障观念。

---

① 《1994年中国统计年鉴》,中国统计出版社。
② 《中共中央关于建立社会主义市场经济体制若干问题的决定》。

从1995年国家计划的深化城镇职工养老保险制度改革看,参加基本养老保险的职工都要建立个人账户。职工个人缴纳的养老保险费记入个人账户。单位缴纳的养老保险费的一部分也记入个人账户,另一部分则作为社会统筹基金用于支付现有退休职工退休金。所以,前者是对在职职工的积累,后者是对退休职工的现收现付。以上海市现行办法看,个人自我积累3%,企业为职工积累13%,社会统筹25.5%。

但社会保险中的失业保障和医疗保险情况有所不同。

失业保险由于涉及面较小,小部分人受益,大部分人不受益。因而,一般不需要建立个人账户,只需按社会平均失业水平确定一个社会统筹比例,由企业和个人分别承担一部分,也可由企业全部承担即可。

医疗保险的情况比较复杂。与养老相比,医疗虽为人人所用,但各人之间差异较大,其改革不仅有统筹以平均负担问题,也有控制医疗支出浪费问题,不建个人账户而仅限于社会统筹,似乎无法打破医疗"大锅饭",不能控制医疗浪费问题。若建个人账户,将医疗基金转作个人专用,因不能移为他用,故有可能鼓励个人用去其账户上的存款,控制浪费的目的仍难达到。所以,运用个人医疗账户的同时,更要把握就诊、处方的环节。只有每个医务人员都成为高度负责的白衣天使,保护人民健康和控制医疗浪费的问题,才能真正彻底解决。

结论:

(1)社会统筹社会保障是必要的。"统筹"可以使社会保障真正社会化,改变管理分散、企业给付负担畸轻畸重的不合理状况,为企业公平竞争创造外部条件,适应于市场经济体制的需要。

(2)社会统筹应循序渐进,目前阶段不可能达到全国范围城乡的全部"统筹"。以省域为范围的城镇统筹、城乡分别,是符合我国现实国情和社会生产力发展水平的客观选择。

（3）社会统筹的实施办法必须充分调动个人积累保障积极性,做到社会统筹与个人账户相结合,社会保障与个人自我保障相结合。并应充分认识到,个人自我保障的个人账户本身是社会保障的一部分。

（4）医疗保险的个人账户虽然可行,而且必要,但个人医疗账户完全不同于养老账户。医疗账户还不能从根本上解决杜绝浪费,提高资金使用效率的问题。

三、国家、企业、个人三者分担相结合：各尽其责

《中共中央关于建立社会主义市场经济体制若干问题的决定》明确指出,"城镇职工养老和医疗保险金由单位和个人共同负担。"劳动部《关于基本养老金计发办法改革试点工作的通知》①规定,"基本养老保险基金实行国家、企业、个人三方共同负担"。这就是说,我国社会保险的改革必须改变过去"国家统包、实报实销"的做法,明确社会保险过程中国家、企业和个人分别承担一定的责任,调动各方面保障积极性。

首先,个人要承担一部分社会保险费用,包括养老、医疗和失业三个方面。其中,养老金部分"职工本人按本人工资收入的2%缴纳"②。医疗保险金的职工个人缴费"先从本人工资的1%起步,由用人单位从职工工资中代扣"③。所以,从目前情况看,个人所承担的养老和医疗保险费用仅相当于个人工资水平的3%,量上完全能够承受,用途上专款存于个人账户,属自己的"基金",并未改变其所有权。

---

① 劳动部文件,劳部发[1993]第275号。
② 同上。
③ 体改分[1994]第51号文件,《关于职工医疗制度改革的试点意见》。

其次,企业承担了大部分社会保险费用。其中,养老基金部分国家尚未统一"统筹比率",由各地按当地情况测算统筹率。如上海市目前的统筹率为25.5%①,企业缴费部分计入企业职工的个人账户,上海为13%,其余部分在社会范围实行"统筹"调剂。

再次,国家也要负担一部分社会保险费用。国家负担的保险费用其形式不同于个人和企业缴费,而是通过成本列支、税收优惠,以及预算对保险经费不足时的弥补和对社会救助、社会优抚的预算拨款进行的。例如,《企业财务通则》第七章规定,"劳动保险费、待业保险费作为企业管理费用,直接计入当期损益"②。又如,对实行单位补充养老保险的规定额度内,免征工资调节税。职工个人参加储蓄养老保险的规定额度内,免征个人收入调节税③。而国务院《关于深化企业职工养老保险制度改革》的通知指出,"养老保险基金营运所得收益,全部并入基金并免征税费"④。再如,《国有企业职工待业保险规定》第二章第四条,作为保险基金的来源之一包括有"财政补贴"⑤。《深化城镇企业职工养老保险制度改革实施方案之一》指出,"基本养老金发生困难时,同级财政予以支持"⑥。

我国多层次的社会保险体系,应当由国家提供的社会保证性保险、企业和个人缴纳的储存性保险,以及企业和个人额外参与的契约性保险三部分组成。其中,第一和第二部分构成"基本部分",第三部分是

---

① 《养老保险账户,全面运行反应良好》,载《解放日报》,1995年2月7日。
② 张兴汉主编:《中国会计实务全书》,《企业财务通则》第七章,中国物价出版社1993年版,第1670页。
③ 上海市人大常委会:《上海市城镇职工养老保险制度改革实施方案》,1993年2月5日,上海市第九届人民代表大会常务委员会第四十一次会议通过。
④ 《实行社会统筹与个人账户相结合》,载《解放日报》,1995年3月17日。
⑤ 《国有企业职工待业保险规定》,国务院第110号令发布,国务院第115次常务会议通过。
⑥ 《深化城镇企业职工养老保险制度改革实施方案之一》第三条,第3款。

附加和补充。这是基于社会化管理与企业管理相结合、社会负担与企业和个人负担相结合的考虑。因为:(1)社会保证性保险是国家为其每一个成员提供的基本生活保障。理论上讲,社会主义国家的全体成员,无论其社会地位和职业如何,也不管他任职企业的所有制性质,在生病、残废和年老失去工作能力后,都有权获得必要的物质生活帮助。因此,社会保证性保险的客观存在具有不可替代性;企业和个人的储存统筹保险,是个人自我保护和雇主对其雇员责任的表现形式。如果没有个人的自我保险,其社会保险制度就有可能导致"社会保障大锅饭",而没有企业对员工的保险,更无法体现雇主的用人责任,劳动积极性从根本上不能充分调动;(2)企业和个人在社会统筹之外的附加保险,通过商业保险渠道,既是企业对职工的"倍加爱护",形成企业凝聚力,焕发更大劳动热情,又是个人对自己的"超标准"养老和福利储备。两者均有"享受"意义。国家、企业和个人三者按比例分担费用,还有助于正确处理国民收入的再分配关系。

国家、企业和个人三者分担社会保障费用,应当包括政府对社会救助和社会优抚的预算拨款,从整个社会保险体系讲,企业应占主要比重。

表6-3　1980年部分国家社会保障基金来源构成　　%

国家	雇主和雇员缴款所占比例	中央政府拨款所占比例	地方政府拨款比例
美国	63.8	21.4	8.4
意大利	65.6	30.0	1.9
阿根廷	87.8	7.4	—
新加坡	72.5	0.2	—
马来西亚	63.6	0.3	—
澳大利亚	25.3	69.9	4.4
加拿大	20.2	47.1	24.1
丹麦	7.7	57.5	32.7
新西兰	7.9	89.7	2.4

资料来源:国际劳工局《社会保障费用》(1978—1980)。

从例举国家的社会保障基金费用分担看,大致分为四种情况:(1)政府承担绝大部分费用型,如丹麦、新西兰,企业和个人负担率不到8%;(2)政府承担大部分费用型,如澳大利亚和加拿大,个人和企业仅负担20%—25%;(3)政府负担一部分费用型,如意大利和马来西亚,约为三分之一到四成,其余三分之一到六成由企业和个人缴费筹资;(4)政府只负担小部分型,如阿根廷和新加坡,企业和个人的保险缴费达到四分之三以上。从动态看,美国社会福利开支中私人部门所占比重近10多年来也在不断提高。

表6-4 美国福利开支占GDP份额及变化　　　　　　　%

	1980	1983	1984	1985	1986	1987	1988	1989	1990
总开支	26.3	28.6	27.4	28.1	28.8	28.8	28.2	28.9	30.0
公共开支	18.6	19.5	18.3	18.4	18.5	18.7	18.4	18.5	19.1
私人开支	9.1	10.6	10.5	11.1	11.6	11.6	11.7	11.9	12.3

资料来源:美国《社会保障公报——1993年度统计增刊》,美国社会保障署。

这说明美国实际上"在一定程度上推行了福利分配私有化,对公共福利膨胀施加了一定的抑制力量"。"福利开支增长的很大一部分转移到了私人项目上。"[①]

国际劳工组织所确定的社会保障筹资原则,要求职工个人所承担的费用比例,不应超过全部费用的一半,并要避免低收入者负担过重,当然,具体负担比例也要充分考虑各国的经济状况。世界上近140个国家和地区中,约有半数以上实行国家、企业和个人三方分担费用的方式,而且带有强制性。

国家、企业与个人三者分担费用的比例应当合理确定。若企业负

---

① 十国社会保障改革课题组:《美国社会福利的宏观分析》,载《经济学动态》,1994年第5期。

担率过重,有可能阻碍生产发展,如养老保险的纳费率,匈牙利和波兰占企业工资总额43%,捷克斯洛伐克则占企业工资总额50%①。但总体看,多数国家里,企业负担比例高于个人,如1989年企业缴费与个人缴费的比例分别为,意大利:18.6%和7.15%;法国:8.2%和7.6%;埃及:15%和10%;马来西亚:11%和19%;俄罗斯:工业企业31.6%(农业企业20.6%)和个人1%。也有一些国家如美国、德国等其个人与企业的保险费缴纳比例相同。

结论:

(1)除社会救助和社会优抚由国家财政通过预算拨款外,社会保险实行国家、企业和个人三者负担的原则,体现了国家、雇主和劳动者在社会保险方面都具有一定责任的客观规律;

(2)个人承担总保险费用的很小部分,又完全为自己储存,不仅不构成负担,而且有利于调动劳动积极性。企业承担大部分保险费用,实行地区统筹,有利于公平负担。国家则以保险金列支成本、减少应税所得、保险基金营运收入税收优惠,以及资金不足时给予补助等形式承担一部分费用;

(3)理论上,应明确国家在基本养老金中所占份额。允许列支成本,税收优惠常常无法使个人体会到国家所尽的责任。实践中政府应提供基本养老金的一定比例或一个绝对数额。

(4)根据我国居民个人收入水平较低,国家财力十分有限的情况,现行体制下以企业负担主要费用为好。

---

① 林义:《经济转轨国家社会保障制度改革的经验教训》。

四、政府账户与保障银行相结合：有账簿，还要有金库

我国社会保障采取了个人账户管理下的社会统筹。即每个职工有以自己姓名开设的专款账户，实行专款专用，专人专用。社会统筹分为两个部分，一部分按比例划入各个个人账户，其余部分实行社会余缺调剂。

政府作为社会保障制度的组织者和实施者，必然要对实行统筹的社会保障加以管理。其管理方法从内容上讲有两种，一是将社会保障的全部内容和所有资金均纳入政府管理，二是将其中的社会保险交由指定的机构管理，不纳入政府预算。

实行后一种管理方式，政府预算只能涵盖社会救助和社会优抚。这时，政府预算的经常性支出栏目中，转移支付项下包括有社会救助和社会优抚两个子项目，其资金来源于政府经常性收入。

实行前一种管理方式，社会保险收支也被涵盖入政府预算体系。但纳入的程度和方式也可以有所不同。

一种方法是将社会保障预算与政府行政预算融为一体。其理论根据是:(1)政府组织和实施社会保险，其预算管理与组织体制相一致；(2)社会保险以立法形式出现，预算一致管理有利于保证社会保险的收入和支出；(3)社会保障和其主要部分社会保险是政府的职能表现；(4)行政预算与保障预算相结合。

行政预算与保障预算相结合，可以相互融通资金，体现了经济与保障相联系。但社会保障预算若与行政预算结为一体则有可能造成两类资金相互挤占。带有积累性的保险基金结余极有可能为行政预算赤字创造条件或提供资金来源，并由此增大行政预算规模。更为重要的是社会保险基金运行与行政经费运行规律有根本性差别，使得二者不宜"混为一谈"。因为，从社会保险基金运行看，经济高涨时期，就业增

加,个人收入增加,企业和个人交纳的社会保险金(费或税)都增加而支出则相应减少,保险基金出现结余。而这时对行政经费讲,虽然有了保险基金结余可为其提供增支来源,但经济运行过热的状况要求的却是压缩支出,控制经济增长速度。反之则反是。可见,保险基金与经费预算之间并不能实现"互补"。况且,若支出资金充裕时期大幅增加,那么,在经济不景气时期,由于支出刚性而又无法压缩,就会加重赤字压力。所以,将社会保险预算与政府行政预算融为一体的做法,难以取得预期的效果。

另一种方法是在把社会保险预算纳入政府预算体系的同时,又把社会保险预算与政府行政预算分开的方法,即分别编制社会保险预算和政府行政预算。笔者把政府行政预算仍称为政府预算或国家预算,而把社会保险预算称之为政府账户。因而,政府账户实质是国家编制的社会保险基金专项预算。建立政府账户是十分必要的。第一,分别编制国家行政预算和社会保险基金预算,有利于保持社会保险基金的独立性,避免两种不同性质的预算相互挤占资金;第二,政府行政职能和国家在社会保险中的组织者身份有本质差别。行政预算反映着国家机器的正常消耗及其组织收入的状况。社会保险预算则是国家出面组织实施的,由国家、企业和个人三方共同参与的社会"互助,共济"体系。政府只是该体系的一分子和组织者;第三,两类资金的性质不同。行政预算资金除少量用于社会救助和社会优抚等转移支付外,其余大部分是政府机构自行消耗的。政府账户资金按统一制定的社会标准转移支付给家庭和个人,最终是私人部门消耗的。

政府账户目前可以省级政府为单位设置。其预算资金来源于个人缴纳的保险基金,企业缴纳的保险基金、基金运营收入、社会各界捐款,以及国家按政府承担的比例定期划入。社会保险基金主要用于养老、医疗和失业救济,以及女工生育和工伤保险等。在政府总账户之下,还要根据基金收入的来源和基金支出的用途,设置各类分账户,从而形成社会保险基金的政府账户体系。政府账户与个人账户相呼应在社会统筹的前提下,使个人更清楚地看到自己在社会保障中的责任和利益,有利于社会保障体系的尽快建立。

××省政府账户

社会保险基金收入	社会保险基金支出
个人缴纳的保险基金	养老保险支出
企业缴纳的保险基金	医疗保险支出
基金运营收入	失业救济支出
社会捐赠	工伤救济支出
国家财政拨款	女工生育保险
上年结余	本年结余

与政府账户相关联,还有一个对社会保险基金专户管理的问题。以往,由于我国国家金库实行银行代理制,所有预算资金均由银行代为收纳和拨付。这虽然利用了银行网点广泛的优点,但对社会保险基金来讲,则存在基金运作和投资的不便。所以,有必要建立社会保险基金银行,或简称为"社会保障银行"。社会保障银行是专门储存社会保险基金的特殊金融机构,集信用职能和投资职能于一身,进行社会保险基金的保值和增值,及其相应的投资营运问题,以增强基金使用的社会效益。其具体职责是[1]:(1)代理国家的社会保障金库;(2)管理保障基金的滚存积累及其短期(一年以内)的投资运营;(3)代理社会保障事业管理机构,发放各种保障金。

对社会保障,实行政府预算化管理——建立政府账户,实行基金专户储存管理——建立社会保障银行,这是社会保障社会化趋势的必然

---

[1] 劳动部课题组:《中国社会保障体系的建立与完善》,中国经济出版社1994年1月版,第49页。

要求,是社会保障法制化的具体保证。完善的社会保障制度,其政府账户和保障银行的管理内容,还可以由先期的社会保险基金,逐步扩大到全部社会保障资金,即将社会救助和社会优抚一并归入政府账户和保障银行,实行"专业化"管理。

结论:

(1)社会保障既然是由法律约束、政府组织实施的一项社会福利和安全制度,其保障资金的管理就应纳入政府预算体系;

(2)现行预算体制只能反映政府用于社会救助和社会优抚的支出,其资金来源于经常性税收收入。社会保险基金未能纳入预算体系;

(3)根据社会保险基金的特点,有必要建立社会保险基金预算,即政府账户,对其实行预算化管理。政府账户独立于政府行政预算,是一种专项基金预算,取之于民,用之于民。

(4)我国各地区之间收入差别大,社会保险制度的完善程度和完善的过程也会有很大不同。因而,政府账户以省级政府为单位,分别建立。

与政府账户的预算化管理相联系,有必要改变保险基金储存于商业银行的办法,建立相对独立的"社会保障银行",代理保险基金金库,司职保值增值及其相应的投资和营运职能。

第三节 我国农村社会保障的特殊性

我国人口的80%以上居住在农村。因而,我国的社会保障制度仅仅开展于城镇是远远不够的。新中国成立以来,党和政府高度重视农村广大人民的生活和福利保障制度的建设,制订了有关条例和法规。一届全国人大三次会议通过了《高级农村生产合作社示范章程》,该章程规定:农业生产合作社对于缺乏劳动力或完全丧失劳动力,生活没有依靠的老、弱、孤、寡、残疾的社员,应在生产上和生活上给予适当的安排和照顾,保证他们的吃、穿和柴火供应,保证年幼的受到教育和年老的死后安葬,使他们的生养死葬都有依靠。农业生产合作化中产生的农村合作互助医疗,以后逐渐发展成为农村解决病有所医的主要形式。1959年11月卫生部在山西省召开全国农村卫生工作会议,充分肯定了农村合作医疗的办法。1963年9月中共中央和国务院发布《关于生产救灾工作的决定》,对救灾的方法、途径,以及灾民生活安排做出具体指导。国务院办公厅批转了民政部《关于进一步加强生产救灾工作的报告》。这些都对农村救灾和救济工作起到重要作用。

但是,与城镇社会保障制度的建立和发展相比,我国农村的社会保障制度处于相当落后的状态,尤其是劳动保险,除合作医疗和少数经济发达农村地区外,基本上还处于"空白"境况,绝大部分农村家庭依靠子女赡养老人,整个保障制度表现为落后、分散和低水平。

80年代之后,由于农村联产承包责任制的实施,一部分地区甚至取消了原有的保障体系,使保障进一步回到家庭。然而,伴随着农村家庭的小型化趋势,家庭保障功能也受到现实挑战。因此,尽快建立农村社会保障体系,主要是养老和医疗保险,业已成为稳定农村社会秩序,促进农业生产发展,完善社会主义市场经济的重要步骤。

初步建立农村养老和医疗保险体系是完全可行的。

首先,近十几年来,农村经济发展很快,农村家庭收入水平有明显提高,乡镇企业和县镇建设有了很大发展。我国农村居民家庭平均每人的总收入1978年为151.79元,1993年已经达到1333.82元,增长近8倍。人均纯收入1978年为133.57元,1993年为921.62

元,也增长近 7 倍。农林牧渔总产值 1978 年为 1397 亿元,占当年 GNP 38.9%,1993 年达到 10995.53 亿元,占当年 GNP 35.1%,产值净增加了 9598.53 亿元,增长近 7 倍。乡镇企业数 1978 年虽有 152.4 万个,但其产值仅 493.1 亿元,1993 年乡镇企业已有 2452.9 万个,其产值达到 31540.7 亿元,乡镇企业取得的经济效益相当可观,1993 年乡镇企业利润总额 1093 亿元,利税总额达到 1784 亿元。更为重要的是,同年乡镇企业已吸收职工 12345.3 万人,相当于同年全部职工人数的 83.14%,占全部从业人员的 20.5%。镇建制 1978 年为 2786 个,1993 年已经增加到 1.52 万个①。乡镇企业的产值已经三倍于农业产值。农村集体经济和农村企业的发展,不仅增加了农村居民家庭的收入,而且改变了小农经济的作业方式,使相当数量的农业人口开始脱离和半脱离土地。这些都为农村社会保障的建立提出了迫切要求和可能条件。

其次,适应计划生育的基本国策。农村家庭出现小型化,若干年后农村人口老龄化进程必然会加快。虽然由于 50、60 年代人口出生高峰期的影响,80、90 年代以及 20 世纪初期,农村青壮年劳动力充足,养老以家庭为单位的困难不大,但以后的计划生育和人口寿命的延长,都必然使得农村人口在 20 世纪近中期将开始老龄化。因此,抓住近年来农村经济发展快,家庭养老条件较好,尽快建立以养老和医疗为核心的社会保障制度,并逐步注入社会统筹机制,就有可能"未雨绸缪",防患于未然,建立起我国农村社会保障制度的基本框架。事实上,农村家庭结构的变化,已经从现实需要上由家庭自我保障功能的弱化,提出了对农村社会保障的要求。

再其次,80 年代后期以来,我国各地农村广泛开展了社会保障制度的试点工作,取得了许多很好的经验,有些地方的保障制度还相当完

---

① 根据《1994 年中国统计年鉴》数据计算,中国统计出版社。

善。其内容大致分为救济扶贫、合作医疗和农村养老三个方面。

(1)救济扶贫。农村救济扶贫主要是对孤老残幼、贫困户、灾民的救济，以及在此基础上对一些地区的扶贫脱贫。即对孤老残幼实行"五保"，保吃、保住、保穿、保医、保葬(对孤儿保救)，对贫困户主要是扶持他们发展生产，对灾区实行救灾款包干，有灾救灾，无灾扶贫，开展救灾合作保险试点，建立救灾互助储金会①。而扶贫则是对一些缺乏技术、劳动技能低、信息不通、自身无法摆脱贫困的常困户，通过救济和低息贷款增强贫困户的"造血"功能。1984 年国务院发出关于帮助贫困地区尽快改变面貌的通知，1986 年国务院又成立了贫困地区经济开发领导小组，扶贫工作取得显著成效。"七五"期间，全国脱贫 1309 万多户，平均每年脱贫 290 多万户。经过扶贫，全国有 6000 多万人从中受益。②。

(2)合作医疗。我国农村医疗状况仍然比较落后，缺医少药仍然存在，广大农民对医疗保险的关心超过其他任何一项保险。1993 年我国农村乡卫生院已有 45024 个，拥有病床 73.1 万张，工作人员 94.6 万人，其中卫生技术人员 82.3 万人，乡卫生院诊疗人次达 8.98 亿人次，入院人数达 1855 万人③。从各地进行的合作医疗试点看，主要形式有：医疗保险、合作医疗、合作办医、风险医疗保险。但医疗保健的总体水平较低，特别是大病时，尚缺乏社会保障制度提供可靠保证。

(3)农村养老。至 1991 年年底，全国 19 个省、市、自治区中，在 600 余个县(市、区)的 1 万多个村，建立了农民养老保险制度，共筹集

---

① 根据 1987 年第 42 届联合国大会通过的"国际减轻自然灾害十年"(1990—2000)的决议，我国于 1989 年成立"中国国际减灾十年委员会"，有 32 个部委和协会参加。宗旨是调动各部门做好减灾工作，强化全民减灾意识，依靠科学，做到防灾、抗灾、救灾相结合，减轻自然灾害的损失。
② 请参阅《中国社会报》，1989 年 4 月 4 日。
③ 《1994 年中国统计年鉴》，中国统计出版社。

资金超过1亿元,有21.5万名农民开始领取养老金。其特点是:首先在较富裕地区进行试点;以乡村、社区为单位;养老金实行集体、个人筹集,国家扶持,一般集体负担60%—70%,个人负担20%—30%,国家补助3%—10%。资金运行实行现收现付和预先积累相结合;乡村社会保障委员会负责管理工作①。

各地农村业已展开的社会保障制度试点,为尽快形成我国农村社会保障制度的雏形,提供了有益的经验。

我国农村地域广大,人均收入水平低,地区经济发展程度差异大,因而,我国农村的社会保障制度目前尚不可能采取统一的模式,难以做到社会统筹。应当在家庭自我保障的基础上,以村、乡,经济较发达地区可以县为单位,建立不同规模社区的社会保障制度,并以医疗保险为主,辅以养老,或逐步扩大到养老保险。同时,农村社会保障也要建立法规,在经济发展的基础上,由村到乡,由乡到县,由县到省城的逐步统一。争取在21世纪中期,能够形成各省自治区比较统一、各省之内比较接近的社会保障制度,把全国大多数地区和大多数人口纳入农村社会保障范围。真正做到,老有所养,病有所医。

党的十四届三中全会指出,"农民养老以家庭保障为主,与社区扶持相结合。有条件的地方,根据农民自愿,也可以实行个人储蓄积累养老保险,发展和完善农村合作医疗制度。"要求农民养老以自我保障为基础,根据各地不同情况,区别对待,而医疗保险则就以合作医疗为基本模式。据此,各级政府必须将以养老和医疗为核心的农村社会保险制度建设,纳入各地社会发展计划和政府目标管理之中,加强农村社会保障制度的法制建设,建立必要机构,有条件的地区可以借鉴城镇社会保险制度改革的经验,使各项管理工作朝规范化方向发展。

---

① 郭崇德主编:《社会保障学概论》,北京大学出版社1992年8月版,第213页。

例1:湖南省临湘县源潭镇长源村社会保障基金会①

该基金会是在村党支部和村委会领导下的具有自我保障性质的群众组织。由村干部、企业领导、教师、财会人员和老人代表、妇女代表共7人组成委员会,下设保障小组和邻里互助小组。保障基金每年从集体工农业总收入中提取1%—3%,企业职工、农民个人按纯收入缴纳1%—3%,并争取国家资助。基金用于当年支付后的结余,可用于稳妥的经营,建立专账专户。

实行养老保险制度,对无子女老人,基金会每年提供的养老金不少于500元,对有子女的老人,子女和基金会各提供200元,子女不交赡养费的,除从集体分配中对其扣除200元外,另加罚20%,对特殊贡献的老人,另给予补充养老金。

村建立医疗保健站,配备专职医生。村民小病医疗费自理,对重病员则根据家庭经济状况给予100—800元医疗费补助。独生子女、孤寡老人和幼孤医疗费全部报销。

实行优抚保障。对义务兵按同等劳力收入的三分之二优待,优待金未经本人同意,任何人不得动用,军人优待金还根据本人在部队的表现,还可获得10%的附加优待金。

长源村1985年有人口15514人,分为314户,农业总产值148.4万元,工农业总产值216万元,人均纯收入920元,经济条件从全国看属中等偏上。但其社会保障事业比较发达。从其社会保障基金会章程看,有以下几个特点:(1)保障制度法规化,具有强制性,保证了保障制度的顺利实施;(2)保障组织健全化,设有专门的基金会,选有各方代

---

① 根据《长源村社会保障基金会章程》整理。原载于民政部社会保障报社和农村社会保障课题组编:《农村社会保障探索》,湖南大学出版社1987年11月版,第191—194页。

表,设有专账专户;(3)保障体系比较完整,除养老医疗、优抚外,还对自然灾害和意外事故、幼托事业、义务教育和职业培训以及建房资助、福利设施都作了具体规定;(4)体现了国家、集体、个人三者结合的筹资原则,集体和个人同等负担为主,国家扶持为辅;(5)公平与效率相结合,在基本养老金或基本优待金的基础上,根据贡献大小可以享受附加养老金和附加优待金;(6)体现国家政策,对独生子女、义务教育有比较明显的福利优先性质;(7)有保值增值意识,对基金结余实行稳妥经营。总的来看,长源村的社会保障制度是较为可行的一种模式。其体系完整,代表着我国农村社会保障发展的方向。其不足在于对家庭和个人积累保障尚无具体规定。

例2:山西省潞城县石窟乡社会保障办法①

该乡设立乡社会保障委员会,接受乡党委和乡政府领导。实行"村本位"的社会保障制度,各村以自我储备、自我保障、自我管理、自我服务为主,乡指导和资助为辅。乡委员会指导各村根据乡统一办法建立各自的社会保障制度,并筹备乡级社会保障基金,对经济水平较低和遭受特大灾害的村给予社会保障资助。乡保障委员会由乡政府、民政、财政、经联社、信用社、卫生院和群众代表共9人组成,设有办公室。

按乡村两级分别建立社会保障基金。乡每年从乡镇企业上缴利润中提取10%,连同乡办福利厂、乡办双扶经济实体上缴的全部利润作为乡社会保障基金。村每年从集体工农业总收入中提取2%—5%村办福利厂和双扶经济实体的上缴利润,村民个人按年纯收入上交

---

① 根据《山西省潞城县石窟乡社会保障办法》整理,原载同上书,第198—204页。

1%—2%,鼓励个人和集体捐赠,国家下拨的抚恤救济事业费组成村社会保障基金。

基金实行专户储存,专账管理。当年支出结余可用于入股投资或创办经济实体,以使资金不断增值,壮大社会保障实力。

实行养老保险。对在本村居住10年以上、60岁以上老人,均给予养老金待遇,每人每月3—20元。对有特殊贡献者如劳模等,加发2—10元补助金。

实行疾病医疗保险。乡设卫生院,村设卫生所,村民因公受伤医疗费、住院费全部报销,一般疾病医药费自理,重病视家庭经济情况给予适当补助。五保老人医疗费报销。

实行优待抚恤。对义务兵家属,按本村男全劳力全年正常收入三分之一至三分之二发给优待金。立功受奖和超期服役者给予奖励。对生活仍有困难的烈属、残废军人、带病回乡的退伍军人,适当给予优待照顾,保障他们的生活水平略高于本村人均生活水平。

从石窟乡的社会保障办法看,有这样一些特点:(1)在村乡两级保障的基础上,在全乡范围实行了统一的社会保障制度;(2)以村为单位,量力而行,区别对待,有利于调动各村保障积极性,同时对困难村、乡基金给予补助;(3)实行国家、集体、个人三者共同负担,集体经济提留为主;(4)公平与效率相结合,养老和优抚均有以贡献为标准的附加养老金或附加优待金机制;(5)医疗上小病自理,大病补助;(6)体现国家政策,对义务制教育给予免费,并可根据条件给小学生发校服,资助大学生;(7)保障体系比较完整,由社会保险、社会福利、优待抚恤和社会救济四个部分组成。总体上,石窟乡的社会保障制度范围较广,体系较为完善,实行多渠道筹资。不足之处一是缺乏个人和家庭储蓄养老条款,二是乡基金在实际运用中的功能,即全乡统筹或资金调度上的具体规定不很清楚。

例3:浙江省瑞安市梅头镇农村储蓄养老保险①

在镇政府领导下,成立以基金会为主体、民间性质的自我保障组织——梅头镇农村养老保险基金会。由镇政府、老人协会、企业领导、群众代表组成委员会,宣传党和国家有关社会保障的政策和法令,筹集养老保险基金,制订养老金发放标准,检查和批准养老金发放。

基金筹集以个人自筹为主,国家、集体适当补助,采取储蓄基金保险的方法。

开设个人账户,个人缴费直接记入个人账户,年老丧失劳动能力后连本带息逐年逐月返回,在领取养老金时还可同时享受一份国家和集体的补贴。

个人缴费按年龄分档计算。国家补助资金来自于:有偿救灾的回收资金;允许企业为职工投保税前列支;税收超收的一部分。集体补助的方式主要是:总保险金的20%由企业交纳;全镇范围内各单位按人均一元交纳保险基金;五保户、贫困户由镇、村解决。此外,动员社会捐助。

显然,作为单项的社会保险,梅头镇农村养老是一种以个人储蓄为主的个人储蓄积累保险制度。比较适合农村自我养老保障的实际情况,也与当前国家对农村养老保险的模式要求相符合。

例4:内蒙古自治区乌东旗沙麦苏木社会合作保险方案②

《沙麦苏木社会合作保险章程》为适应牧区商品经济发展需要,保障牧民生产生活,依照国家法律和社会保障有关规定而制定,经苏木人

---

① 根据《瑞安市梅头镇农村储蓄养老保险》(温州市民政局)整理,原载同上书,第242—251页。
② 根据《沙麦苏木社会合作保险章程》整理,原载同上书,第275—278页。

代会审议通过。

成立沙麦苏木社会合作保险基金会，在苏木党委、政府领导下，筹集社会保险基金。基金筹集实行个人、集体、国家三者负担，牧民先尽义务、后享权利。基金会是自我储备、自我保障、自我管理、自我服务的群众性组织。基金会由苏木领导参加，每个嘎查选举2名代表，共9人组成。

每年从每个嘎查公积金中提取3%，投保牧民按人口分三个等级交纳实物保险金。2—4人家庭交3只羊，4—7人家庭交4只羊，7人以上家庭交5只羊，也可按牲畜作价交现金。投保牲畜必须是母畜，一头大畜折五只小畜。国家给予辅助垫底资金。投保牲畜所有权归基金会，由投保户饲养。投保牲畜的毛皮、母畜变卖收入作为保险基金存入银行。母畜所产仔畜归基金会所有。

合作医疗保大不保小。小病医疗费自理，大病由基金会根据其家庭经济情况给予最高不超过医疗费70%的补助。

实行养老保险制度。男满55岁、女满50岁可享受养老津贴，每年养老津贴100元。对退伍军人、烈士遗孤的养老金可增加20%养老金。鼓励个人同时进行储蓄积累，单设个人账户，年老时连本带息逐年返回。

沙麦苏木社会的合作保险，是少数民族牧区的社会保险制度，具有一定的代表性。从其保险章程看，具有如下几个特点：(1) 经苏木人代会通过保险章程，具有法律效力和强制性；(2) 允许实物保险，所有权与饲养管理分离；(3) 资金实行个人、集体、国家三者分担；以医疗、养老为主，形成包括救灾、福利、入学等比较完整的体系；(5) 辅以个人账户；(6) 养老给付标准较低，每人每年100元。

少数民族地区和牧区的社会保险制度，在我国具有特别重要的战略意义。这些地区不仅经济发展水平低，经济特点明显，而且关系到民族利益和国家团结，笔者以为对少数民族地区的社会保障，除实行一般模式外，国家应有一些特殊的照顾政策，如增加财政对这些地区社会保险的补助数额或补助比例等。

第七章 保障基金运行管理

确立了我国社会保障实行社会统筹和部分基金积累的模式之后,必须根据这一模式的要求,进一步讨论保障基金的运行管理问题。社会保障的运行首先应分为两部分进行。一部分是社会救助和社会优抚,它们作为政府的责任,基于保障对象无能力创造收入(社会救助)和与创造收入与否无关(社会优抚),这部分支付需要完全来自于政府预算的一般税收项目;另一部分是社会保险,由于社会保险是国家出面组织实施,国家、企业、个人三者之间共同筹资形成的社会性保险,因而由此建立的统筹基金必然要求专户储存,独立运行。

社会保障基金(主要是社会保险基金部分)的运行主要解决两个问题:其一是基金如何集中到政府账户,其二是集中到该账户后如何营运而达到保值增值的目的。

第一节 基金筹集:从统筹到积累

社会保障基金实行统筹,这是许多国家的实践已经证明的必要形式。但统筹主要用于解决企业之间和个人之间的负担不平和余缺调剂的问题,并未完全解决代际分配和同代之间不同时期的分配问题。所以本节分析建筑在由统筹到基金积累或至少是部分基金积累的基础之上。

保障基金的筹集是社会保障制度的启动,也是保障制度得以顺利运行的物质基础。足额的筹资数量,适当的筹资方式,可以使社会保障更好地发挥积极影响,减少其对经济的不利因素。本节讨论保障基金按怎样的原则,以怎样的方式筹集到指定的"政府账户"——社会保障账户之中。

一、基金筹集的原则

筹集社会保障基金既要保证社会保障的实际需要,又要与生产力发展水平相适应,充分考虑到国家、企业和个人的经济负担能力。

1. 社会统筹原则。对社会保障基金,如退休养老金、失业救济金、医疗保险基金等,应实行社会统筹,由政府统一征集。我国国有企业的养老保险基金,长期以来由企业以成本或由企业在营业外项下列支,实报实销。这样,就把社会保险变成为企业保险。社会保障基金由企业按实支付,会由于新老企业、不同行业职工队伍的年龄构成不同,造成企业之间、行业之间退休费用负担畸轻畸重的结果,使企业不能在平等的条件下,展开相互竞争。而且企业保险社会化程度低,不利于劳动力合理流动,对劳动制度的改革和社会主义市场经济体制的建立形成滞后。而一些企业因负担过重无力支付退休费,使退休职工基本生活得不到保障,影响了社会安定。为了解决企业之间社会保障费用畸轻畸重的问题,有利于企业之间竞争,增强企业的活力,切实保证社会成员的基本生活,充分发挥社会保障互助互济的作用,社会保障基金必须实行社会统筹。这是社会化大生产的客观需要,也是劳动改革和市场经济完善的要求。

统筹社会保障基金应不分所有制,全部企业在全国范围内统筹。但从我国实际情况看,统筹的范围和项目可从小到大,先地区,后省市,再进一步向全国统筹过渡。

2. 多渠道筹资的原则。对在职劳动者的社会保障基金,应实行政府、雇主和雇员三方面负担的筹资方式。因为雇主期望有健康劳动力的充足供给；工人为将来失去劳动能力和其他不安全事件作必要储备；政府在改善公民健康以及保证公民基本物质生活需要方面有义不容辞的责任。这些因素共同构成了社会保障多渠道筹资的理论依据。实践中，还需通过法律制度来建立政府、企业和个人三方筹资的机制。

早期社会保障模式的惯例和经验，成为以后各国建立社会保障制度时所遵循的公认原则。但也有例外的情况，苏联1912—1917年的旧法律规定，工人必须缴款，但十月革命以后，立刻废止了工人缴款的旧法律，采取一元化的筹资方式，规定企业缴纳全部保险费。

社会保障是一种凭借"社会"力量，保证社会成员基本生活，从而安定社会秩序的一种社会福利制度。社会保障资金来自社会，用于社会。显然，社会保障基金的筹集，必须首先着眼于多渠道：国家——社会的主体，负有不可推诿的义务和责任，有必要在国家预算项目中拿出一部分资金，用于保障其公民的生存权利；集体或企业团体——社会的基本经济单位，有责任为其职工提供必要的社会保障资金；每个社会成员——有劳动能力和收入来源的成员，也有责任为自己的养老保障及其他保障，提供一定的资金。

多方筹资将有利于国家、集体和个人共同分担保障费用，尽快健全和完善我国保障制度，有益于调动全社会力量，形成"人人自我保障，社会为人人保障"的新格局。

3. 强制筹资原则。社会保障资金的筹集由于涉及国家、法人团体及个人的权利和义务及经济利益，因此，筹资的方式必须以法律作保证，以法律约束各方的义务和经济责任，同时，也以法律明确各方面的权利和经济利益，由此确保保障制度的严肃性和稳定性。从世界各工业国家社会保障制度建立的实践看，各国在社会保障制度刚刚建立的初级阶段，就十分重视社会保障的法制化，一般地，各个国家的社会制度及其筹资方式都以法律作保证。因此,在我国社会保障制度完善的过程中,不仅应在宪法中规定社会成员享受社会保障的基本权利及其应承担的基本义务,而且还应建立专门法规,明确而具体地规定国家、社会、法人团体和个人在承担社会保障经费方面的义务,强化社会保障的法制观念;同时也有利于避免在资金筹集方面可能存在和出现的摊派现象,使社会保障制度尽快走上法制轨道。

4. 预算管理原则。社会保障资金的筹措,不仅应当建立在法制基础上,而且有必要通过国家预算进行集资,使所筹资金"暴露"于预算收入项目,这既有利于保障制度的法制化建设,促进公民的预算监督,又有助于集资状况展现在公民面前,有助于改"暗保"为"明保"的过程。

从国际上大多数国家的做法看,社会保障资金的筹措方式常常与税收形式相类似,例如从筹资的计算和筹资率以及对企业和个人的负担看,都接近税收课征、集资方式的预算化原则,有助于保障资金与税收课征相协调,既符合保障制度法制化建设,符合公民纳税意识,又能结合税收课征,节约集资费用,增加集资净额。

社会保障集资的预算化管理,并不一定把保障基金并入政府经费项目合并使用。从专款专用,以及政府职能的分工上看,政府在经费预算之外,有必要设置专门的项目预算——政府账户或社会保障账户来强化对保障基金的筹集、储存和支付管理。所以,预算管理原则本质上是社会管理原则,并且是指经政府直接实施的社会管理。

二、基金筹集的方式

社会保障分配包括基金积累或资金来源组织和资金给付两个阶段。社会保障资金收支的两个阶段又是保障权责的体现。资金收入或基金积累时,表现了保障制度的权利和被保障人及其企业和国家资金交纳的责任和义务,在资金支出或基金给付时,又表现了保障制度的责任和被保障人的权利。因此,社会保障基金筹集方式,首先应从权责关系上区分为现收现支制和权责发生制。

现收现支制是指根据当期支出需要组织收入,本期征收,本期使用,不为以后时期提供储备资金,如图7—1:

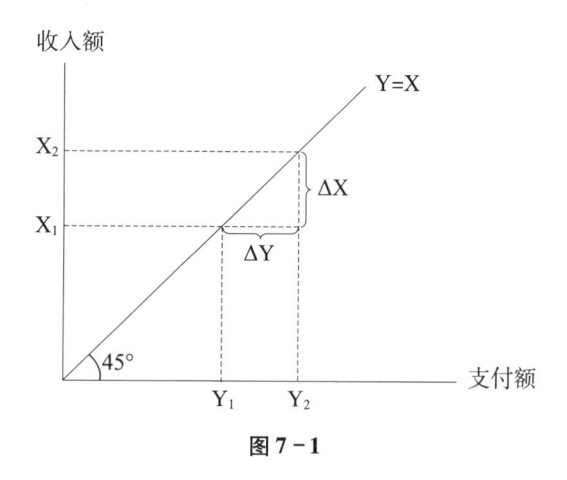

图 7-1

在收支关系函数上 Y 始终等于 X,即支付额等于收入额。函数的增量比等于1($\Delta X/\Delta Y=1$)。

现收现支制的基本特征是实报实销,特点是管理方便,收支关系清楚,在社会保障计划的实施初期,收费率较低,以后随着支出规模的扩大,收费率逐步提高。缺点在于各期支付额不同,大波动的结果是对企业生产成本计算不符合权责标准,国家预算无法控制,个人不能加入保障体系。

权责发生制是指按权责关系,凡应当计入当期的保障费用,即使不发生在当期也计入当期的一种计费标准。按照权责发生制的要求,某些暂未支付但将来必然支付的保障费用,如养老金等,必须在本期提取,并计入当期生产成本,形成基金,以备后用。因此,权责发生制下的保障筹资方式,实质是一种基金制的筹资方式。在权责发生制标准下的基金制筹资,其当期保障基金累积额不等于当期支付额。如图 7-2:

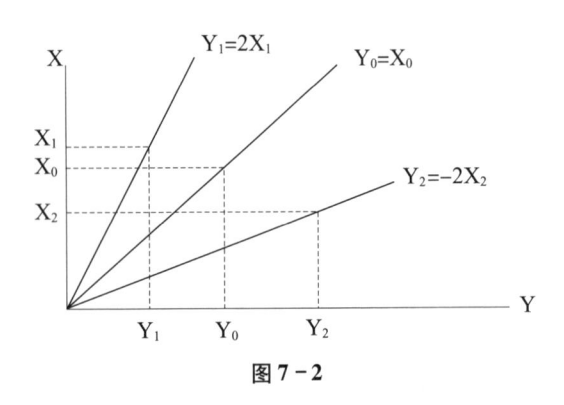

图 7-2

一般地,在基金积累期间,即轻龄化情况下,保障资金收入额大于支付额,如 $Y_1=2X_1$,在资金积累后期,即老龄化情况下,保障资金收入额小于支付额,如 $Y_2=-2X_2$,而保障资金收入额等于支出额,只是一种特例,即 $Y_0=X_0$,如同现收现支。基金制的基本特点在于收入与支出,或累积与给付相对分离。其优点是收支稳定,权益之间清楚合理,便于社会统筹,有利各层次各渠道共同参与;缺点是提取额(率)必须高度科学,否则难以支持。尤其在通货膨胀情况下,国家很难预计年金现值,而且几十年累计起来的保障基金在几十年后,其价值根本无法满足保障支出的需要。

无论如何,与现收现支制相比,权责发生制总是表示了社会保障制度的一种权责关系。但需要强调的是,权责制必须以稳定的价格水平或基金的保值、增值为保证条件,同时由现收现支制到权责制的转变,也应当有一个逐渐发展和适应时期,不能一步到位。

从基金程度上,保障基金的筹集可分为完全基金制和部分基金制。

以权责为标准的基金制,无疑代表了社会保障制度的根本方向。

即通过逐年逐月的资金积累,形成专门用于社会保障用途的基金,在保障需要时予以支付的方式。

实行基金制的保障筹资方式,可以按照基金制程度,分为完全基金制,如图7-3-1和图7-3-2及部分基金制两种情况。

完全基金制的筹资方式,是根据长时期收支总平衡的原则,确定收费率,即:在预测未来时期社会保障支出需求的基础上,确定一个可以保证在相当长的时期内收支平衡的总平均收费率,在计划实施初期的若干年份中,社会保障收入大于社会保障支出,其余额作为以后年份的储备基金,在社会保障支出大于收入的年份,用储备基金及其利息来弥补收支差额。这种筹资方式的特点是:在较长时期内,收费率可以保持稳定不变,但是,由于时期过长,计划初期收费率较高,而且,储备基金容易受到通货膨胀的威胁,难以保证在预测期内调整收费率。

在完全基金制下,整个积累期间可以是稳定的、唯一的积累率和提取率,这一般发生在经济稳定、物价平稳时期。如图7-3-1所示,在累积期间的 P_1、P_2 和 P_3 等时点上,累积率都是 r_0。但在另一些情况下,整个积累期间可以是基本稳定的,但在累积期间的不同时点上,如图7-3-2上的 P_1、P_2 和 P_3 可以有不同的积累率或提取率 r_1、r_2 和 r_3。

图7-3-1

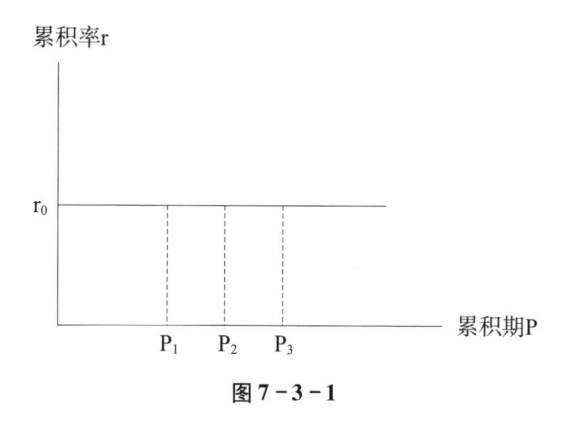

图 7-3-2

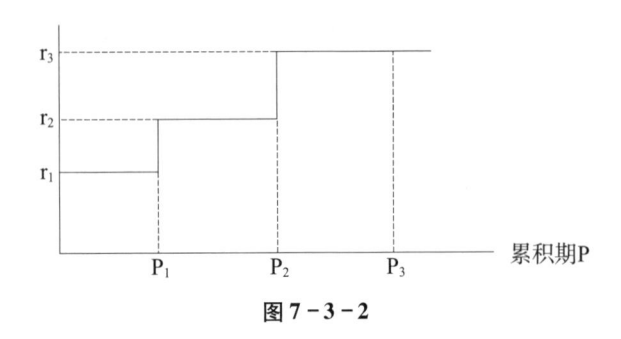

我国的社会保障筹资,长期实行现收现支的"报销制"。这在几十年以后,当50、60年代人口出生高峰的年龄组进入老年阶段,70年代中期之后实行计划生育以来的人口出生率低值的年龄组进入成年劳动阶段时,必然要承担更加沉重的养老系数,保障支付不堪负担。为此,有必要改进现收现付制为基金制。但是,另一方面,就保障体系看,基金制筹集有两个问题:其一,不是所有的保障基金都必须实行基金制,如养老保障与灾民救济等,可分别实行基金制和现收现付制;其二,如果一部分保障资金必须实行基金制,那么,由现收现付制到基金制的转变需要一定的过渡阶段。显然,两个问题都归结到"部分基金制"上。

部分基金制的筹资方式,是根据分阶段收支平衡的原则确定收费率,即,在满足一定时期(如5年或10年)支出需要的前提下,留有一定的储备基金,据此确定收费率。这种筹资方式的特点是,收费率分阶段调整,在收费率相对稳定的条件下,储备基金既可为以后时期可能出现的意外支出需求作准备,也可在积累过程中为经济发展提供长期投资。

部分基金制可以是全部保障项目中的一部分实行基金制,另一部分实行现收现付制;也可以是不分项目,对保障资金总额中的一部分实行基金制,其余金额实行现收现付制的保障筹资方式,如图7-4所示:

收入额

X_{1+2}　　　　　　综合制

　　　　　　　现收现付制

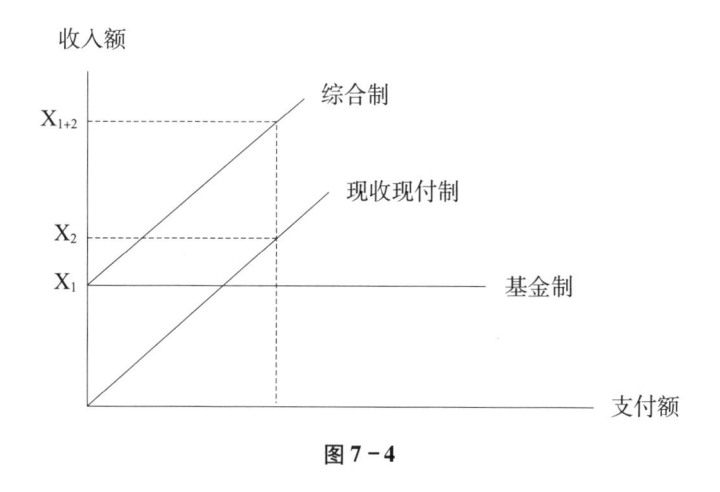

X_2

X_1　　　　　　　　　　基金制

　　　　　　　　　　支付额

图 7-4

所以,当部分基金制取第一个内涵时,它是原本意义上的部分基金制。当它取第二个内涵时,它实质是一种现收现支制和基金制的综合制。部分基金制模式在实践中,具有重要的现实意义,我认为,我国社会保障筹资应对社会保险采取部分基金制。对社会救助和社会优抚采取现收现支制,社会保障基金的积累的数量只能是部分的。

社会保障实行基金制管理还可以从管理体制上分为社会统筹制和团体管理制。

社会统筹系指保障资金的筹集、分配、给付及其日常管理均由社会的专门组织机构统一办理,形成社会性基金。社会统筹通常与基金方式相联系。团体管理系指保障资金的提取、日常管理和给付工作,交由各企业、各部门、各农村基层组织和各事业单位负责,国家以法令法规或政策性文件规定为标准,予以指导的方式。团体管理制通常与现收现付制相联系。因为,在现收现付制情况下,国家或社会无必要同时也很困难去统一管理保障资金。

这种社会保障资金的筹集方式,必须正确处理社会统筹与团体管理的相互关系。过去几十年的实践中,我们主要实行了分散式的团体管理,国家主导着保障的基本项目和基本标准、方向等。今后,随着我国社会保障基金制的发展,社会统筹开始成为我国保障筹资的主要方式。但是,尽管社会统筹代表了社会保障筹资的发展趋势,仍然不能完全否定团体管理方式。事实上,团体管理制也有其有利之处。例如,提取和给付便利,团体单位遍布各地,机构现成,可以节约大量的专门经费等等。有些项目如职工在职期间的医疗保障,在团体管理下反而更充分,更具效率。因此,社会统筹与团体管理之间,不是简单的肯定与否定的关系。

社会组织管理意义上的社会统筹与团体管理,包括按照保障项目实行社会统筹或团体管理,和按照不同利益层次实行社会统筹或团体管理。前者是指以项目类型为标准,一些项目交由社会统筹管理,另一些项目交由团体管理。后者是指以利益层次或受益群体为标准,团体范围受益的可由团体单位管理,更大范围受益的则应由社会统筹管理。必须指出,实践中,项目原则和受益原则常常是相互交织和联系在一起的,应实行全方位和多层次的社会统筹与团体管理相结合。具体讲,对大的保障项目如养老、医疗、失业保障等,实行统一项目、统一筹措资金、统一基金来源渠道、统一分担比例、统一归口管理、统一开支标准、统一协调地区和部门间的平衡。但应分项目实行保障资金收支预算,分项目制定保障标准和开支范围,分利益层次进行保障资金核算并建立收支账目,分地区和部门制定保障标准等等。只有这样,才能既保证不同项目和不同利益层次的相对独立,又坚持了以社会范围为标准的社会统筹,做到了统一与分散相结合。例如对经济发达地区和不发达地区,由于劳动生产率水平存在差异,消费生活指数也有较大差别,因而实行不同的养老金标准,不仅是可行的,而且是必要的。事实上,在我国地区间尚存在较大差别的情况下,社会保障不可能立即实现整个国家范围的"社会统筹"。

根据上述几种筹资方式的特点,在研究社会保障筹资方式时,必须考虑以下三个主要因素:(1)筹资方式的选择需要考虑不同的社会保障项目的支出特点。社会保障项目按支出期限的长短,可以分为短期支付项目和长期支付项目。短期支付项目的主要特点是不定期的支付,发生支付的时期和支出规模变化有很大的随机性,事先难以确定。因此,现收现付制的筹资方式一般运用于短期支付项目。长期支付项目的主要特点是在较长的时期内定期支付,发生支付的时期和支出规模变化的随机性较小。因此,基金制的筹资方式适用于长期支付项目。(2)筹资方式的选择需要考虑人口年龄结构的变化趋势。社会保障的对象是人,一般来说,老年人口主要依靠社会保障保证其老年生活,老年人口的多少往往成为影响社会保障收支规模的重要因素。由于经济的发展,人民生活水平的提高,平均寿命延长,老年人口不断增加,人口老龄化已成为工业发达国家的普遍发展趋势。在未达到人口老年化之前,因老年人口少,社会保障支出规模不大;当进入人口老龄化时期,社会保障费用就会急剧增加,成为国家经济发展的沉重负担。如果到这时才采取基金制的筹资方式就会有很多困难。一方面要支付现时需要,另一方面又要建立一定的储备基金,企业和个人都难以承受。相反,如果事先考虑人口结构变化可能对社会保障支出规模的影响,未雨绸缪,尽早采用基金制的筹资方式,建立一定的储备基金,就可以做好物质上的准备,对付未来人口老龄化的挑战,保证国民经济的协调稳定发展。这叫做"人无近忧,必有远虑"。(3)筹资方式的选择需要充分考虑社会保障基金对储蓄和投资的影响。基金制的筹资方式,不仅可以在一定时期为经济发展提供资金积累,而且会对企业和个人的储蓄、投资行为产生一定影响。因此,必须充分考虑经济社会协调稳定发展的客观要求。如果社会保障基金积累过多,将加重企业的资金成本负担,不利于企业的发展。虽从短期可以将一部分个人消费资金集中起来，化为一部分保障积累基金，但在通货膨胀压力下，远期消费的实际价值下降，有可能从长期上引致减少储蓄，增加当前消费。

三、筹资方式的选择意义

筹资方式的选择要注重与国家经济政策相结合，社会保障不仅是一项美好的社会福利制度和基本生活保证制度，而且已构成为世界各国用于调节经济秩序和经济运行的重要工具之一。

首先，保障筹资采取负所得税制度有可能把保障制度与国家税收制度融为一体，把税收课征向税收支付的负方向延伸开来，结果使国家的分配与再分配政策相结合，共同调节国家、企业、个人以及社会各阶层的收入份额，解决社会分配的公平问题。

其次，将保障筹资采取社会统筹的基金管理方式，通过保障基金不同时期的收支对比状况的变化，此一时筹资大于支付，彼一时支付大于筹资，经济高涨时期筹资大于支付，经济萧条时期支付大于筹资，就可以发挥基金对社会经济运行的蓄水池作用。通过净基金余额的增加和减少，自动发挥对经济运行的逆向调整，缓解经济波动幅度。

再次，保障基金社会统筹既通过政府直接管理，提高其权威性、保障性（可靠性），又与政府正常经费预算分开管理，建立特别账户，有利于划清政府职能，促进政府各项职能顺利开展。

最后，社会保障筹资方式的选择还可以影响企业的经营行为。保障筹资与企业会计准则和财务通则相结合，基金交纳成为企业劳动力成本的一个组成部分。企业按工资发放总额的一定比例交纳社会保险税，就使社会保障筹资发挥某种制约企业雇佣工人的行为，企业雇工成本上升了，其控制劳动成本的意识就会有所增加，从而提高企业经济效益。同时，企业按职工工资性支出交纳社会保险税，而不是按人头交纳，还可以使社会保障筹资过程起到控制社会消费基金的作用，类似奖金税。筹资方式的选择更要注意收入形成与支出性质的一致。在筹资方式适合社会保障的作用和目的方面,出现了两种不同的趋势。

第一种趋势是发展统一的筹资方式。在统一的筹资制度中,一般根据各种收入的总和来筹集资金。大多数国家在立法上都已部分或全部地统一了社会保障的筹资方式。

第二种趋势是遵循英国贝弗里奇教授在1942年提出的原则。1942年,英国教授贝弗里奇在著名的《贝弗里奇》报告中提出了"收入保障建议"和"医疗照顾建议",该报告根据社会保障收入形成应与支出性质一致的原则,按照劳动就业保险和医疗保险以及家庭津贴的不同性质要求,提出了劳动就业保险与医疗照顾和家庭津贴筹资,采取不同方式的双重筹资模式,并被越来越多的国家所接受。

对就业和劳动者日常保险及其养老保险,实行企业或雇主与工人共同负担的筹资方式。这种集资方式一般是根据就业人数,及其收入总和为根据进行的。事实上,大多数国家都以立法形式,全部或部分地统一了劳动就业性质的社会保障筹资方式。社会救助和社会优抚方面的资金需要,由财政预算提供。

这就是说,凡属于职业保证性的福利或劳动者保险或养老保障,应主要通过对职业性收入的课征或预扣取得来源,如传统的工薪税或一般所称的社会保险税费;凡属于保证社会成员最低社会生活标准支出,主要由国家通过预算安排资金来源。因此,社会保障基金分配方式的实践中,已经出现了以公共基金,或国家无偿提供资金为基本形式的,旨在保证全体社会成员最低社会生活标准的总体趋势。

筹资方式的选择更注重与国家税收制度的结合。从世界各国尤其是西方工业化国家社会保障筹资方式的发展看,社会保障筹资日益与税收课征相结合。这主要是由于两方面的原因:一方面就国家而言,建立在法制基础上的社会保障制度,表现出强制性倾向,这与税收课征形成的基本特征不谋而合,缴款费率、计算方法也与税收相类似;另一方面,对保障缴纳者来说,无论是雇主或企业,还是工人,其负担都无异于税收。实践中,各国社会保障基金的征集,近代已经逐渐与税收制度统一起来,并且逐渐在税收制度中占有愈来愈重要的地位。例如,1950年美国社会保险税占联邦全部税收收入的7.7%,1960年比例上升到11.2%,1974年上升为27.6%,到1985年甚至达到31.1%,仅次于个人所得税,成为联邦第二大税种。这同时表明,社会保险税已在现代西方国家税制中占有举足轻重的地位,与其他税种一起,社会保险税甚至成为调节经济运行的"内在稳定剂"之一。即在经济繁荣时期保险收入随就业人数及收入的增加而自动增加。同时,由于就业人数增加,失业人员减少,失业保险、家庭困难补助津贴等支出自动减少,因而保险基金增加,形成结余,这有利于抑制过度膨胀。反之,经济萧条时期,就业人数减少,就业人员收入下降,失业人员增加,家庭津贴和失业救济增加,基金积累下降,有利于促进经济复苏。

社会保障与税收制度相统一,这在西方工业国家已经广泛盛行。例如,美国1935年实行的老年与遗属保险,就是以工薪税筹措资金的。英国的国民保险税的征收,也与所得税征收合并进行,但在征收方法上采取非积累制,即每周的课税额决定于本周的所得额,不受前后周所得额大小的影响。

必须指出的是,尽管现代社会保障的筹资方式表现出与税收形式相统一的趋势,但社会保障与税收制度的统一,在理论上尚值得研究。因为,如果把社会保险税(实质上是一种只课及薪给的薪工税)作为总税收的一部分,那么,社会保险税由于在性质上存在不公平性,有悖于税收本性,因而,可以说是一种不公平税收。而且,社会保险税只课及工薪所得,对资本所得不课税。在实践中,税收化的筹资方式表明保障筹资完全社会化也有可能不利于个人自我保障意识。换言之,社会保障的集资方式一方面倾向于税收化，这是为了有利于保证集资的顺利进行，有利于集资管理和征收方便，另一方面这种税收化倾向在理论和实践上尚有值得探讨之处。

第二节 基金储存，从保值到增值

筹集的社会保障基金，一部分在当年分配使用掉，一部分要储存起来，待以后发生保障需要时，再进行分配和使用。因此，采取什么方式储存和运用社会保障基金，并使之保值和增值，就成为基金管理的重要课题。

长期以来，我国社会保障资金的分配，基本采取现收现付制，即根据每期支付需要额提取出来，并支付给有关被保障者，需要多少提取多少。因此，不存在社会保障基金的储存问题。这种管理方式与我国产品经济相联系，不重视企业相对独立的生产者和经营者地位，不重视利用经济杠杆的作用。随着我国经济改革的深化和市场经济体制的确立，我们从理论上承认企业是独立的经济法人，企业必须自主经营，更注意发挥经济杠杆的调节作用。传统的现收现付制不再适应新情况和新形势。有必要建立一种新型的、以基金储存（部分积累储存）为特征的社会保障资金管理制度。

所以，社会保障基金的储存是指在权责发生制指导下，以应收应付为准则，以基金制为标志，按期按率提取并储存，按实际需要支付的一种社会保障资金管理方式。即无论当期是否实际支付，也不论当期支付的实际数量多少，而是根据当期应当发生和积累的需要，按照事先确定的标准和比例，将社会保障资金提取出来，并以基金方式储存起来，以备实际需要时支付的方式。因此，基金储存制摆脱了我国建国40年来，社会保障完全现收现付的实报实销制，创立出一种新型的、更符合社会大生产需要,有利于劳动者焕发积极性和社会秩序安定的社会主义社会保障制度。

一、储存管理与社会统筹

马克思指出:"社会生产过程就是人类生活的物质生存条件的生产过程,又是一个在历史上经济上独特的生产关系中进行的过程,是生产和再生产着这些关系本身,因而生产和再生产着这个过程的承担者,他们的物质生存条件和他们的相互关系即他们的一定的社会经济形式的过程"①。根据马克思主义原理,社会主义社会的再生产,同样不仅是物质产品的再生产,而且也是生产关系的再生产和劳动者的再生产。作为劳动者的再生产,在劳动者为自己的劳动即必要劳动中,既然已经包括了劳动者本人及其家属的生活费用,就必然要求劳动者从其必要劳动中划出一部分,作为其自身的维持,即患病、年老等暂时或永久丧失劳动能力时的物质生活资料补偿。可见,劳动者的劳动保障基金从根本上讲是对必要劳动的扣除。因此,作为社会主义社会福利分配的组成部分,社会保障基金储存是社会主义个人消费品分配制度在直接劳动阶段之外的延续或伸展。作为满足劳动者再生产的分配,社会保障基金储存又是按劳分配在社会保障领域的继承和转化,亦即社会保障基金的储存及其再分配与按劳分配的社会主义原则,有着极其密切的联系。

储存社会保障基金是对必要劳动的一种扣除,但是,这并不意味着在社会保障基金储存方式上,必然由劳动者承担自己的全部保障费用。这是由两方面原因造成的。一方面,我国实行的低工资政策,并没有把劳动者的必要劳动,全部通过工资的形式支付给劳动者个人,在这种情

---

① 《马克思恩格斯全集》第 25 卷,第 925 页。

况下,劳动者个人不可能、也不应该担负全部保障费用。另一方面,作为社会主义国家,在其公民,无论其社会地位和职业如何,也不管他任职企业的所有制性质,在生病、残废和年老丧失工作能力后,都有责任向其提供必要的物质生活保障。所以,在基金储存上,劳动者个人、劳动者任职企业和国家共同负担是一项长期目标。同时,在由国家提供的社会保障基金中,应有一部分并不属于对必要劳动扣除的返还,而是劳动者为社会提供的剩余劳动的一部分,是一部分剩余劳动在社会主义社会保障分配政策方面,"取之"与"予之"的具体体现。

社会保障基金储存,是以后备基金形式,对当前消费基金的推迟实现。因此,社会保障资金就分为三部分:一部分以社会消费基金形式体现的服务设施保障基金;一部分以个人消费基金形式,返还给或分配给保障对象的社会保障金;一部分以后备基金形式存在的社会保障基金,即储存的社会保障基金。

以基金形式储存社会保障资金,改变了社会保障分散由企事业单位管理的状况,通过国家预算的基金预算,首先以"费""税"方式将社会保障资金从劳动者个人和企事业单位集中起来,同时,国家也从经常预算项目中拿出一部分资金用于保障,共同形成我国社会保障的基金,并经过一定时期的储存,在公民因各种原因发生困难时,国家再通过预算计划安排,将保障资金再分配给需要的被保障者。显然,通过保障资金的集中和分配,国家可以实现对国家、集体和个人保障的统一管理,使社会主义国家的社会保障制度,充分体现其统一性和广泛性。

实现社会保障基金储存,建立基金制是社会保障制度的一大改革。社会保障基金储存,对于国家、集体和个人,对于国家的经济建设和促进保障事业的发展均有重大意义。

首先,实行社会保障基金储存,有利于正确处理在职职工与退休职工的关系,消除在职职工的后顾之忧,调动生产者积极性。公民一旦加入就业行列,成为现实劳动者,从其取得劳动报酬之时,就从其为自己的必要劳动和为社会的剩余劳动中,通过国家、企业和个人三个层次进行保障扣除,建立起社会保险基金。当各劳动者因伤病或年老失去劳动能力时,就从社会保障基金中取得生活权利。退休职工取得养老金,这既是社会主义国家公民的权利,也是"退休劳动者"的权利,是"退休劳动者"在其就业劳动时,一部分必要劳动创造的价值的"推迟实现"。过去,我们对社会保障实行现收现付的管理方式,不能体现劳动者和国家的权责,从现象上给人以在职职工养活退休职工的误解,从内容上也使得新办企业与老企业之间,在退休金支付的量上造成很不平衡,这样,也必然造成企业经济核算的误差,以至于影响企业的利益分配。实行基金储存,可以事先预测全社会退休与在职比例,调整企业间的客观差别,使之有大致相同的外部环境,为企业的自主经营、自我发展创造条件,也使得在职职工与退休职工的关系达到协调。

其次,实行社会保障基金储存,可以使权利和义务得到统一,做到劳动者自我保障。通过社会保障基金储存促进权利和义务统一,具有两层含义:第一,在职职工有事先积累、提供基金的义务,退休职工有事后取得资金的权利,从时间序列上,将某一劳动者权利和义务结合起来。实际上,是从空间上取得两代人再分配的协调,从时间上取得同代人劳动期间与非劳动期间再分配协调。第二,结合"按劳分配"的社会主义个人消费品分配原则,贡献大、积累多的职工,在其退休时,可以取得较多的退休金,从按劳分配和保障分配两种不同的分配形式上,将同一劳动者的权利和义务统一起来。社会保障基金的储存及其权利与义务的统一,使得劳动者逐步走上自我保障道路,并可以实现社会保障的良性循环,辅之以国家通过财政的另一部分专项拨款,实现国家职能,最终就可以形成比较完善的社会主义保障制度。

再次,实行社会保障基金储存,可以增加保障资金来源。从社会产品的最终用途来看,社会保障支出是一种消费支出,而且是个人消费支出,即使以基金形式将保障资金储存起来,在储存年度,它只是一种后备基金,并未形成真正消费,但从数个财政年度观察,这种后备基金在动用时也终究会形成个人消费支出。作为个人消费品支出的组成部分,社会保障支出当然要讲求社会主义公平原则,但也要讲求社会主义效率原则。社会保障支出的发展和已经达到的规模,都以生产力水平为前提条件,忽略了社会保障支出的效率原则,以牺牲效率为代价追求公平,就不能从根本上实现社会主义的真正公平。因此,社会保障支出,必须有利于提高效率,即有利于贯彻物质利益原则。社会保障支出的消费性,要求其支出不仅讲求公平与效率,而且应当注意自身的运用与运行,实现保障资金的良性循环。实行社会保障资金的基金储存,可以在其储存期间,通过资金的投入和产出,增加资金来源。做到这一点,就有可能实现社会保障收支的良性循环,减轻一部分国家财政负担。

最后,实行社会保障基金储存,符合我国人口老龄化的发展趋势,有利于从根本上完善我国社会保障制度。人口老龄化,这是当今世界各国普遍面临的问题,无论经济发达国家,还是发展中国家,尽管面临的人口老龄化程度不同,速度不同,但作为现实的社会问题或未来的社会存在,人口老龄化都将伴随着工业经济的发展,或早或迟地出现。尽管我国某些城市已率先表现出人口老龄迹象,但就整体看,我国目前仍然处在成年型人口结构阶段。劳动年龄人口的比重达到57%。然而,退休人口近几年已经表现出逐年增加,人口老龄化也将成为我国经济发展中的一大重要课题。人口老龄化,退休人数的增加对社会保障带来的巨大而现实的影响是:由于劳动人口赡养系数的提高,社会负担必然加重,如何才能通过社会保障制度的改革,去满足日益增长的社会保障需要?毋庸置疑,从根本上适应人口老龄化需要,解决社会保障出路的是必须提高社会劳动生产力。唯有经济的进一步发展,经济增长的速度快于人口老龄化速度,才能为社会保障分配制度,提供强大的物质基础。另一方面,社会保障制度本身也并非完全被动、无所作为的,社会保障制度的改革,资金筹集方式的选择,将对提高社会保障适应人口老龄化的程度,起到积极的促进作用。就社会保障资金的筹集而言,显然,现收现付没有储存,不能适应人口老龄化的趋势。根据劳动部课题组预测,1992—2037年,劳动者人数呈上升趋势,2038年以后保持相对稳定。2000年以前,劳动者就业人数增长速度高于退休人员增长速度。但2000—2035年退休人员增长速度就超过在职职工增长速度。2050年退休人数达最大值,超1亿人。在职职工对退休人员的赡养率2000年为19.91%,2035年为45%,2050年达到46.40%,基本上是两名职工需赡养1名退休人员[1]。所以,通过基金储存,在预测人口老龄速度的基础上,积少成多,化分散为集中,结合保障基金的自我增值,就有可能使我国社会保障制度,更适应人口老龄化的趋势。

二、基金储存期间的增值

社会保障资金实行基金制度后,面临着社会保障基金贬值的严重威胁。如果不能很好地解决社会保障基金保值与增值的问题,面对即将到来的退休金支付高潮,我们将陷入极为困难的境地。因此,唯有使社会保障基金在储存期内保值并不断增值,才能达到基金制管理的目的。

社会保障基金在储存过程中,不是消极地积少成多,而是在储存期内,能够再生一个增量,使基金能像滚雪球一样,越滚越大。

---

[1] 劳动部课题组:《中国社会保障体系的建立与完善》,中国经济出版社1994年1月版。

平均寿命的延长与赡养时间的延长,要求保障基金能够增值。从人类历史的发展看,随着社会经济的发展,各国卫生保健和健康水平,都在不同程度地提高,人类的寿命在延长。据联合国人口调查局统计,凡人均收入高,健康投资比例大的国家,平均寿命就较长。1950—1975年间,发达国家人口平均寿命由 65 岁提高到 72 岁,发展中国家人口平均寿命由 42 岁提高到 55 岁。1990 年我国人口平均寿命达到男 68 岁,女 71 岁,接近发达国家的水平①。社会成员平均寿命的延长,具有两层意义:从横向看,平均寿命的延长,表示社会人口中的老年人口、被赡养人口的比重增大,从纵向看,在人类生命的延续中,老年期时间即被赡养时间增大了。因此,平均寿命的延长,并不会增加各社会成员为社会创造财富的时间,不会增加各社会成员为社会创造的财富量。对社会保障来说,平均寿命延长,非但不会直接增加其基金来源,相反只能是增加社会保障支出的需要,使国家的社会保障负担更重。可见,社会保障制度的改革和完善,同样必须适应这种不断增加支出的寿命延长规律。

设:劳动人口为 Y,劳动能力形成前人口 X_1,劳动能力丧失后人口 X_2,总人口 P。

$P=Y+(X_1+X_2)$　　其中:$X_1+X_2=X$ 为被赡养人口。

劳动人口比例 $y'=Y/P$,赡养人口比例 $x'=X/P$,从式中可见:

(1)寿命延长主要表现在 X_2 增大和 X 增大;

(2)X 增大的结果,必然是 y' 减小,x' 值增大;

(3)X 增大还导致 $Y/(X_1+X_2)$ 值减小,或$(X_1+X_2)/Y$ 增大。

又设,人口总寿命为 D,其中劳动寿命为 D_2,劳动前寿命为 D_1,劳动后寿命为 D_x。

---

① 《1994 年中国统计年鉴》,中国统计出版社。

显然，由于在特定时期和一定国家制度下，劳动前寿命受到就业年龄限制，因而是一个常数，劳动寿命受到退休年龄限制，因而也是常数。结果，调节人口总寿命长度的主要是退休后寿命 D_x，$D=D_1+D_2+D_x$，其中 D_1+D_x 为被赡养寿命。

得到：劳动者寿命比例 $d_r=D_2/D$，赡养寿命比例 $d_x=(D_1+D_x)/D$，

结论：

(1) 寿命延长主要表现在 D_x 增大和 D 增大；

(2) D 增大的结果是 d_r 的值减小，d_x 值增大；

(3) d_x 增大还导致 $D_2/(D_1+D_x)$ 值减小或 $(D_1+D_x)/D_2$ 值增大。

平均寿命延长规律，决定了社会保障收入的相对减少和社会保障支出的不断增加。实行社会保障基金的增值，可以缓解收入减少、支出增加带来的保障收支矛盾。

物价上涨趋势，也要求保障基金能够增值。尽管程度不同，各国经济发展的实践已经证明，物价水平在一国经济发展过程中，经常会发生波动，而且常常表现出上升的趋势。新中国成立以来几十年的社会主义建设实践，以低价和稳价作为经济发展的基本政策之一，这对于维护社会安定、维护人民生活水平，起到积极作用。但是，在我国经济改革中，价格改革成为不可避免的重要内容。而且，在结构价格改革的基础上，价格总水平表现出上升趋势。物价上升的可能，对社会保障制度具有很大的影响，尤其是实行社会保障资金的基金制度，数年或几十年累积起来的保障基金，很可能在使用时期，已远远不能达到预期的保障目的。换言之，假如保障基金累积 40 年（20 岁工作至 60 岁退休），那么，40 年前购买的必要物质生活资料，40 年后已不能满足被保障者的生活需要了。举例来说，假如每年积累保障基金 X 元，在没有物价上涨因素下，被保障者 40 年后退休后，可得保障资金 40X 元，这个数量与 40 年内物价消费水平相一致，但是，如果引进物价上涨因素，情况就大不

相同。假定40年内,每年物价上涨速度为5%,则第1年累积的X元,到第二年时,其价值为X(1-5%),第三年进一步递减仅为X(1-5%)(1-5%),或X(1-5%)^2,于是有第4年价值X(1-5%)^3,第5年价值X(1-5%)^4,余类推,到第40年时,第1年存入的X元保障资金价值仅为X(1-5%)^{39}。

于是有,第某年累积的保障资金几年后价值

$$X(1-5\%)^{n-1}$$

n年累计的保障资金总价值公式:

$$\sum_{i=1}^{n} X_i (1-5\%)^{n-1} \qquad (n=40,39,38,\cdots,1)$$

显然,即使以5%的物价上升速度计算,40年累积起来的社会保障基金,在需要支付时,已远远不能满足被保障者的基本需要,或不能完成预期的保障目标。反过来,如果要保证被保障者40年前的物质生活水平,就不得不依靠财政拨款,从而大大增加国家财政负担。因此,实行社会保障基金的储存性增值,可以减轻国家财政负担,适应物价上涨的趋势,保证被保障者的基本生活需要,这正是社会保障制度之所以产生和存在的必要条件,也是社会保障制度的基本目标。

平均生活水平的提高,也要求社会保障基金能够增值,社会在不断地前进和发展,人类也在不断地追求更多的物质享受和物质文明,尤其在社会主义制度下,社会主义生产的目的正是为了不断满足人民群众日益增长的物质文化需要。显然,人民群众的范畴,不仅包括在职人员,也应该包括非在职人员;不仅应包括劳动年龄的劳动者,也应包括未到劳动年龄和已超过劳动年龄以及丧失劳动能力的被保障人员。尽管对不同层次、不同年龄结构的社会成员,在满足程度上可以有所区别,但就整体看,全体社会成员的平均生活水平总是在不断提高的,生活水平的提高,这是社会进步、人类物质文明发展的基本准则。

社会成员平均生活水平的提高,主要是指被赡养人员的生活水平不断提高的要求,使得社会保障的支付,仅仅维持各该成员的生活水平是不够的,而且还要求在维持的基础上,不断满足这种增长需要。当然,一方面,社会成员对物质生活水平提高的要求,在愿望上是无止境的,作为社会保障制度不可能充分满足。社会保障只以当时、当地的基本生活(这种基本生活也是不断发展的)为目标。另一方面,即使是对基本生活的保障,也不能仅仅依靠保障基金的增值来解决,事实上对国家财政的要求仍然存在。保障基金的增值,可以减轻国家财政负担。

平均生活水平提高的要求,还向我们提出了这样一个问题,即在一定的物价上涨速度下,要保证生活水平有所提高,必须使保障基金的增值率,大于物价上涨率。例如,上述物价上涨5%的情况下,如果保障基金不能增值,则生活水平下降;如果保障基金增值率大于5%,则被保障者的物质生活水平可以有所提高。因此,社会保障基金不仅要实现增值,而且应力求使其增值率大于物价上涨率。

社会保障基金储存与使用时间上的分离,要求其能够增值。社会保障实行基金积累制后,资金积累和储存过程就与支付使用过程分离开来,积累储存期长达几十年,先积累,后支付的基金储存制,要求在储存期内,实施保障基金的增值。事实上,作为一种资金——暂时闲置的资金,本身就有增值的内在要求。另一方面,由于社会保障基金制,在储存和使用时间上的分离,这为保障基金的增值,提供了客观可能性。任何资金的增值,都需要时间和空间两个条件。

实现社会保障基金的增值,可以有多种具体途径。总起来看,大约有三种类型:

第一种类型是将保障基金存入银行或其他信用机构,利用逐年累积的基金本金取得"生长物"——利息。这种增值办法风险小,利息收入比较稳定,保障基金的增值率,等于银行存款利息率,是一种可行性较好,简便易行的增值方式。但依靠现有的存款利息增值,其增值收益率较低,为了解决银行存款收益率低的问题,国家对社会保障基金存款,应给予支持和优惠。财政部门对银行运用社会保障基金存款所发放贷款的利息收入,应减免营业税。人民银行对专业银行吸收的社会保障基金,应看作委托存款,免交存款准备金,从而使银行能给予社会保障存款更优惠的利率。同时,国家也可以对社会保障基金实行"保值储蓄"。

第二种类型是将社会保障基金作为"资本"投入生产流通领域,购买公司债券或企业债券,或直接投资,利用基金积累期较长、较稳定的特点,进行资本投资,以期取得投资收益。由于基金被当作资本,直接投入生产流通领域,可以期望得到较大的收益报酬,基金增值率一般高于银行存款利率。但存在投资风险,管理和技术上需要有专门机构——社会保障银行,负责保障基金的投资项目评估,以保证基金投资的安全。社会保障基金投资运用要严格遵循安全、有效原则。即首先要保值,争取增值,力避风险大的投资,并采取分散化、多元化的投资策略;且以间接投资为主,直接投资为辅。也可委托给一些财力雄厚、商誉较好、经营管理能力较强的金融机构进行投资运用。

为了搞好社会保障基金的投资运用,可以成立相对独立的社会保障基金会和相应的社会保障投资银行,其董事会由财政、劳动、工会、社会保障机构等有关方面代表组成,并聘请金融、投资专家参加。同时逐步建立和完善监督、审核、检查社会保障基金投资运用制度,使基金运用的范围、方面、期限等在宏观上有所把握和控制,增强基金运用的安全有效性程度。国家应在政策上给予一定的优惠,如将一些风险小、有一定盈利水平的项目,优先安排到社会保障投资银行,同时对基金的投资运用,予以减免税优惠等。

第三种类型是将社会保障基金借给国家或地方政府,以购买政府债券、国库券,或直接借贷形式进行,由政府在预算支出中,列专门项目偿付利息和本金。由于国家政府本身担负着社会保障的基本责任,因此,偿付的利息,完全可以是较优厚的。采取这种方法来实现社会保障基金的增值,可以将社会保障与国家预算直接结合起来,既可以保证基金的增值,又可以完整体现社会保障与国家的本质联系,还社会保障的本来面目,还可以缓解一部分国家财力问题。但这种增值办法的实现,须与国家财力平衡相结合。

实践中,如何选择社会保障基金的增值方式,一要根据社会保障制度改革及完善的进程,二要结合国家经济改革的情况。既可以选择其中一种类型,也可以几种方法同时并用,以在增大保险系数的同时,力求较高的增值率。笔者认为,从我国社会保障制度改革的总方向看,以收入和支出两方面同时列入国家专项基金预算,不失为一种理想的模式。但从我国作为发展中国家,财力有限的实际情况考虑,应采取国家、企业和个人三者结合的基金积累,增值方式上实行存入银行,或购买政府债券、金融债券等有价证券为主,直接投资,风险小、盈利较多的企业、公共事业项目为辅的组合投资的增值方式。

无论采取何种办法进行基金增值,其增值的公式是大体相同的。

设:年度筹集的保障基金为 X,存款利率或债券利率或投资报酬率为 r,基金累积期为 n,累积的总基金包括本利和为 Z。

第一年累积金 n 年后的总本利和为: $Z_1 = X_1(1+r)^n$

第二年累积金 n-1 年后的总本利和为: $Z_2 = X_2(1+r)^{n-1}$

……

第 n 年累积金 n-n 年后的总本利和为: $Z_n = X_n(1+r)^{n-n+1}$

所以,几年累积金的总本利和等于:

$$Z = Z_1 + Z_2 + Z_3 + \cdots Z_n = X_1(1+r)^n + X_2(1+r)^{n-1} + X_3(1+r)^{n-2} + \cdots + X_n(1+r)^{n-n+1}$$

得到：

$$Z = \sum_{i=1}^{n} X_i (1+r)^{n-(i-1)}$$

保证基金的积累和增值过程,还应充分考虑复利问题。所谓复利计算方法,是指本金每期的生长数(利息或报酬)在期末加入本金,并在以后期内再计算报酬的一种计算方法。可见,复利方法下,本金已不是一个不变的常量,而是一个每期都逐渐增大的、而且是累进增大的变量,这样,实质上利息也会再产生出利息。以这种方法进行社会保障基金的增值,显然可以大大提高其增值速度,也更符合长期投资的客观规律。

单利计算公式：

设：I 为单利,P 为本金,A 为本利和,i 为利率,t 为时间。

单利=本金×利率×时间　　即：$I = Pit$

本利和=本金+单利=本金+本金×利率×时间

　　　=本金(1+利息×时间)　　即：$A = p(1+it)$

复利计算公式：

第 1 年本利和 $= P(1+i)$

第 2 年本利和 $= P(1+i)(1+i) = P(1+i)^2$

第 3 年本利和 $= P(1+i)(1+i)(1+i) = P(1+i)^3$

　　……

第 n 年本利和 $= P(1+i)(1+i)\cdots(1+i)$

　　　$= P(1+i)^n$

所以 $A = P(1+i)^n$

社会保障基金的累积与给付是一个问题的两个方面,也是社会保障工作的主要内容。从本质上讲,给付真正体现了社会保障的根本目的和基本属性,累积则是达到给付目的的手段。累积正是为了给付。

因此，累积的量就与给付量有直接关系，事实上，正是给付量决定了累积量。所以，我们考虑问题就不仅仅从累积考虑给付，而应当在从累积考虑给付的同时，也从给付研究累积，即研究将来给付余额的现有价值问题。

根据未来金额的现在价值，就可以很容易地确定未来保障给付的目前累积额应为多少。显然，计算现值的意义和方法正好与计算终值的意义和方法相反，两者表现为逆运算。也就是可以从终值公式推导现值公式。在终值公式里，利率高低与终值成正比，即现在一定金额的未来值，当利率较高时其值也高，当利率较低时也就低。但在现值公式里，利率高低与现值成反比，即未来一定金额物现值，随利率高而低，随利率低而高。

已知复利终值如上文　　$A=P(1+i)^n$

其中：n为期限，i为利率，A为本利和，即终值，P为本金，即现值。所以有：

$$P = \frac{A}{(1+i)^n} = A \cdot (1+i)^{-n}$$

现值问题不仅具有理论意义，而且也是具有现实作用的。举例来说，假定社会保障基金需积累40年，并给付40年，这意味着每年的累积额必须能满足40年后的每年支付额。那么，为保证被保障者的基本生活，就可以结合物价上涨率等有关因素，计算出目前应每年累积多少资金才能够保证需要。

三、组合投资管理

社会保障基金保值和终值的实现，离不开投资机制，只有通过对基金的有效投资，才有可能取得投资回报，使基金不断增长，为社会保障的顺利运行，提供强大的物质基础。但是，社会保障基金的投资与一般的私人投资存在本质差别。作为投资,其目的总是要追求尽可能多的回报,从这个意义上讲,保障基金的投资也概莫能外,高盈利可以提供更多的基金来源,有利于减轻国家、企业和个人的集资负担,能够提高社会保障金支付水平,增加该受保障人的福利总量。问题在于,高盈利总与高风险相联系,基金投资过程中,若要追求高回报率,也就必然地要承担比较大的风险。而社会保障基金的性质决定了保障基金的投资只能是在少承担,最好是没有风险的情况下谋求高盈利。因此,确切地讲,社会保障基金的投资必须在安全性最大的条件下尽可能多地获取报酬。否则的话,一旦投资出现风险,无法收回投资而造成损失,就会损害社会保障的正常运行,影响受益人的生活,甚至导致社会不安定。所以,社会保障基金投资与一般投资不同,它以安全第一,盈利第二。是在安全的前提下谋求尽可能大的盈利水平。

不仅如此,社会保障基金投资的另一困难是,基金投资后还必须保持一定的变现率。除一部分可以预期的相对"沉淀量"之外,投资基金的一定比例应有随时变现的能力,以便及时满足保障定期支付的资金需要。很显然,作为满足一部分社会成员"基本生活"的社会保障,几乎根本不存在延期、缓支的任何可能。这些社会成员的"基本生活需要"很少具有弹性,甚至根本没有弹性。换句话讲,缺乏足够的变现能力,就等于没有安全可靠性。这显然也为社会保障基金投资所不许。

鉴于社会保障基金增值的迫切性和同时存在的困难性,就必须加强对保障基金投资的管理。

对社会保障基金投资的管理,首先应有专门的基金投资机构如社会保障银行和投资公司,并配备具有专门知识、经验丰富的投资决策班子及其相应的咨询条件。以便为高安全性、高营利性和高流动性的投资,创造体制和人才上的条件。其次,国家应对基金投资的收益给予相应的政策优惠,如利率优惠、税收优惠等等。再次,从投资策略上讲,投资项目应相对分散,避开高风险行业,不同特点的项目相互结合即进行多项目的组合投资。并且,对组合投资要通过法律形式予以确立,并加强监督,保证投资效益。

通常社会保障基金的多项目组合投资可以分为两个大类。一类是对有形资产的投资,如用于建设医院、增加医疗设施、建造公寓等本身就具有福利性质的项目。从世界各国的实践看,除少数拉美国家为减轻高通货膨胀对社会保障储备基金的贬值压力,而对有形资产投资较多外,其他国家对有形资产的投资一般都比较少。另一类是对无形资产或金融资产的投资。主要是用于购买政府公债、公司股票和债券,对工商业贷款、住房贷款等。金融资产变现能力强,运用得好,可以在安全的条件下取得较高的回报,因而成为各国以保障基金进行投资所选择的主要对象。

例如,智利建立了比较规范化的投资管理体系并制定出极严格的基金投资规划。其中关于养老保险基金投资方向,投资结构及其投资限度为:由金融机构担保的存款与证券规定限度为30%—50%,私营及公共公司发行的债券规定限度为50%,公司股票规定限度为10%,房地产规定限度为10%,生产性资产规定限度为10%,外国债券规定限度为10%。除规定投资于每一类项目的限度外,智利有关法律还特别规定了各类限制。如投资于单一金融机构的资金不应超过养老保险基金的15%,投资于非金融机构的债券不应超过7%,而每一项基金投资份额应占全部基金资产的一定份额。从实际情况看,智利1990年养老保证基金营运的投资结构为:45.9%的资产投资于由政府担保的债券,15.9%投资于抵押债券,17.4%投资到定期存款,10.5%投资股票,10%的资产投资于生产性企业发行的债券。智利养老保险基金投资收益年平均达到13%①。

阿根廷规定其退休和遗属养老金可向各方面投资的最高比例为：50%购买政府债券，30%购买各省的有价证券，40%购买商业债券，50%购买股票，20%投资于公有企业，10%购买外国政府债券，30%购买抵押债券。②

我国在对职工养老保险基金的管理，也要求必须确保基金的安全并努力实现其保值增值。规定"当前，养老保险基金的结余款，除留足两个月的支付费用外，80%左右应用于购买由国家发行的社会保险基金特种定向债券，任何单位和个人不得自行决定基金的其他用途"③。

---

① 林义：《智利社会保障模式及其对我国的启示》。
② 《阿根廷等六国社会保障制度改革的新动向》，载《经济学动态》，1994年第9期。
③ 《国务院通知深化企业职工养老保险制度改革》，载《解放日报》，1995年3月17日。

参 考 书 目

(1) 安东尼·B.阿特金森,约瑟夫·E.斯蒂格里兹著,蔡仁南等译,《公共经济学》,上海三联书店。
(2) 樊纲等,《公有制宏观经济理论大纲》,上海三联书店。
(3) 加德纳·阿克利著,《宏观经济理论》,上海译文出版社。
(4) 平新乔著,《财政原理与比较财政制度》,上海三联书店。
(5) 薛天栋著,《现代西方财政学》,上海人民出版社。
(6) 约瑟夫·斯蒂格里兹著,曾强、何志雄等译,《政府经济学》,春秋出版社。
(7) 邓子基主编,《现代西方财政学》,中国财政经济出版社。
(8) 姜维壮主编,《比较财政管理学》,中国财政经济出版社。
(9) 葛寿昌主编,《社会保障经济学》,复旦大学出版社。
(10) 王玉先主编,《外国社会保障制度概说》,工人出版社。
(11) 郭崇德主编,《社会保障学概论》,北京大学出版社。
(12) 徐放鸣、路和平、朱青著,《社会保障初论》,中国财政经济出版社。
(13) 黄范章著,《瑞典"福利国家"的实践与理论——"瑞典病"研究》,上海人民出版社。
(14) 周延军编著,《西方金融理论》,中信出版社。
(15) 陈宗胜著,《经济发展中的收入分配》,上海三联书店。
(16) 孙仁江编著,《当代美国税收理论与实践》,中国财政经济出版社。
(17) 符钢战主编,《中国:劳动力市场发育的经济分析——从微观到宏观》,上海人民出版社。
(18) 劳动部课题组,《中国社会保障体系的建立与完善》,中国经济出版社。
(19) 联合国国际劳工组织,《社会保障基础》,吉林大学出版社。
(20) 熊必俊、郑亚丽著,《老年学与老龄问题》,科技文献出版社。
(21) Charles W. Meger & Nancy Wolff, *Social Security and Individual Equity:Evolving Standards of Equity and Adequacy*, Greenwood Press Westport, Connecticut, Lon-

don.
（22） Bradley R. Schiller, *The Economy Today* (Fourth Edition), Published in the United States by Random House, Inc., and Simultaneously in Canada by Random House of Canada Limited, Toronto.
（23） Olle Waever, Barry Buzan, Morten Kelstrup and Pierre Lemaiitre, *Identity Migration and The New Security Agenda In Europe*, Pinter Publishers Ltd. London, First Published in 1993.
（24） Robert J. Gordon, *Macroeconomics* (Third Edition), Published by Little, Brown & Company (Canada) Limited.
（25） The Social Security Reform Debate by Lawrence H. Thompson (U. S. General Accounting Office) from *Journal of Economic Literature* Vol. XXI (Dec. 1983) pp. 1425—1467.
（26）国际劳工局,《展望21世纪——社会保障的发展》,劳动人事出版社。
（27）美国社会保障总署编,《全球社会保障制度》,华夏出版社。
（28）朱传一主编,《美国社会保障制度》,劳动人事出版社。
（29）魏新武等编译,《五十个国家的社会保障制度》,劳动人事出版社。
（30）陈良谨主编,《社会保障教程》,知识出版社。
（31） Alan J. Aurerbach and Laurence J. Kotlikoff, *Social Security and the Economics of the Demographic Transition*.
（32） Alan J. Aurerbach and Laurence J. Kotlikoff, *Simulating Alternative Social Security Responses to the Demographic Transition*.
（33）葛寿昌,《市场经济的社会保障理论与社会保障模式》,载《探索与争鸣》,1993年第3期。
（34）耿鸿福、吕萍,《关于社会保险基金和运营体制的探索》,载《上海体改研究》,1994年第7期。
（35） Laurence J. Kotlikoff and Lawrence H. Summers, *The Role of Intergenerational Transfers is Aggregate Capital Accumulation*.
（36） Alan J. Aurerbach and Laurence J. Kotlikoff, *An Eramination of Emperical Tests of Social Security and Savings*.
（37） Robert J. Barro and Xavier Sala-I-Martin, *Public Finance in Models of Economics Growth*.
（38）刘传济、孙光德主编,《社会保险与职工福利》,劳动人事出版社。

(39) 农村社会保障课题组,《农村社会保障探索——调查·方案·论证》,湖南大学出版社。

(40) 陈庄、胡令远,《战后日本的社会保障制度及启示》,载《解放日报》,1995年3月15日,第11版。

(41) 馨芳等编译,《世界各国的社会保障制度》,中国物资出版社。

(42) John Creedy and Richard Disney, *Social Insurance in Transition* (*An Economic Analysis*).

(43) 厉以宁等著,《西方福利经济学述评》,商务印书馆。

(44) 黄有光著,周建明等译,《福利经济学》,中国友谊出版公司。

(45) 潘功胜,《失业保险制度国际比较》,载《经济理论与经济管理》,1991年第6期。

(46)《国有企业职工待业保险规定》,国务院第110号令,国务院第115次常务会议通过。

(47) 朱巧琳,《关于就业、社会福利的比较分析》,载《经济学情报(武汉)》,1991年1月。

(48) 周升涛,《努力探索我国失业保险的可行途径》,载《经济法制》,1990年11月。

(49) 尹伯成,《我国现行劳动保险制度必须改革》,载《经济特区》,1991年第1期。

(50)《上海市城镇职工养老保险暂行办法》(试行稿)。

(51) 杨春梅编译,《美国改善财政支出管理的政策措施》,载《经济工作者学习资料》,1993年15期。

(52) 皮埃尔·拉罗克等著,唐俊等译,《21世纪社会保障展望》,华夏出版社。

(53) Hal R. Varian, *Intermediate Micreconomics A Modern Approach* (Second Edition) Ch. 29, "Welfare".

(54) 施有文、方奇华,《论我国社会保障制度的模式转换》,载《财经研究》,1992年第6期。

(55) 吴惠平,《关于开征社会保险税问题的研究》,载《财贸经济》,1993年第10期。

(56) 马衍伟,《关于我国开征社会保险税的可行性研究》。

(57) 钟贤宾,《对建设有中国特色社会主义医疗卫生保障制度的思考》,载《上海体改研究》,1994年8月18日。

(58) 刘丽坚,《各国社会保障税比较和我国开征社会保障税的可行性探讨》。

(59) 萧忠清,《建立社会保障预算,完善我国社会保障模式》,载《财政研究资料》,1994 年第 24 期。
(60)《上海市待业保险暂行规定》,1992 年 10 月 15 日,上海市人民政府第 25 号令。
(61) 徐强,《上海与国外及部分地区医疗制度比较研究》,载《解放日报》,1991 年 12 月 25 日。
(62) Ehtisham Ahmad, *Social Security and The Poor—Choices for Developing Countries.*
(63)《退休年龄变动趋势研究》,载《经济研究参考》,1993 年 4 月 1 日。
(64) 张小林,《消化企业富余人员,推进上海劳动用工制度改革》,载《上海体改研究》,1992 年 2 月 10 日。
(65) 张友仁,《加拿大的社会福利制度》,载《市场经济研究》,1993 年第 1 期。